MAESTRO DE VOO

MAESTRO DE VOO

– Pedro Janot e Azul –

Uma Vida em Desafios

EDVALDO PEREIRA LIMA

©2014 Editora Manole Ltda.
Logotipo © Azul Linhas Aéreas Brasileiras
MINHA EDITORA é um selo editorial Manole
EDITOR GESTOR: Walter Luiz Coutinho
EDITORA: Karin Gutz Inglez
PRODUÇÃO EDITORIAL: Janicéia Pereira, Juliana Morais e Cristiana Gonzaga S. Corrêa
CAPA, PROJETO GRÁFICO E COMPOSIÇÃO: Daniel Justi

DADOS INTERNACIONAIS DE CATALOGAÇÃO NA PUBLICAÇÃO (CIP)
(Câmara Brasileira do Livro, SP, Brasil)

Lima, Edvaldo Pereira
Maestro de voo: Pedro Janot e Azul: uma vida em desafios
Edvaldo Pereira Lima. – Barueri, SP :Minha Editora, 2014.

Bibliografia.
ISBN 978-85-204-4029-2

1. Aviação comercial - Brasil 2. Azul Linhas Aéreas Brasileiras (Empresa) - História
3. Executivos - Brasil - Biografia 4. Empresas aéreas - História 5. Janot, Pedro I. Título.

14-02364   CDD-923.3

ÍNDICES PARA CATÁLOGO SISTEMÁTICO:
1. Brasil: Líderes executivos: Biografia 923.3

Todos os direitos reservados.
Nenhuma parte deste livro poderá ser reproduzida, por qualquer processo, sem a permissão expressa dos editores.
É proibida a reprodução por xerox.

A Editora Manole é filiada à ABDR – Associação Brasileira de Direitos Reprográficos.

1ª edição – 2014
1ª reimpressão – 2014

EDITORA MANOLE LTDA.
Avenida Ceci, 672 – Tamboré
06460-120 – Barueri – SP – Brasil
Tel.: (11) 4196-6000 – Fax: (11) 4196-6021
www.manole.com.br | info@manole.com.br

Impresso no Brasil | *Printed in Brazil*

Este livro contempla as regras do Acordo Ortográfico da Língua Portuguesa de 1990, que entrou em vigor no Brasil em 2009.

São de responsabilidade do autor as informações contidas nesta obra.

Edvaldo Pereira Lima e Pedro Janot

nota do autor 8

CARTÃO DE EMBARQUE 11

CHAMADO DO DESTINO 35

TURBULÊNCIA DE DECOLAGEM 57

APRENDENDO A VOAR 79

BUSCANDO ALTITUDE 101

GENTE EM ROTA 125

GRANIZO E TEMPESTADES 153

UM LEÃO A CADA CAÇADA 193

UM DIA NA VIDA   211

A DELICADA FRAGILIDADE DE VIVER   241

ESPELHO NA LADEIRA DA MEMÓRIA   261

FÊNIX   291

prêmios e homenagens   308

agradecimentos   309

sobre o autor   310

bibliografia   311

caderno de memória visual   313

nota do autor

Este livro tem origem na minha autoria intelectual, na vontade de Pedro Janot de contar sua história e na sugestão inicial de Gianfranco Beting, o Panda, como ideia.

É a história de vida de Pedro Janot, centrada especialmente no seu período como presidente-executivo da Azul Linhas Aéreas Brasileiras, mas abrangendo também etapas importantes de sua carreira profissional em empresas como Mesbla, Lojas Americanas, Richards, Zara e Pão de Açúcar. De foco múltiplo e integrado, esta obra não se restringe ao lado profissional de Pedro, mas inclui também aspectos relevantes de sua vida privada.

Agente, sujeito e ator de momentos importantes da história em curso da aviação comercial brasileira, do setor de varejo e do universo empresarial, Pedro é o foco sob cujas luzes também desfilam episódios que iluminam o desenvolvimento dessas áreas no país, nas últimas três décadas. Em alguns dos casos, Pedro participou de iniciativas ousadas que revolucionaram os paradigmas costumeiros do ambiente corporativo, abrindo comportas para transformações significativas que ainda poderão espalhar-se pelo cenário produtivo. Destaca-se o caso peculiar da Azul, uma história efetivamente relevante no cenário mundial da aviação comercial.

O livro procura contribuir para um registro dessa memória de múltiplas camadas. Exibe aspectos significativos do mundo funcional e operacional de uma empresa aérea moderna, permitindo ao leitor compreender a natureza desse fascinante campo da atividade humana. Alicerçada fortemente em figuras humanas reais, a narrativa também presta uma homenagem simbólica implícita a homens e mulheres de diferentes níveis hierárquicos nas organizações que fazem a aviação acontecer como o extraordinário meio de transporte que representa, nesta nossa era de enormes avanços tecnológicos, o encurtamento de distâncias e a aceleração dos negócios.

A narrativa tem a perspectiva pessoal de Pedro Janot e deste autor, evitando assumir qualquer conotação de discurso institucional ou de história "chapa branca", oficial. O foco é humano, não corporativo.

A ideia é que você, caro leitor, prezada leitora, tenha o prazer de mergulhar em uma história real de múltiplos aspectos cativantes e da qual extraia elementos importantes para compreender não só a trajetória de Pedro, em suas glórias e derrotas, suas virtudes e suas limitações, como todo o contexto que a cerca, sua ascensão como um líder inovador, sintonizado com um novo modelo de liderança e de organização corporativa. Que encontre aqui elementos de conexão dessa história com seu próprio caminho neste nosso desafiador mundo contemporâneo.

CARTÃO DE EMBARQUE

Imagine.

Uma noite tranquila de domingo, 21h50, digamos. Você chega a São Paulo por uma das mais imponentes estradas brasileiras, a Rodovia Castello Branco. Na direção que você vai, neste ponto, são três pistas paralelas. Quatro faixas de rolagem na primeira, três na segunda, duas na terceira. Asfalto em ótimas condições, sinalização abundante. As luzes da cidade anunciam que você está entrando na maior metrópole do país, centro dinâmico imponente dos negócios, ainda um motor gigante da vida econômica brasileira. Aqui, tudo e mais um pouco acontece.

Clima agradável, 19°C, céu claro, nenhuma ameaça de chuva. Você está sozinho(a), ou acompanhado(a), dirigindo ou sendo conduzido(a). Tanto faz. Você pode agora relaxar, a parte frenética do seu dia já ficou para trás. Voltando para casa ou chegando para negócios ou mesmo para o lazer ou uma visita de família, amigos, amor, quem sabe o que, a mente tem um instante de descontração, pois está chegando ao destino de hoje. Está disponível para atender ao impulso de descoberta que fica ali à espreita, logo após a superfície, desejando vir à tona para alimentar sua sede – inconsciente talvez – de conhecimento.

Venha comigo, abro-lhe a porta. Da imaginação ao real.

A essa hora, o trânsito já sossegou. Nada daquele tumulto do fim da tarde, começo da noite, uma fila imensa de automóveis chegando do interior, passando aqui frente a Alphaville, a área nobre de negócios e residência da Grande São Paulo, à esquerda do seu carro. Um edifício imponente – mas despojado – capta sua retina, trazendo junto sua curiosidade. No alto, de face voltada para você, destaca-se o grande luminoso. AZUL. Ao lado, um grande mapa do Brasil, estilizado em cores múltiplas representando os Estados da Federação, estimula mais ainda sua visão. Verde. Azul. Amarelo. Lilás. Vermelho. Laranja. Tons e matizes diversos.

O nome do edifício está invisível para você. É a Torre Jatobá do moderno complexo empresarial Castelo Branco Office Park, a 26 quilômetros do centro de São Paulo. Moderno pelo estilo, conceito, função. Tudo ali foi preparado visando a oferecer conforto aos ocupantes, funcionalidade aos usuários. O objetivo é facilitar o trabalho, com salas amplas e adaptáveis conforme o gosto de cada empresa. Mas o logotipo no alto você pode reconhecer. Ali é a sede da Azul Linhas Aéreas Brasileiras, ocupando três dos catorze andares do edifício. O mapa ilustra o alcance nacional de sua malha de rotas, chegando a 103 cidades do país em maio de 2013. Hoje, é a terceira maior empresa aérea do Brasil.

Por trás do nome e dos símbolos, uma história. Bem recente. Seu escopo é suficientemente importante no contexto da história imediata da aviação comercial brasileira. Começou a voar em dezembro de 2008 com apenas três aviões próprios na frota, servindo a três cidades; hoje, já tem mais de 120 aeronaves e realiza mais de 800 voos por dia. Sua filosofia de servir chama a atenção. A Azul ajudou a transformar os hábitos e possibilidades de consumo de viagem aérea pelo brasileiro.

Há pouco tempo, aqueles símbolos não estavam ali, portanto. Recue cinco anos no calendário e a empresa não existia. Sua primeira página de história não havia sido escrita.

A história é cativante, um episódio significativo do setor de serviços no Brasil. Uma rápida ascensão do zero à captura de 17% do mercado de transporte aéreo doméstico, mais de 25 milhões de passageiros transportados. A ela se acrescenta outro ângulo chamativo, tornando-a convidativa, mesmo que você não dê a mínima para aviões ou para viagens – algo que me permita duvidar, pois, cá para nós, é raro o ser humano que não se interessa por esse assunto.

O ângulo é este: por trás das histórias estão as pessoas. São elas que fazem a roda da sociedade girar. É o ser humano que torna tudo colorido ou sombrio, para o bem ou para o mal. É a participação de pessoas – nossos irmãos, nossos pares, nossos semelhantes –, com seus dramas e conquistas, suas derrotas e perdas, suas alegrias e vitórias, que transforma uma história em algo que vale a pena conhecer, mergulhando nela com prazer.

O símbolo lá no alto é bonito, mas é a síntese, apenas. Um portal que abre passagem para um mundo todo especial, com suas peculiaridades e dramas, suor e lágrima, vitórias e sorrisos.

Enquanto segue caminho em frente para a grande metrópole ou toma a variante à direita para o acesso ao complexo viário do Rodoanel Mário Covas, o prédio iluminado vai ficando para trás. A mente dispara a curiosidade que pode despertar o seu impulso de entrar de vez por aquele símbolo instigante. O mundo que se abre para você é o de gente que fez e faz aquilo ter vida de verdade. O fascínio implícito traduz um tema arquetípico, adormecido por trás da rotina moderna dos aviões de transporte de passageiro: o desafio do ser humano de vencer a lei da gravidade, voando em máquinas mais pesadas do que o ar.

Venha. Sou seu guia.

O cérebro administrativo está lá atrás, no prédio à margem da Castello Branco. O coração operacional visível, porém, está aqui, onde tudo pulsa. Aeroporto de Viracopos, em Campinas, a 96 quilômetros a oeste da cidade de São Paulo. O dia é o seguinte, segunda-feira de manhã. Ainda estamos em maio, 2013. Dia seis.

O pátio de aeronaves está repleto de aviões, em sua imensa maioria da Azul. Quase todos nas cores distintas da empresa. Barriga em azul escuro, um leve filete azul mais claro separando a parte inferior do restante da fuselagem, branca. A parte superior da cauda no mesmo tom de azul da barriga e o mesmo mapa do Brasil estilizado que você viu no prédio aplicado ali e na parte dianteira do avião. Muitos deles são jatos fabricados no Brasil pela Embraer, dos modelos 190 e 195, para até 106 e 118 passageiros. Elegantes, lisos, um *design* bonito mesmo. Bem, gosto de aviões, você já deduziu.

Antes da Azul, jatos da Embraer voavam por todo o mundo. Saíam da fábrica em São José dos Campos, perto dali, a 164 quilômetros, para voar para empresas aéreas nos Estados Unidos, no Canadá, em toda a Europa, no Japão, na África, no México, na Austrália, no Oriente Médio. Um caso extraordinário de sucesso brasileiro, a Embraer conquistou o mundo, tornando-se o terceiro maior fabricante de aeronaves de passageiros, logo após os gigantes Boeing e Airbus. Mas você não os via por aqui. O panorama mudou com a Azul, cujo plano de negócios apoiou-se fortemente nos aviões brasileiros.

São novíssimos. O mais velho da frota não tem cinco anos de uso, o mais novo pode ter chegado da fábrica há poucas semanas. Cada avião é batizado com nome próprio. *Tudo Azul. Vento Azul. Azul Real. Céu, Sol, Sul, Azul. Azulão. Axé Azul. Você Que É Feito de Azul.* Há também aviões turboélices franco-italianos bimotores ATR, para até 70 passageiros, que fazem as ligações para cidades menores. *Azul Anil. Meu Coração É Azul. Azul Tango Romeu. Magia Azul. Planeta Azul.*

Viracopos é o centro de distribuição de voos da empresa, a principal base operacional. O *hub* número um, como se diz na aviação. Um território que conheço. Por isso, sou seu anfitrião.

É o eixo nervoso mais relevante de toda a sua malha de rotas. Mais de 140 voos diários decolam daqui. Nessa manhã de outono, aviões estão ali recebendo gente, carga, bagagem e combustível para voos que partem para os mais diferentes pontos deste país continente. Florianópolis, Belo Horizonte, São Luís, Brasília, Curitiba, Porto Alegre, Campo Grande, Araçatuba, Recife, Goiânia, Maringá, Tucuruí. Outras aeronaves chegam de Vitória, Rio de Janeiro, Joinville, Caxias do Sul, Dourados, Belém, Uberaba, Londrina, Ribeirão Preto, Macaé, Montes Claros, Manaus.

Gente entra, gente sai. Funcionários de limpeza higienizam os aviões entre um movimento e outro, caminhões de combustível e carros de serviço envolvem os Embraer e ATR. Malas são carregadas ou retiradas nos porões dos jatos, pessoas apressadas ou calmas desembarcam chegando de algum lugar. Outras estão em trânsito, já são conduzidas por funcionários para o avião que fará o voo de conexão para outro destino.

Lá dentro, na sala de embarque, um panorama que você não veria muito no Brasil há poucos anos. Há o retrato clássico, sim.

Muita gente pronta para viajar, executivos com suas maletas pretas, ternos e gravatas bem alinhados, mulheres de negócios plugadas nos celulares, jovens com adrenalina a mil – tempo é dinheiro, certo? –, computadores abertos mostrando gráficos e relatórios, foco centrado no trabalho enquanto aguardam a hora de embarcar. Você vê também o casal descolado, ele de bermudas coloridas, mochila às costas, ela de óculos escuros, ambos em pé consultando no mostrador eletrônico o portão de embarque do voo.

Há o retrato novo, igualmente. A senhora de sacola na mão, o provável netinho noutra mão, jeito simples de gente do interior, ar ligeiramente inseguro, quase assustado. O cavalheiro de expressão simples, botas no pé, chapéu na cabeça, com vergonha de perguntar, talvez, qual é exatamente a hora do embarque e, por isso, é o primeiro na fila, solitário, muito antes do chamado.

O transporte aéreo já não é mais um privilégio de elites. A chamada classe C – na classificação que os economistas gostam de usar – também está no ar. Mais de 100 milhões de pessoas viajaram de avião no Brasil em 2012, um recorde. É um meio de locomoção acessível para boa parte da população, útil num país dessa dimensão. Já ultrapassou o ônibus de longa distância como o meio de transporte favorito. A Azul tem a ver com essa história, especialmente com a introdução da classe C no transporte aéreo. E com a transformação de Viracopos, aeroporto construído em 1960 que vivia quase às moscas pouco antes da entrada da empresa no mercado. Recebia apenas cerca de 18 voos diários de outras três companhias. Em 2008, Viracopos movimentou 1 milhão e 83 mil passageiros. Em 2012, o número tinha subido para 8 milhões e 853 mil passageiros. O motivo? A expansão acelerada da Azul no período, tendo Viracopos como principal centro de operações.

Em maio de 2013, outra página da história da empresa foi sendo escrita. A Azul nasceu do empreendedorismo visionário de David Neeleman, norte-americano de origem, nascido em São Paulo, filho do jornalista Gary Neeleman, correspondente no país da agência de notícias United Press International. Cofundador e fundador de outras empresas aéreas na América do Norte – Morris Air e JetBlue nos Estados Unidos, WestJet no Canadá –, David mobilizou sua rede de contatos com investidores em Wall Street, assim como sua vasta experiência, para tornar realidade um sonho e uma oportunidade de negócios no Brasil. País emergente no cenário econômico global, dono de um formidável mercado doméstico potencial, oferecia ao olhar futurista de David vazios a serem explorados.

O maior ponto de origem de viagens aéreas do Brasil é a região metropolitana de São Paulo. David e seus diretores logo perceberam que a grande maioria das empresas concentra seus eixos operacionais de voos no Aeroporto Internacional de Guarulhos – o maior do país, com cerca de 35 milhões de passageiros atendidos em 2012 – a 25 quilômetros do centro da cidade de São Paulo e no congestionado Aeroporto de Congonhas – o maior para voos domésticos, com mais de 16 milhões de passageiros em 2012 –, no centro. Logo viram também que o Aeroporto de Viracopos, com sua longa pista de pouso de 3.240 metros de extensão, adequada inclusive para aviões de grande porte e com ótimas condições climáticas a maior parte do ano, estava ocioso. Constataram, além disso, a existência de muitas cidades de porte médio no Brasil desatendidas pelo transporte aéreo ou mal servidas por voos de conexão. Notaram também que Campinas é o segundo mais importante polo econômico nacional, depois da capital do Estado mais vigoroso do país nesse quesito.

Isso e a escolha dos aviões Embraer como as aeronaves do tamanho certo para a maioria das rotas brasileiras, mais seu desempenho operacional e fatores econômicos adequados, serviram de plataforma de sustentação do plano de negócios. Nasceu assim a Azul, e assim cresceu sozinha durante uns poucos anos.

Em maio de 2012, uma novidade: David e seus diretores levaram adiante um plano complementar de expansão. Resolveram buscar uma fusão com a Trip, companhia aérea regional que teve início modesto em Campinas em 1998 com apenas dois aviões na frota e se tornaria, com o tempo, a maior do país no setor. Um ano depois dessa iniciativa, o processo está em pleno andamento. O desafio é integrar as duas culturas corporativas. É uma tarefa complexa, em qualquer ramo de negócio, ajustar as operações de duas empresas em fusão. Tem de se obter produtividade, sem atropelos visíveis para os clientes.

Na aviação comercial, eventos dessa natureza trazem um perigo particular implícito. A poderosa Pan American Airways, que já foi ícone da cultura norte-americana no mundo, tão famoso quanto a Coca Cola, se deu mal quando absorveu a National Airlines em 1980. Por esse e outros motivos, faliu em 1991.

Você tem de considerar a tecnologia de ponta intrínseca a esse negócio. Aviação é o conjunto dessas formidáveis máquinas voadoras modernas e as possibilidades quase de sonho que os computadores, as telecomunicações e os aplicativos de informática possibilitam. Obter o seu cartão de embarque pela *internet*, por exemplo.

É negócio e dos grandes, para muito capital, margens de lucro pequenas, alto risco. Uma única das várias encomendas de aviões Embraer assinadas pela Azul, no início de 2012, por exemplo, envolvendo dez aeronaves, teve preço de mercado de 478 milhões de dólares. Já o preço do barril do petróleo pode oscilar no mercado mundial, algo sobre o qual as companhias aéreas não têm controle e do qual dependem. O combustível de avião pode corresponder a 40% dos custos operacionais diretos de uma companhia aérea. O maior de todos, disparado. No Brasil, as empresas aéreas também enfrentam a instabilidade da moeda, pois muitos dos custos são cobertos em dólares, inclusive o combustível. Temos também os índices altíssimos de ICM, o Imposto Sobre Circulação de Mercadorias, que podem chegar a 25%.

Tudo isso é importante, mas, no fundo, o fator decisivo que faz tudo acontecer é gente. Minha promessa a você, lembra-se?

Deixo para trás agora o chamado do sistema de som para os passageiros do voo 4082, o burburinho das conversas lá na sala de embarque, o chiado dos sapatos de gente que se alinha na fila do portão. O rugido de uma turbina de jato que acelera para decolar, lá na pista 15/33, faz fundo sonoro. Caminho uns passos, vou para fora do terminal de passageiros.

No estacionamento, bem em frente, levo seu olhar para o homem que é recebido à porta do Land Rover verde escuro de onde desembarca. De camisa azul de manga comprida, listas verticais brancas, calça cinza clara, mocassim marrom, malha cinza leve, um par de óculos e cabelos grisalhos, ele é saudado por uma moça loira alta de cabelos lisos e óculos, um pouco à frente de um pequeno grupo de mais duas moças e dois rapazes, todos eles de uniformes da Azul.

– Oi, Pedro.

– Oi, guria. Foi bem de fim de semana?

– Fui ver minha mãe em Porto Alegre.

Uma das outras meninas, de cabelos negros, aproxima-se:

– Posso aproveitar?

– Aproveita –, diz o homem.

Ela, então, dá-lhe um abraço, beija-lhe o rosto.

O homem é Pedro Janot, a loira é Vanessa Belau, gerente operacional da Azul em Viracopos. A garota de cabelos negros trabalha para a empresa em Maringá. Todos conversam amenidades por um instante, Pedro quer saber como passaram o Dia das Mães, ontem, domingo. Daí a pouco encerra o breve encontro:

– Bom dia, então, pessoal.

Os quatro uniformizados se afastam. Pedro, Vanessa e mais três pessoas entram no terminal e, já portadores de crachás, dirigem-se à entrada da sala de embarque. Passam pelo controle de segurança, como todos os passageiros, atravessam a sala de embarque. Lá no fundo, Pedro e dois acompanhantes tomam o elevador, enquanto os demais sobem a escada paralela. No andar superior à sala, todos se dirigem a um auditório onde já se encontram umas 60 pessoas sentadas, funcionários da Azul uniformizados. Uns 400 agentes de aeroportos trabalham para a empresa em Viracopos, mais uns 100 mecânicos.

Aqui estão agentes, pilotos e alguns comissários para um evento criado para estreitar o diálogo entre a liderança e a base da companhia, o Chega Mais. Acontece em diversos aeroportos, cada um deles tendo um padrinho, sempre alguém da alta direção da empresa. Viracopos possui dois. Pedro e Gianfranco Beting, diretor de comunicação, marca e produto da Azul.

Entusiasmado pelo que faz, autor de milhões de fotos de aviões comerciais tiradas ao longo dos anos, Gianfranco, mais conhecido pelo apelido de Panda, foi o primeiro funcionário contratado pela Azul. Sua casa serviu de base durante meses para a gestação da companhia, recebendo ali o time de especialistas brasileiros e norte-americanos que David Neeleman selecionou para transformar o sonho em plano viável. De calça jeans e camisa clara, é ele quem brinca com a plateia enquanto aguarda a chegada de um computador para a apresentação que vai fazer, como início do evento.

Todos falam do Corinthians, que ganhou ontem o primeiro jogo da final do Campeonato Paulista. Pedro ameaça puxar um coro:

– Salve o Corinthians, o campeão dos campeões...

Panda é uma pessoa de perfil curioso. Mesclam-se nele qualidades aparentemente opostas. Filho do famoso jornalista Joelmir Beting, já falecido, tem o primeiro nome italiano e o sobrenome alemão. Da tradição italiana, tem uma elegância discreta, amabilidade no trato com os outros. Tem também o senso estético, um olhar de artista e a habilidade criativa, especialmente na linguagem visual da Azul. É dele o logotipo do mapa do Brasil estilizado. Da herança alemã, vem a cara de bravo, rosto fechado e gestos firmes. De olhos atentos escondidos atrás de óculos, porte alto, um sujeito grande, daí Panda. Do Brasil, a paixão pela família, pela Azul e talvez por uma outra coisa, no seu jeito franco:

– Tenho um outro convite. Vou cantar o hino do Palmeiras, aqui...

Há muita gente nova de empresa na plateia, ou por terem sido recrutadas há pouco, ou por estarem vindo da Trip. Nem todos conhecem o programa Chega Mais, por isso Panda o apresenta. Panda enfatiza que, na Azul, o presidente e os diretores expõem a cara para todos e que todos têm a oportunidade de se expor livremente. É a função do Chega Mais. Nem todo o mundo conhece Pedro, então Panda faz menção a ele como o presidente.

– Panda, quero esclarecer uma coisa, para não confundir alguns que estão chegando agora. Não sou mais o presidente da companhia. Sou o ex-presidente. Meu acidente aconteceu há um ano e meio, não tenho mais a capacidade de antigamente. Não tenho cargo executivo. Estou no Conselho da companhia, onde posso colaborar com vocês.

– Tá bom, é que eu tenho uma tese a respeito de presidentes. Para mim, presidente é como puta. Uma vez que se é, jamais se perde o cargo.

A plateia ri, Pedro ri junto.

– Tá bom, pessoal. Puta é igual presidente.

Todos riem de novo.

Pedro continua, ajudando a descontrair o ambiente:

– Quando passei pela segurança, lá embaixo, o rapaz que faz aquela leitura magnética de metal na gente disse, "puxa, tenho visto o senhor aqui toda semana. Veio dar chicotada na turma?". Isso revela a cultura das empresas. Quando o chefe vem falar com a equipe, é para dar chicotada. Isso é muito diferente na Azul. Disse ao rapaz, "meu amigo, a Azul não dá chicotada".

– Aqui no Chega Mais, você tem a oportunidade de se expor –, segue Panda. Na primeira parte, a gente vai falar um pouquinho, vai passar o recado. Na segunda parte, que não é menos importante, a gente quer escutar muito, sobretudo as perguntas mais difíceis. Aquelas perguntas que você fala, "ih, essa todo o mundo queria saber, mas não vou perguntar, não, porque o cara vai ficar bravo comigo". Não, essas é que são as boas. Perguntas a respeito de salário, condições de trabalho, ambiente. Onde tiver pedra no sapato, é aí que você tem de fazer a pergunta. O primeiro recado é que isso aqui é agora uma companhia só. Esse negócio de "eu vim da Azul, eu vim da Trip" não interessa mais. Somos uma única empresa. O passado é importante, mas temos de olhar para o futuro. A única preocupação é cuidar bem. Em primeiro lugar, de nós mesmos, para que possamos cuidar bem dos nossos clientes.

Panda mostra números que comprovam a posição da empresa no mercado, como 17 de cada 100 passageiros que embarcam em voo doméstico estão voando Azul. Pedro completa:

– Até o final da década, daqui a seis anos e meio, vamos ser a maior companhia aérea do Brasil. Não estamos sonhando alto demais.

Panda reforça, destacando que a companhia tem o avião do tamanho certo. Mostra que a maior parte dos aviões comerciais do país voam com ocupação entre 48 e 90 assentos. Insinua que as principais concorrentes, por operarem aviões maiores do que os Embraer, estão perdendo dinheiro pesado. Já são 50 cidades servidas sem escalas a partir de Campinas, serão 55 até o fim do ano de 2013, enfatiza.

Destaca o prêmio internacional[1] que a empresa recebeu em 28 de novembro de 2012 em Hong Kong como a melhor empresa

---

1 O prêmio é o Aviation Awards of Excellence, promovido pela Centre for Aviation (CAPA), empresa global de estudos e consultoria de aviação sediada em Sydney, Austrália.

aérea de baixo custo do mundo, em uma pesquisa de uma organização baseada na Ásia e no Pacífico, competindo com 178 companhias do mundo.

– Nosso objetivo agora é ser a melhor empresa aérea do mundo, pois do Brasil já somos há muito tempo. Temos que nos unir, nos dar as mãos e trabalharmos juntos, para isso.

Pedro intervém:

– Acho que a gente podia fazer uma grande salva de palmas para vocês pelo prêmio conquistado em Hong Kong, pois foram vocês que fizeram isso. São vocês que constroem essa companhia.

A salva de palmas acontece.

Complementa Panda:

– Quando em eventos fora da companhia descobrem que sou da Azul, vêm falar comigo e elogiar. Mas sabem do que falam? Não é da poltrona de couro, não é a televisão a bordo. Falam de vocês.

Pedro:

– É o *mouth to mouth*. Cerca de 80% das pessoas falam bem da companhia. Falam bem do atendimento, falam bem de vocês. Falam bem do *call center*, do *check in*, do atendimento a bordo. Falam do acolhimento que tiveram. Isso é a força da empatia de vocês pelos clientes. Quero que vocês tenham ciência do poder de todos vocês e de todos nós, do que estamos fazendo pelo Brasil afora.

Panda:

– Num evento internacional em outro país da América Latina, um representante de uma empresa concorrente veio perguntar qual é o nosso segredo. Não tenho receio de falar, porque não é segredo. Disse, "todo o mundo sabe e posso dizer porque vocês não vão conseguir nos copiar: o segredo é como tratamos as pessoas".

O compromisso da companhia, sinaliza Panda, é que o funcionário – chamado de tripulante, no jargão interno da Azul – sinta orgulho de representá-la.

Continuando a tabelinha com Panda, Pedro pega a deixa:

– Nós sabemos que vocês não estão aqui pelos nossos olhos azuis. Não acreditamos em amor cego pela companhia. Acreditamos em amor cego por vocês mesmos. Vocês estão aqui indo atrás dos seus sonhos, das suas necessidades. Já sei, depois de cinco anos de companhia, que muitos de nossos amigos que começaram lá atrás já estão na faculdade, no meio do curso na universidade, buscando seus sonhos. Queremos que vocês sejam indivíduos fortes, envolvidos e que amem o que fazem. Que formem uma grande equipe. Queremos que cada um procure seu próprio objetivo, sua própria vontade de crescer. Aproveitem as oportunidades de promoção interna. Aliás, um dos maiores desafios desta base é repor as promoções internas. Gostaria que você subisse para ser gerente da companhia, piloto, comissário de bordo. Da nossa parte, nós cuidamos de vocês, queremos que encontrem aqui o melhor ambiente de trabalho de suas vidas. Sabemos que nem todos vão ficar aqui para sempre, mas queremos que, caso você saia, sinta que esse foi o melhor emprego que já teve. O turnover da companhia é de 1% e desse total, 80% é de gente que decidiu sair, decisão da própria pessoa. Quer dizer, a Azul investe muito em vocês e quer que vocês estejam felizes aqui.

É nesse ponto que a conversa caminha para o tema da liderança. Panda:

– Estamos aqui para servir. A liderança da companhia tem que servir o tripulante, sobretudo o da linha de frente. O papel de todo líder desta companhia é fazer o liderado brilhar. Brilhando, vocês vão dar o melhor atendimento possível ao cliente. Dando-nos a preferência, o cliente vai servir aos fundadores da companhia, aos acionistas, que é quem nos traz o "dindim" que nos permite ter os ATR, por exemplo. É o círculo virtuoso. Use a paixão pelo que faz para servir às pessoas. Se um colega está num mau dia, dê-lhe um abraço, ofereça ajuda, pergunte se está com algum problema. A gente quer imaginar vocês crescendo como pessoas cada vez mais ricas de cultura, mais preparadas. Cresçam como pessoas para a vida, e não só aqui num emprego na Azul.

A questão é como atender melhor.

Panda:

– A companhia acredita que dá a vocês todas as ferramentas para resolver o problema do cliente, mas, às vezes, vocês têm de ir um pouquinho além, ser sempre direto com soluções rápidas. Nada de *enrolation, please*. Comunicação direta e eficaz. Se o voo de Curitiba atrasou e você ainda não sabe a que horas sairá, não enrole. "Não tenho informação, meu senhor, avisarei assim que puder".

Pedro complementa:

– Se houver discordância com seu chefe, você tem o dever de falar com ele. O brasileiro é fofoqueiro, não gosta do confronto verbal, prefere falar por trás. Mas temos que aprender isso com a cultura anglo-saxã, que pratica a comunicação direta. Se você não concorda com algo do chefe, procure falar. Se não der, procure outro superior e avise o chefe. Você pode ter uma discussão e depois ir almoçar normalmente com a pessoa. A discussão é do negócio, da companhia. Não adianta fazer biquinho, depois fofocar por trás. Melhor é usar a comunicação aberta. Esse é um compromisso e queremos que pratiquem. Não tenham medo de praticar a comunicação aberta. Como conselheiro, vou ser guardião de vocês, disso tudo aqui que está sendo colocado. Precisamos de relações dignas e justas, precisamos de um ambiente alegre e inspirador.

É então que Pedro cria um alvoroço na sala, fazendo contraponto à apresentação estruturada de Panda. O burburinho cresce, a plateia se agita, as pessoas começam a se levantar.

– Por isso, vamos fazer agora um *Tchu Tchu Tchu, pessoal*. É a coisa mais bacana desta companhia e que vocês criaram.

Panda vacila um momento:

– Agora?

– Agora! Fred, vamos lá.

Todo mundo se levanta, o grupo forma um grande círculo. Agentes, pilotos, comissários, todos juntos de mãos dadas.

Fred, o gerente de aeroporto Frederico Pinho:

– Vamos lá, galera. Fecha lá, olha a roda.

Uma morena jambo graciosa, Rafaela Vieira Nery, que em breve começará o treinamento de comissária de bordo, lidera o canto que todos assumem abraçados enquanto dão dois passos para a frente, dois para trás:

Aqui em VCP
É tudo no horário
São mais de 25 milhões de
Clientes embarcados
Tchu, tchu. Tchu, tchu, tchu.

Aplausos, assobios, descontração.

Panda retoma o fio da meada, faz uma ligação do evento com o OPA, classificando essa linha de ação como o procedimento "de atender ao cliente como ele gostaria de ser tratado. O tripulante Observa quem é o cliente. Percebe seus desejos e necessidades. Atende de maneira não apenas a satisfazê-lo, mas, sim, a encantá-lo".

Pedro toma a deixa, novamente, dispara outro agito na plateia aos sussurros falsamente de resistência de "ai, não!":

– Disseram-me que alguém nesta turma ia demonstrar para vocês o *Papa Fila Com Ataque*. Quando começamos a companhia, com preços arrasadores no mercado, as pessoas chegavam aqui no aeroporto e não sabiam o que fazer, ficavam perdidas. Não éramos conhecidos, ainda. Passei várias madrugadas com vocês aqui em Viracopos e aí bolamos essa representação de movimento de arte marcial para chegarmos às pessoas. Nós íamos em direção ao cliente. Enquanto as empresas vizinhas ficavam lá no balcão com aquele olhar de peixe, nós íamos para o saguão e encaminhávamos o cliente para o nosso atendimento. Evitávamos fila e não ficávamos com o olhar de peixe. Assim, se a Rafaela e o Lucão fizerem direito, vão ganhar uma maquete bem legal de avião, cada um.

Rafaela de novo e Lucas Felix Lino, ambos agentes de aeroporto, vão para a frente do auditório. Diante de todos, dão um passo adiante, os pés avançam e, em seguida, plantam-se firmes no solo, os braços em rápido movimento ritualístico, como você seguramente já viu em muitos filmes de artes marciais. E em seguida o grito duplo: "Hai!"[2]

É hora de mais celebração. Para continuar a manter um nível de excelência, a empresa precisa medir resultados. Panda introduz então o método de aferição de lealdade do cliente que a Azul utiliza, o NPS, iniciais de *Net Promoter Score*. De cada 10 passageiros da

---

2 Rafaela e Lucas explicam o *Tchu Tchu Tchu* e o *Papa Fila com Ataque*.

Rafaela:

– O *Tchu Tchu Tchu* é uma manifestação de alegria que a gente faz no saguão do aeroporto, em público. Nasceu espontaneamente. A música original fala de uma coruja na floresta. Ela dorme de dia e, de noite, faz *tchu, tchu*. Não me recordo quem a adaptou para a música que fazemos hoje. É uma forma de comemoração também, de que tudo está saindo no horário, de que a aviação está redonda. Tudo está dando certo. E a gente está feliz.

Lucas:

– A ideia do *Papa Fila com Ataque* é você ir ao encontro do cliente. Ir até ele, direcionando o atendimento a ele. É uma manifestação que a gente faz internamente, nos *briefings*, nossas reuniões de trabalho.

Rafaela:

– É uma continuação do OPA, na verdade. Observar, Perceber, Atender. É o cliente sair do ônibus, quando chega a Viracopos, e a gente ir até lá. Perceber qual a necessidade dele. Às vezes, ele já está com cartão de embarque, já fez o *web check in*, não precisa ir ao balcão de *check in*. O que precisa é ir direto para o despacho de bagagem. Isso para que a gente não tenha fila e o cliente seja atendido com mais rapidez.

Azul, dois são pesquisados para saber como avalia a experiência de ter voado com a empresa. O resultado é o índice do NPS.[3]

Panda explica:

– Que nota vocês acham que a Apple, fabricante de computadores e aplicativos Mac tem?

Ninguém arrisca. Panda:

– 46.

E depois de breve pausa:

– A Gol?

Ninguém arrisca de novo. Panda:

– 14.

Uau! Uma atmosfera de surpresa bem-vinda na sala.

– Que nota vocês acham que a Azul tem?

Desta vez, alguém palpita:

– 64.

Panda:

– 74!

Explodem aplausos espontâneos.

Pedro acrescenta:

– O resultado não é muito bom. É incrível!

O evento não é apenas unilateral, com informações verticais do alto da hierarquia da empresa para o chão de fábrica, pode-se dizer. Começa a sessão de comunicação direta:

---

[3] Desenvolvido e patenteado nos Estados Unidos pelas empresas Fred Reichheld, Bain & Company e Satmetrix em 2003, o método compila em questões abertas a avaliação de empresas, serviços e produtos, assim como a classificação que o cliente lhes dá. Índices inferiores a – 100 são ruins, indicando que todos os clientes são detratores da marca. Índices de + 50 são considerados excelentes e de + 100 indicam que a totalidade dos clientes são promotores da marca. Os resultados são analisados por gerentes e o pessoal de frente, permitindo reajuste de estratégias e táticas, assim como a confirmação de acertos.

– Bom dia, pessoal, tudo bem? Meu nome é Sidney, gosto de trabalhar para a Azul. Gostaria de saber se vamos ter o Plano de Participação nos Lucros e Resultados que todo o mundo está falando.

Pedro:

– Isso já está decidido. Em dando lucros, a companhia vai distribuir. O que está sendo decidido agora é como. Está em negociação com o Sindicato, para definição do conteúdo do PLR. Não é simples, porque o Sindicato tem de aprovar para que possamos implementar. A questão está engasgada na definição de índices que são apurados no final do ano.

– Bom dia, meu nome é Aline. A minha dúvida: a gente ouve muito falar que em outras bases, menores que a nossa, o salário do agente é diferente do nosso.

Pedro:

– Não sei a resposta. Panda, anote para respondermos.

Alguém que não se identifica:

– Pessoal, tem diferença salarial sim, dependendo da base. São considerados vários critérios, custo de vida da cidade, entre outros, para se estabelecer a política de salários.

Panda:

– Tem aí uma lição importante, inclusive para mim, para saber qual é exatamente essa política. Mas acho que não existe política diferenciada porque uma base vale mais do que outra. Pode existir por diferenças de custos de vida. No Sudeste, é diferente do Nordeste, por exemplo.

– Bom dia, meu nome é George. Gostaria de saber se a empresa vai abrir capital e se funcionário poderá comprar.

Panda:

– Vai abrir e, como em qualquer abertura de capital, o funcionário poderá comprar. Só não está decidido quando e como será aberto.

– Olá, meu nome é Douglas. Queria saber se, como em outras companhias, vai ter pagamento de periculosidade.

Panda:

– Vou procurar me informar, darei resposta estruturada.

– Meu nome é Danilo, bom dia, estou há três anos na Azul. Referente à fusão, vai demitir funcionários?

Pedro:

– Tivemos que demitir 200 pessoas no Brasil inteiro, por sobreposições de funções ou por impossibilidade de se deslocarem para outras cidades. Mas, no mesmo mês, contratamos 500 pessoas. Tivemos que demitir, infelizmente, mas não haverá demissão em massa.

– Bom dia, eu sou o Marcelo. Vi em mídia social uma discussão de tripulantes de voo reclamando da forma de pagamento para eles e um comandante dizendo que vão fazer operação padrão. É verdade que isso acontece? E o que vocês vão fazer?

Panda:

– É verdade, eu também vi. Olha, numa empresa de 9.000 pessoas, você pode ter certeza que nesse meio tem de tudo. Tem maluco, tem molestador sexual, tem gente insatisfeita. A rede social é exatamente isso, entra e sai qualquer um. Quando você tenta segurar uma informação, é como pegar areia na mão e apertar. Quanto mais você apertar, mais você vai perder. Ele quer fazer operação padrão? Deixe ele fazer. A companhia vai identificar. E vai tomar as medidas necessárias para corrigir esse tipo de ato que sabota o nosso futuro, o futuro de cada um. Esse tipo de comportamento é de um covarde. Tinha o nome dele na rede social?

– Não.

– Não. Estava lá "Ases Indomáveis 18". Esse cuzão desse cara, se fosse homem, vinha aqui falar.

Pedro:

– Não, não, Panda. Se ele honrasse o uniforme da companhia, saberia usar a comunicação aberta. Podia ir lá falar com o David.

Panda:

– Sim, falar com o David Neeleman. Entrar na sala do David e falar, "porra, David, estou infeliz com meu salário". O David ia puxar um papelzinho e falar "tigrão, vem cá, vou explicar porque você não ganha o mesmo que piloto da Gol ou da TAM. Para começar, o avião da TAM e da Gol leva quase 200 passageiros lá atrás, o da Azul leva até 118. Não dá para comparar o salário de um piloto do Boeing 777 com o de um Embraer 195. Vamos comparar com o salário que pagava a TAM e a Gol quando todas tinham cinco anos de idade".

Pedro:

– O que causa espanto é que esse comandante escolheu a Azul. A Azul não foi lá com o chicote e pegou o cara pelo garrote para vir trabalhar aqui. Pode até ser que não seja comandante da Azul, porque o cara lá não assinou. Pode ser alguém da concorrência tentando tocar fogo no nosso ambiente. Esse cuzão que o boca-suja falou... Bom, está respondido. Next!

Vanessa, a gerente de operações:

– Quero comentar uma coisa, não fazer pergunta. Eu acho que se a gente está aqui, a gente tem escolha. Acho que é importante, para nós, gerentes, agentes, comissários, se vemos colega insatisfeito, ir lá e dizer, "colega, você não está feliz aqui, pede para sair".

Pedro:

– É isso, galera. Parabéns, Vanessa!

Danilo:

– O David está na quarta companhia. O projeto no final desta década é ser a primeira companhia aérea do Brasil. A pergunta é: ele pensa em abrir a quinta?

Panda:

– Não, ele não pensa em abrir a quinta. O David não pensa em sair desta companhia. Muito ao contrário, ele tem planos de longo prazo para esta companhia.

Pedro:

– O Brasil faz parte dos BRIC, os países emergentes. Junto com a Rússia, a Índia, a China. O Brasil é o mais fácil de decodificação cultural de todos eles, o mais transparente de todos, o mais estável democraticamente, apesar do que vemos nos jornais. Nós somos brinquedo de criança comparado com a China e com a Índia. O Brasil é a bola da vez para o David Neeleman como investidor.

O diálogo está bom, mas o tempo se esgota. Panda encaminha o encontro para o final:

– Nós estamos estourando o nosso prazo. Vocês vão ganhar duas coisas, agora. A primeira é a nossa Bíblia, chama-se *TotalmenteAzul*. Tudo o que a gente falou e mais um pouquinho está aqui neste livrinho que foi feito com muito amor e carinho. O que está aqui dentro não é para vocês darem uma vista de olhos, não. É para vocês lerem, entenderem, decorarem e professarem. Usar isto aqui como usa a Bíblia. Têm que ler, decorar o número da página, citar o parágrafo, o salmo, etc. É o nosso Manual de Instruções do Tripulante Azul. E como eu e o Pedro somos os padrinhos mais legais da Azul, a gente está oferecendo, somente para o time de Viracopos, um brinde único e diferenciado. É esse pôster com todas as aeronaves, tanto da Trip quanto da Azul. Cada um tem direito a um pôster, mas pode levar cinco. Leva para a mãe, para o sobrinho, todo mundo. A gente está sempre à disposição. Vamos encerrando que todo mundo tem que correr atrás do prejuízo. Obrigado pela presença. A gente está encantado com esta base, encantado com os nossos afilhados aqui de Campinas. A gente sabe do que vocês são capazes.

Pedro:

– Pessoal, eu quero só terminar com um singelo agradecimento a vocês por tudo o que fizeram por esta companhia, para quem começou com ela. E para quem acabou de entrar, eu quero dizer que esta é uma companhia ainda jovem, uma companhia em crescimento. E eu quero agora pessoalmente agradecer o carinho que recebi de Viracopos em relação ao meu acidente. Eu quero fazer uma pequena demonstração de meu estado, porque recebi alguns pedidos de informação. Eu vou fazer uma rápida demonstração, vou dar umas cambalhotas aqui... Bom, Henrique, eu quero só levantar. Isso. Fred, vem cá. Ana, vem cá também, pega na minha mão. Aqui, na minha mão esquerda. Eu tenho uma foto com a Ana no dia que entramos no Santos Dumont e agora vamos fazer outra. Henrique, joga a perna esquerda para fora. Vai, Fred. Pode soltar a mão, Ana.

Os músculos dos braços e das mãos tremendo de esforço, rebeldes e incontroláveis como se em espasmo de alguém que sofre de Parkinson, Pedro Janot levanta-se da cadeira de rodas, apoiado por seu cuidador, o enfermeiro Henrique Fraga da Silva, pelo gerente de aeroporto Frederico Pinho, pela comissária Ana Procopiak. Sob aplausos e gritos de Uhhuu!, sozinho, dá dois passos à frente.

CHAMADO DO DESTINO

Quando Pedro Barcellos Janot Marinho ouviu falar da Azul pela primeira vez, no primeiro semestre de 2008, nada sabia de aviões. Executivo carioca radicado em São Paulo, amargava um raro momento ruim de uma carreira brilhante.

Homem de porte alto, com 1,88 m de altura, corpo largo e grande, quase atlético, boa pinta, Pedro estava chegando ao final da sua quarta década de vida no auge do vigor que se espera de um líder do mundo corporativo.

Você não encontra isso escrito em nenhuma norma ou lei, mas já deve ter observado a característica sutil: grandes empresas tendem a preferir como seus presidentes homens fisicamente grandes, de aspecto vigoroso. É fácil de entender, pois a imagem da autoridade e do comando está ligada preferencialmente a figuras masculinas fortes. A tal história do homem alfa e da testosterona a mil, ingrediente bem-vindo nesse meio. O mundo dos negócios globalizados, no capitalismo de hoje, é arena de briga para cachorro grande. Uma boa dose do instinto arquetípico de guerreiro e muita energia nas veias para a tomada de decisões são qualidades prezadas pela cultura dos negócios.

Considere outro detalhe importante. O ambiente corporativo de São Paulo tem peculiaridades que o diferem do Rio de Janeiro. Espera-se que o líder tenha aparência séria, comportamento formal, gestos comedidos. Que seja até sisudo. Por isso, é um problema para executivos cariocas fazerem sucesso na capital paulista.

Nascido no Jardim Botânico, bairro nobre de classe média-alta do Rio de Janeiro, flamenguista, Pedro tinha na sua folha profissional um passado de sucesso respeitável no Rio e uma história de enorme êxito em São Paulo, tudo associado à manutenção de um certo jeito de ser do carioca da Zona Sul. O sujeito extrovertido, falador, informal. Durante nove anos, tinha sido o principal executivo da rede de lojas de roupas *fashion* Zara, do grupo espanhol Inditex. Comandou sua chegada, implantação e decolagem definitiva no Brasil. A Zara revolucionara o varejo têxtil na Europa e se expandia globalmente, chegando também à América do Sul.

Isso fora antes, porém. Em janeiro de 2007, aceitando convite do então presidente Cássio Casseb, fechou sua página da Zara, enfrentando o desafio de dirigir a área de não alimentos do poderoso Grupo Pão de Açúcar, na época líder do setor de supermercados do país, com impressionante receita bruta de R$16.4 bilhões no ano anterior e domínio de 13,3% do milionário campo varejista. A administração do Grupo resolveu melhorar o desempenho na área de não alimentos, projetando fazer as vendas do setor subirem de 27 para 34% do total em três anos. Casseb, que também fora presidente do Banco do Brasil, conseguiu recrutar Pedro para a tarefa.

O horizonte parecia promissor, Pedro declarando ao jornal *Valor Econômico* que via "um aeroporto de oportunidades" para o Pão de Açúcar ao assumir os segmentos de vestuário, aparelhos eletroeletrônicos, artigos de bazar, vendas pela internet, postos de gasolina e farmácias. Analistas reconheciam, em declarações à mídia especializada em economia e negócios, o acerto da escolha de Pedro.

Era considerado ótimo profissional do mercado de varejo, especialista em vestuário e moda, além de *expert* em logística. Eficiência nesse campo e giro veloz do estoque eram parte do segredo do sucesso da Zara. Pedro soubera adaptar essas virtudes do grupo espanhol às peculiaridades do Brasil, passando a ser reconhecido como um profissional de arranque, competente executivo em missões de fazer empresas novas se estabelecerem, conquistar mercado e crescerem.

Pouco acima da linha do horizonte, contudo, carregadas nuvens de tempestade faziam chover pesado no pátio interno do Pão de Açúcar. Principal figura pública do Grupo, ícone do que se entendia então como a arrojada classe empresarial brasileira moderna, Abílio Diniz, acionista majoritário e um dos herdeiros do fundador Valentim dos Santos, capitaneava uma longa sequência de crises, fruto do crescimento, da crescente complexidade dos negócios do varejo e de alguns erros estratégicos de administração. A isso se acrescentava o clássico conflito de passagem do bastão empresarial dos controladores proprietários para executivos profissionais contratados.

Abílio conquistara o poder supremo após complicada briga intestina de família. Depois, com a abertura do capital por meio de venda de ações no país e no exterior, o Pão de Açúcar teria como sócio o grupo francês Casino, cuja participação acionária subiria dos 25% iniciais e, mais adiante, provocaria uma tumultuosa disputa de surdina com Abílio. No cenário externo, as margens de lucros se estagnavam desde 2002 ou simplesmente caíam, descendo de 8,3% em dezembro daquele ano para 7% em dezembro de 2006, conforme dados apurados numa reportagem de Ivan Martins para a revista *Época Negócios* de janeiro de 2008. Para piorar, em abril de 2007, o Grupo perderia a liderança do mercado para o Carrefour.

Sob essa saraivada de pressões, diziam os analistas, os executivos que tentavam dirigir os rumos do Grupo precisavam ainda saber lidar com a personalidade notoriamente forte de Abílio, dono de convicções férreas. Uma delas, comentava-se quase como um folclore, era a crença inabalável de Abílio pelo cuidar do corpo e pela prática do esporte, fazendo dirigentes do Pão de Açúcar malharem nas academias para vencer o sedentarismo, pois sem isso haveria pouca chance de sobrevida nos corredores de poder do Grupo.

Em meio a esse turbilhão, sobrariam rajadas, raios, relâmpagos e trombas d´água para Pedro Janot. Exatamente no mês em que completava um ano de casa, ainda buscando solidificar seu valor perante os dirigentes superiores, Pedro viveu o tremor de seu chão quando o presidente Cássio Casseb – que o trouxera para o Grupo – foi subitamente demitido.

Abílio nomeou presidente o consultor Cláudio Galeazzi, executivo de 67 anos apresentado pelo repórter, na matéria citada parágrafos atrás, como um "halterofilista de cabelos quase brancos, cordão dourado e roupas juvenis, um profissional simpático, mas inclemente", famoso por reestruturação de empresas em crise e que, àquela altura, já teria sido responsável por estimadas 20 mil demissões.

Em fevereiro de 2008, Pedro engrossou a lista dessas demissões, numa passada de trator que levaria para a rua também mais 19 diretores.

– Fiquei muito bravo. Ser demitido da forma que aconteceu não foi fácil, apesar de eu gostar muito do Abílio –, recorda-se Pedro anos depois, em intervalo de sua intensa rotina diária de terapias. Continua:

– A forma foi muito ruim. Os executivos foram chamados para reunião numa sala, mas eu e a diretora de marketing, Cláudia Pagnano, fomos deixados de fora. Cinco minutos depois, o Abílio se aproximou de mim e da Cláudia e disse: "vocês estão fora do nosso Grupo". Foi um solavanco muito grande.

Pedro reconhece que a situação não era boa. Havia problemas de estoque velho – "custa muito caro desovar produto velho em mercado de alta tecnologia" –, pontua. Havia gente com vícios sérios de gestão, trabalhadores mal instalados, funcionários que se sentiam depreciados.

Falhas do Pedro?

– Trabalhei muito, como sempre, mas acelerei demais. Não tinha avaliado as expectativas de resultados. Foi o meu erro. Teria que ter trazido uma equipe externa, da minha confiança, para fazer uma análise e então tratar das expectativas com o executivo maior, com os investidores, fazer um acordo. Talvez tivesse que criar uma equipe externa multidisciplinar, mas eu nunca medi essas coisas. Sempre entro com os pés, com as mãos, com o coração. Foi minha grande falha como executivo, mas o erro foi talhado pela pessoa que sou. Eu sou assim. Pulo de cabeça, corpo, alma.

Sempre há um território desconhecido à frente dos passos de alguém. O risco e os perigos espreitam na curva. E há um preço a pagar:

– Fiquei quatro meses desempregado. E isso é uma fase muito aflita. Você acorda de manhã, monta sua agenda para ir falar com os *headhunters* que o conhecem, mas tem que se adequar à agenda deles. Você faz a lista dos amigos que lembra, liga para um, para outro. Fica aguardando chamarem para uma entrevista. É uma angústia. Você espera que o telefone toque, mas o bicho não toca.

Era como na minha juventude dos anos 1970. Quando você estava de namorada, chovia mulher querendo namorar com você. Quando estava sem ninguém, nenhuma mulher ligava.

A rede de contatos pessoais é crucial para um executivo em busca de trabalho, mas esta não existia para Pedro fora do seu circuito profissional imediato. Passava muitos fins de semana no Rio de Janeiro e aí podia encontrar, na caminhada de praia, um velho amigo de infância, mas o encontro ficava ali no abraço e chope à beira-mar. Nada de um aprofundamento de amizade a não ser recordar um pouco o passado, contar as novidades de rumo de vida de cada um. Nenhuma amizade nova. E como estava no Rio nos dias de lazer, não cultivava os laços de amizade de São Paulo.

A situação começou a dar sinais de melhora quando apareceu-lhe uma consultoria para a JHSF, do setor imobiliário voltado ao público de alta renda. Tratava-se do projeto de um *shopping center* de *outlets* que faria parte de um complexo onde haveria também condomínios residenciais de alto padrão. Pedro já estava começando a gostar desse caminho da consultoria, pois, afinal, gerava um dinheiro, deixando-lhe também liberdade de tempo para cuidar da vida. A tal história da namorada. Você consegue uma, podem aparecer outras interessadas.

Foi então que Guilherme Dale, especialista em contratação de presidentes na multinacional de *headhunters* SpencerStuart, colocou uma pulga atrás da orelha de Pedro, num telefonema inesperado:

– Ô Pedro, você está precisando de dinheiro? Ou pode parar de trabalhar agora?

– Poder parar até posso, estou com uma poupança legal, mas não significa que eu queira parar. Tenho até um negócio diferente, agora.

Muitos executivos param de trabalhar depois de alguns anos de carreira. Saem da corrida frenética do mundo corporativo, apoiados por um bom planejamento financeiro, uma reserva acumulada com zelo. E então vão curtir a vida com vagar. Pedro não foi dessa estirpe. Marcou horário com Guilherme.

– Eu adoro bucha, Guilherme, não sei viver sem uma bucha.

A história da namorada, outra vez. Pedro recebeu uma proposta para trabalhar no grupo Menegotti de Santa Catarina, que tinha um ramo no setor têxtil de varejo e estava comprando a grife Fórum de roupas *jeans* para adultos. Pedro comandaria essa empreitada. Seria a volta ao varejo e ao mundo da moda, território familiar. No fundo, porém, vacilou. Já não tinha interesse por roupas. Foi então que Guilherme tirou outra carta da manga:

– Tem um americano trazendo uma companhia aérea nova para o Brasil. Você já lançou duas companhias. Quer lançar uma terceira? Está preparado para encarar essa bucha?

Para Pedro, era um mundo tão distante quanto se Guilherme o houvesse incitado a pegar uma nave espacial e voar para a Lua. Jamais pensara na possibilidade, desconhecia a complexidade absurda do negócio, mas foi picado pela adrenalina de encarar outra vez uma bucha. Num território completamente desconhecido.

Cuidou-se o suficiente para fazer o dever de casa:

– Estudei os balanços de companhias aéreas brasileiras e americanas. Vi que a margem de lucro era bem apertada. Entendi que o combustível era um insumo complexo. Que boa parte dos custos das aéreas brasileiras estava pendurado no dólar. Mas também antevi uma oportunidade de mercado, no plano de David. E aí começou o processo.

Quando a SpencerStuart colocou Pedro Janot na concorrência para a presidência executiva da Azul, a empresa existia quase unicamente no papel. David Neeleman havia disparado o processo de criação da aérea no segundo semestre de 2007, fase em que já não tinha cargo executivo na sua cria anterior, a JetBlue.

A companhia foi criada no final de 1999, começou voando em fevereiro de 2000 a partir do aeroporto Kennedy de Nova York para apenas duas cidades, Buffalo e Fort Lauderdale, mas, ao término daquele ano, já tinha expandindo consideravelmente a malha de rotas. Havia também multiplicado a frota de Airbus A320, faturando 100 milhões de dólares em receita e transportando um milhão de passageiros. Continuou crescendo e tendo lucro nos anos seguintes, conquistando a simpatia do público americano, sendo eleita pela prestigiada revista de viagem *Condé Nast Traveler* a melhor aérea dos Estados Unidos por seis anos consecutivos. Também inova, introduzindo no sistema de entretenimento de bordo programas de rádio via satélite e televisão ao vivo. Sua proposta de negócio aposta no bem servir, na qualidade, em tarifas acessíveis e no que Neeleman denominou o ato "de trazer o caráter humano de volta ao transporte aéreo".

Enfrentou depois perdas financeiras, recuperou-se, continuou a crescer, mas, em fevereiro de 2007, enquanto Pedro mergulhava na tempestade de longa duração do Pão de Açúcar, Neeleman enfrentava outra, nada metafórica. Uma tremenda tempestade de neve que assolou a Costa Leste dos Estados Unidos paralisou o tráfego aéreo em Nova York. Fiel ao seu credo de que não cancelava voo por motivo pequeno, a JetBlue continuou a embarcar passageiros. Dentro em pouco, o caos estava instalado. Os terminais de passageiros do Kennedy lotados, os aviões da JetBlue esperando uma liberação que não acontecia, passageiros aguardando a bordo, às vezes por várias horas.

David reconheceu publicamente que a reação ao caos deveria ter sido outra, que custaram a tomar a medida certa, mas o estrago já estava feito. De pouco adiantou ir pessoalmente às ruas, com cartazes pedindo perdão aos clientes e a oportunidade de servi-los outra vez. Em maio, afastou-se da presidência executiva, assumindo o posto de presidente do Conselho. Depois, também se afastaria do Conselho, permanecendo apenas como acionista da companhia.

Qual tinha sido sua grande escola de aviação, nos seus anos de formação de empreendedor de sucesso?

Em todo o mundo, a aviação comercial foi um negócio controlado com mão de ferro pelos governos durante quase toda sua história. O direito de operar linhas aéreas é sempre uma concessão pública e as empresas foram ou são ainda subsidiadas em muitos casos. No Brasil, na época do regime militar, era o governo que decidia as tarifas que as aéreas podiam empregar. Havia até mesmo o absurdo de um patamar mínimo, abaixo do qual a empresa não podia passar, mesmo que suas planilhas de custos comprovassem a viabilidade econômica. Nos bastidores, o governo fazia um jogo em favor da Varig, considerada a "empresa de bandeira" do país, fator de prestígio e soberania nacional nesse campo. Era a Varig, no fundo, quem dava os parâmetros para as tarifas que podiam ser praticadas, sempre buscando dificultar a vida das concorrentes, beneficiando, por outro lado, seu próprio modelo de negócio.

A aviação foi quase que exclusivamente um meio de transporte das elites até o final da década de 1970. O modelo da Varig, por exemplo, em voos internacionais, servia os passageiros de primeira classe com requintado menu, vinhos franceses finos, caviar. A Air France e a Lufthansa gabavam-se de suas elegâncias europeias para oferecer ao viajante uma experiência de voar equivalente à hospedagem em hotel de luxo.

Em outubro de 1978, porém, a administração do presidente Jimmy Carter, nos Estados Unidos, conseguiu aprovação legislativa para adotar uma nova política que mudaria para sempre o panorama do setor em todo o mundo. Estabeleceu a desregulamentação, política que diminuía a presença controladora do governo na aviação, passando às próprias companhias aéreas um grau de autonomia antes inimaginável.

Em pouco tempo, surgiria nesse ambiente um novo modelo de empresa aérea. A mãe de todas elas seria uma companhia regional do Texas que cresceria para se tornar uma das maiores da América do Norte, pilotada pelo folclórico presidente e gênio de marketing Herb Kelleher. Era a Southwest Airlines que, em lugar de requintada culinária de bordo, servia amendoim; no lugar de mordomias, você próprio embarcava sua bagagem no avião, em alguns aeroportos. Em compensação, tinha à disposição tarifas econômicas, muito inferiores à concorrência, serviços pontuais e frequentes, aviões novos. E muito humor. No estilo americano, naturalmente.

Voar deixava de ser um ato solene de aristocracia para se tornar uma prazerosa experiência de viajar para outro lugar, com rapidez e segurança. Por isso, o clima a bordo dos aviões da Southwest era de gozação. Brincava-se com tudo e com todos. Um dia, ao chegar ao seu assento e abrir o compartimento superior de bagagem, quem o passageiro encontra ali, esperando o embarque de todos? Uma comissária! Eu avisei: é humor anglo-saxão.

Podia acontecer de você, no meio de um voo tranquilo, de repente presenciar um passageiro de meia-idade, meio que maluco, levantar-se da poltrona três filas à sua frente e, vestido de Elvis Presley, portando uma guitarra, começar a imitar o Rei do Rock. Era o próprio Kelleher...

Uma vez, em plena disputa comercial com outra empresa em torno do nome de um produto, Kelleher percebeu que estava gastando muito dinheiro com advogados e que seria vantajoso, para ambas companhias, resolverem isso de outra maneira. Convidou o presidente adversário a literalmente resolver a parada numa queda de braço pública. Que foi, aliás, generosamente coberta pela mídia.

Para trabalhar na Southwest, você tinha de ter humor. Afinal, como serviria bem aos passageiros com carranca de mordomo inglês? Suas qualificações técnicas eram importantes, mas não decisivas. Crescendo rapidamente, ganhando fama como aérea cada vez mais escolhida pelo público, a Southwest precisava contratar pilotos, uma categoria toda especial no mundo da aviação.

Em um evento de recrutamento, em salão reservado em hotel situado num complexo comercial próximo a um aeroporto, compareceram muitos pilotos de outras companhias, orgulhosos de seus uniformes e galões. Mas o que os entrevistados ouviram do recrutador que os recebia provocou espanto e até indignação em muitos candidatos. Anunciou o recrutador:

– Senhores, aqui próximo tem uma loja de camisas havaianas. Sugiro que se dirijam para lá, comprem uma, tirem o uniforme e depois voltem para continuarmos nosso encontro.

Quem não voltou, não tinha entendido nada. Voar na Southwest tinha de ser uma experiência carregada de *fun*, descontração e alegria, para os passageiros. Para trabalhar lá, você tinha de saber levar a vida com *fun*.

Nascia e proliferava o modelo das *low-cost carriers*, as LCC, aéreas de baixo custo, capazes de oferecer tarifas econômicas e mesmo assim ganhar dinheiro, como fez a Southwest por muitos anos.

Foi essa a principal escola aeronáutica de David Neeleman, que trabalhou por um breve período na cúpula administrativa da Southwest, quando esta comprou e absorveu a Morris Air. Esta, por sua vez, introduzira o bilhete aéreo eletrônico, uma invenção de Neeleman que mudaria para sempre a aviação comercial em todo o mundo, aposentando de vez a tradição do bilhete impresso. Não por acaso, a Morris foi a única empresa que a Southwest adquiriu na sua fase de expansão, preferindo a estratégia de crescer organicamente pelos próprios meios.

Depois, quando saiu da Southwest e foi trilhar os próprios rumos, David Neeleman já era um legítimo herdeiro do legado LCC, introduzindo seu diferencial próprio. A JetBlue oferecia tarifas econômicas, assim como prega o modelo, mas você encontrava ali um serviço de bordo ligeiramente superior ao da Southwest. Atender muito bem o cliente continuava lei, mas você não encontraria a bordo os exageros texanos de humor. A atmosfera era um pouco mais sóbria. Estava mais para o cidadão cosmopolita e sofisticado das ruas de Nova York do que para o *cowboy* dos campos do Texas.

Em lugar do inverno de Nova York, o verão do Brasil. No final de 2007, David já examinava as latentes possibilidades do país no transporte aéreo, tendo reunido um pequeno grupo de especialistas de confiança ao seu redor para desenhar um projeto, muitos dos quais tinham também passado pela Southwest e pela JetBlue.

O olhar sobre o Brasil não se limitava a estudos técnicos do negócio. Cidadão de binacionalidade – gosta de se chamar "brasicano"; seu pai, Gary, foi cônsul honorário do Brasil em Salt Lake City, a principal cidade da religião mórmon no mundo – David deu continuidade a uma ligação forte da família Neeleman com o país. Ambos foram missionários mórmons por aqui. Gary, como jornalista da agência UPI, não só escrevia sobre temas brasileiros e criava relações com pessoas importantes do cenário público brasileiro, como escreveu com a esposa, Rose, mãe de David, livros históricos sobre duas epopeias americanas no Brasil: a construção da Estrada de Ferro Madeira-Mamoré e a vida em Americana e Santa Bárbara do Oeste, em São Paulo – na região de Campinas, portanto, próximas a Viracopos –, dos imigrantes sulistas derrotados na Guerra de Secessão.

Na condição de missionário mórmon na Paraíba e em Pernambuco, David espantou-se com o modelo econômico vigente no país na década de 1970. Viu-o totalmente voltado para as elites, desprezando a grande massa que, anos depois, constituiria o fenômeno da ascensão da classe média e das classes C e D aos pavilhões do consumo. David achou isso simplesmente ridículo.

Em fevereiro de 2008, enquanto a tempestade de Pedro chegava ao auge, David desembarcava no Brasil com seu time, pronto para, agora, ativar o plano de criação de sua quarta companhia aérea, buscando agregar força brasileira. O primeiro reforço foi Panda, que você já conhece. Logo entrou na equipe o comandante Miguel Dau, veterano da Varig, chamado para estruturar a área técnico-operacional da nova companhia.

Da equipe original de Neeleman, Gerald Lee foi negociar os aviões da Embraer, Trey Urbahn dedicou-se ao marketing e planejamento de linhas, John Rodgerson cuidou das finanças, Marlon Rodrigues e Cindy England dedicaram-se a outras funções. Panda estava mergulhado na criação da identidade visual da companhia, que então tinha nome provisório de *New Air* – o mesmo nome original da JetBlue. Miguel Dau recrutava a equipe de pilotos, comissários e técnicos de operação aérea.

Em março, dois meses antes de Pedro receber o chamado instigante de Guilherme, a companhia foi anunciada para o público brasileiro, mas ainda não tinha nome. Para surpresa geral, foi anunciada uma grande campanha de massa para o público escolher no *site* dedicado www.voceescolhe.com.br.

Os nomes finalistas foram *Samba* e *Azul*, depois de 157.528 votos sobre 10 sugestões. O voto de minerva foi da equipe composta por Neeleman. Os internautas que primeiro sugeriram os nomes finalistas, Vítor Varejão e João Garcia, ganharam passes vitalícios na Azul, com direito a acompanhante.

A história está nessa efervescência de gestação quando Pedro Janot começa a série de entrevistas que vão definir o seu destino diante da mais ambiciosa cartada de sua carreira.

David Neeleman puxa fácil da memória suas primeiras impressões de Pedro:

– Nós contratamos a SpencerStuart para achar um presidente. Estava sendo bem difícil encontrar alguém de dentro da nossa indústria de aviação. Eu tinha muitos currículos para ler e estudar. Fizemos muitas entrevistas. Então, gostei muito do Pedro, o desejo dele de trabalhar com gente. A minha maneira de ver é que o presidente fique na primeira linha, mostrando aos nossos tripulantes, principalmente os que têm contato com os clientes, que nós realmente respeitamos o trabalho que estão fazendo. Isso é o mais importante que nós temos. Não queria alguém que ficasse só no escritório. Queria alguém que fosse lá de madrugada falar com o nosso pessoal de manutenção, que fosse para o aeroporto. O presidente fica quase sempre muito afastado de tudo o que está acontecendo. A pessoa não pode tomar decisões que afetam as vidas das pessoas sem saber como as vidas são. Perguntei como foi a história dele quando trabalhou para a Zara. Ele foi para a Espanha e ficou lá nas lojas, conversando com as pessoas, com os funcionários de frente, ajudando as pessoas a servir melhor. Fiquei impressionado com isso, de um presidente fazer isso.

Em contraste com esse depoimento, a admiração não significou decisão imediata. Pedro:

– Demorou uns dois meses. Volta e meia o David me chamava e eu conversava com um dos executivos que já estavam contratados para a companhia. Aí teve um momento em que eu fiquei de saco cheio. Apertei o Guilherme: "Ô cara, ou vai ou não vai, tô ficando cansado... fala com um, fala com outro, fala com um, fala com outro..."

Finalmente, um dia, David informou que estivera aguardando a contratação de um executivo de recursos humanos, mas que já tinha esse profissional. Por isso, a demora no processo de seleção, pois queria ter esse profissional para também ouvir Pedro.

Executivo jovem, centrado em si mesmo, focado como um mestre de arte marcial, Johannes Castellano é comedido com as palavras. Pensa antes de as usar e quando as expressa parece estar ciente da importância de cada uma. Talvez não esperasse o tipo humano oposto que encontraria pela frente:

– Porra, Johannes, ou me quer ou não me quer. Discutir os conceitos e tal é legal, mas já chega. Por favor, resolve esse troço!

Johannes tem um rosto parecido, para este autor, com o do antigo astro de cinema Yul Brynner. No rosto algo exótico, tez morena azeitonada, carrega uma grande cicatriz sobre o olho esquerdo, herança de um feio acidente de trânsito no ano 2000 cujo impacto provocou um estrangulamento vertebral que cortou seus movimentos de pernas por um tempo. Chegou a pensar que tinha ficado paraplégico.

Seu primeiro encontro com Pedro já foi na posição de entrevistador:

– Tínhamos conversado com mais três ou quatro candidatos quando o David avisou que havia mais um. Ele não precisava de alguém que conhecesse de aviação ou de altas finanças, pois isso ele garantia com o time executivo que trouxera da JetBlue. A parte operacional já estava cuidada pelo Miguel Dau. Ele precisava de quem gostasse de gente e de cliente, isto é, do nosso pessoal interno e do passageiro. O Pedro chegou com aquele sorriso largo, bem apessoado. Certamente o seu lado mais forte seria o de humanista, o de tirar o melhor das pessoas, e nem tanto o de estrategista ou o de gestor financeiro. Eu e o *controller* da época, Marcelo Medeiros, queríamos, mesmo assim, saber como ele iria tratar da gestão do custo da companhia que estava começando e levaria quase um ano só gastando, sem receita. Como fazer isto sem matar três ou quatro? Pois é fácil você resolver sem pagar horas extras, por exemplo.

A resposta de Pedro fez os entrevistadores confiarem que tinham um candidato forte:

– A gente faz isso cuidando dos miúdos.

– O que quer dizer isso?

Na sua fase de Zara, Pedro aprendeu a cuidar bem do vendedor, do balconista, aquele que lá na linha de frente, na loja, é quem deixa o cliente satisfeito e também cuida dos centavos da companhia. É a gente simples, são os miúdos. Mas claro, custo exige cuidado. E Pedro então usou uma analogia:

– Custo é como grama, você não precisa fazer nada, ele cresce. Então, você tem de ir lá com a máquina de vez em quando e aparar quando cresce.

Johannes viu em Pedro o cara apaixonado que teria fé o suficiente na visão de David para torná-la realidade, mesmo sem enxergar tudo à frente. O plano financeiro e operacional era robusto, mas nem tudo da estratégia estava claro. Na primeira visita a Viracopos, os executivos da Azul encontraram o aeroporto completamente vazio. Ficaram se cutucando uns aos outros, incrédulos: "cara, mas será que vai dar certo, ninguém voa para Viracopos!". Foi então, lembra-se Johannes, que o grupo viu David esfregar as mãos no seu jeito entusiasmado, usando o português carregado de sotaque para revelar um quadro de cinco anos à frente:

– Fantástico, ninguém voa por Viracopos! Vamos tomar conta de tudo isto aqui!

A bronca pode ter surtido efeito, pois muito em breve Pedro estaria sentado com David discutindo detalhes do acordo. Lembra-se:

– O David é um cara muito interessante, para ele duas palavras já formam um texto. A negociação demorou uns cinco segundos. Fundamentalmente, ele queria me pagar 30% a menos que o mercado pagava e a uma condição a seco. Isto é, sem carro, sem ajuda de combustível, sem mordomia, sem nada. Falei, "ok, eu topo, mas eu quero um seguro de saúde total, os melhores hospitais e cobertura também para a família, além de opções de ações".

Voltou desse rápido encontro final com as bases de um acordo definidas, mas ainda faltava a palavra final de compromisso. Pai de Marcelo e Maria Cândida, casado com Débora, Pedro estava acostumado a compartilhar suas decisões com a esposa, que foi sua primeira namorada firme na juventude de muitos namoros.

Companheira, discreta, esbelta e bonita, Débora é dessas mulheres que escondem por trás da beleza delicada uma fibra de caráter que traz a segurança necessária para seu homem meter-se totalmente na selva do mundo dos negócios, pois a retaguarda do lar estará bem cuidada. Antes do sim à Azul, havia ainda uma dúvida compartilhada. Pedro:

– Construí a decisão com a Débora. Falei, "felizmente, tenho de novo opções. Senta aqui comigo, vamos fazer um quadro de forças, examinar a situação". Fomos ponderando cada detalhe da opção Menegotti e da opção Azul. Engraçado é que o primeiro ponto positivo que vimos da Azul é que a sede da empresa estava aqui do lado, em Alphaville, onde moro. Eu já estava cansado de atravessar a cidade inteira para ir trabalhar no Pão de Açúcar.

Objetiva, mas atenta também a questões subjetivas, Débora chegou a um ponto decisivo:

– Pedro, pula fundo. É uma área nova, você tem capacidade de tocar uma área nova. Você é movido por desafio e esse será diferente dos outros. Então, por que não a Azul?

A leitura sutil que Débora faz do marido já tinha sido efetiva na época do Pão de Açúcar.

– Meus amigos vinham aqui tomar uísque na sexta-feira à noite, mas às nove e meia eu já estava dormindo no sofá. Ela dizia: "esse troço não está bom. Você sai de casa às cinco e quarenta, volta à noite e às nove e meia já está dormindo no sofá. Fico imaginando o que está lhe acontecendo no Pão de Açúcar". Ficou aliviada quando saí de lá.

Pedro conhece a personalidade determinada de Débora há muito tempo. Colegas de escola no Rio, ela foi sua primeira namorada séria. Comenta:

– Namorada séria é aquela com quem você passa a manhã inteira no colégio e quando chega em casa, à tarde, pendura-se horas no telefone com ela. Depois, minha futura sogra começou a dizer que eu era muito avançadinho para a época. Eu tinha um cabelão enorme, aqui nos ombros. Foi barrando nosso namoro. Então eu tinha uns catorze anos quando apareci na casa dela para vencer a barreira e levar a Débora ao cinema. A Débora não pestanejou: "Primeiro, você tem que levar meu irmão junto. Segundo, de moto nem pensar".

Acabou o namoro, nasceu uma amizade. Enquanto crescia, às vezes encontrava Débora na rua, por acaso, ou na universidade, também por acaso, e o tempo parava. As conversas eram sempre muito prazerosas.

O tempo passou, a vida mudava. Um dia, já aos 22 anos, Pedro recebe um telefonema do amigo Luís Igrejas, às vésperas de um feriado de novembro:

– Pedrão, vamos para Cabo Frio?

– Pô, Luís, tô trabalhando que nem um corno. Meu carro tá uma merda, não tenho dinheiro para consertar, não tenho namorada.

– Não, escuta, é o seguinte: a Débora terminou o namoro com o Roberto há uns dois meses. A namorada do Luisinho é irmã do ex-namorado da Débora. Então dá pra montar um esquema. Vamos todos juntos para Cabo Frio.

Dois anos depois, Pedro e Débora já eram marido e mulher.

De volta a 2008, decisão tomada, era hora de informar a David, mas valeria também fazer uma análise da fase anterior da carreira, para levar o máximo de aprendizado à nova jornada. Tipo, que lição extraiu do Pão de Açúcar?

– Acho que eu teria de ter sido mais humilde para navegar naquele mar que eu não conhecia. Quando assumi meu cargo, o

Cássio disse, "Pedrão, senta a bota e vamos embora!". Tomei aquilo, mais ou menos, como um sinal de liberdade. Mandei ver, fui tomando iniciativas. O Abílio queria ser consultado, mas fui jogando a primeira, a segunda, a terceira, a quarta marcha, pé no fundo do acelerador. Faltou a habilidade para descobrir as nuances de uma grande organização, acima de tudo uma companhia familiar, com um jogo político muito pesado. Quando cheguei ao Pão de Açúcar, na minha área, as pessoas estavam escondidas em seus cubículos, atrás da tela de um computador. Falei, "pô, isso aqui não tem velocidade nenhuma". Botei todo o pessoal da parte de eletrônica sentado numa mesona grande, de uns 20 metros, o diretor sentado na cabeceira. Acabei com os cubículos. Fiz o mesmo com o pessoal de cama, mesa e banho. Fui criando mesas gigantes e no meio colocava o escritório de controle. Eu precisava fazer o estoque girar com rapidez. As pessoas achavam aquilo estranho. Atropelei a missão.

O pé fundo no acelerador iria causar problema, certamente:
– Houve resistência, porque foi uma mudança radical. No mercado, hoje em dia, precisa haver muita sinergia entre os departamentos. Os produtos são complementares. Quem vende computador precisa saber o que está fazendo quem vende cama e mesa. O cliente vai a uma grande loja para comprar produtos variados. Ao mesmo tempo, um ambiente de trabalho aberto, num departamento de compras de qualquer setor de atividades, evita a tentação da corrupção, algo que pode ocorrer em qualquer lugar. Como fui comprador quando jovem, sei como é. Quem trabalha ali ganha um salário baixo, comparado com os altos volumes de compras. Pode ser sondado, pode ficar suscetível a um cara que oferece grana. Fiz o contrário do ambiente fechado, expus o ambiente à abertura. Todo mundo podia ouvir o telefonema do outro, se quisesse.

Dizem que, no esporte de competição, a diferença entre quem tem espírito de vencedor e quem é perdedor não está na derrota. Todos erram e perdem alguma vez na vida. A diferença está no fato de que o primeiro, quando erra e perde, volta ao erro. Analisa tudo criteriosamente. Descobre onde errou. Toma consciência para nunca mais repetir o mesmo erro. E toma consciência do legado de cada derrota. Quem aprende, avança. Quem não tira do erro a lição embutida, repete.

– Aquilo aconteceu por causa do meu entusiasmo em construir –, reflete Pedro. – Sempre entrego alguma coisa pronta, assumo o compromisso de cruzar a linha de chegada. E sempre trabalho muito junto da equipe. Eu ia às mesas de trabalho, perguntava como as pessoas estavam se saindo, quais eram as dificuldades. Tudo isso foi um aprendizado.

O legado do período Pão de Açúcar seria muito útil para Pedro Janot na nova página que se abria. No dia sete de julho de 2008, foi registrado como o contratado número 37 da Azul. No dia oito, assumiu a presidência executiva da companhia e o maior desafio da carreira. Não tinha como prever, mas também lhe aguardava o mais dramático desafio da sua vida inteira.

TURBULÊNCIA DE DECOLAGEM

Atravessar a ponte do desfiladeiro para dentro da floresta nunca trilhada não pareceu um risco muito grande para Pedro Janot. Tampouco trabalhar com um ícone da estatura de David Neeleman.

– Em nenhum momento tive medo sério – lembra Pedro. – Em primeiro lugar, pelo que David me disse: "Você entende de gente e vai entender o que eu quero para a Azul. De aviação eu sei e tenho uma equipe que entende. E nem precisa falar inglês, me ensine português". Quando ficou claro que minha missão era comandar gente, pensei que o desafio seria bacana.

Pausa um segundo, continua:

– Tinha outra coisa. Trabalhei minha vida inteira com o dono. Sei exatamente o papel do presidente quando trabalha com o dono. Você não pode querer tomar o espaço do dono. Não pode e não deve querer aparecer na Forbes antes que o dono, que tem o seu ego e corre o seu risco. Entendo a cabeça de dono, penso como ele. Na hora que ele tem que brilhar, ele brilha. Na hora em que você tem de brilhar, você brilha. Seu papel é acertar o rumo da companhia.

Naturalmente, Pedro conhecia inglês, mas não era fluente. E David falava português, mas com sotaque. Da equipe de norte-americanos que David trouxe, muitos nem conheciam o Brasil, só a metade falava português. A formação da Azul passaria por um tempo de pequena babilônia linguística onde, às vezes, perguntas eram feitas em inglês, respondidas em português, e vice-versa. Ou se mesclavam palavras das duas línguas. No entanto, essa era apenas a ponta visível, como um *iceberg*, da montanha submersa que Pedro teria de encarar na sua linha de navegação para fazer o barco zarpar.

Todo ser humano tem uma personalidade e uma alma, conjuntos de atributos pelos quais identificamos nossos semelhantes. A primeira qualidade reúne características psicológicas, emocionais, mentais. A segunda é mais difícil de definir. Geralmente, a reconhecemos quando a pessoa faz algo com profunda espontaneidade, dando-lhe um tom absolutamente genuíno. Ambas são perceptíveis por meio das ações e do comportamento. Ambas dependem do maior ou menor grau de consciência do indivíduo, isto é, da noção que tem de si mesmo, dos outros, do que está à sua volta, das suas relações com tudo o que existe. Ambas conformam – digamos, se você concorda comigo –, a marca da pessoa no mundo.

Toda empresa tem sua cultura. Bem ou mal formada. É o conjunto de características visíveis e palpáveis, mais as menos tangíveis, que forma o *espírito*, o jeito de ser, a identidade, a imagem e a razão de existir de uma organização. Se quiser, o seu DNA.

Você sabe, nos dias de hoje, é comum toda empresa buscar traduzir isso em termos de missões, valores, visão, objetivos. Ao mesmo tempo em que serve de espelho para o autorreconhecimento, reforça sua função diferenciada no mundo. Toda empresa, assim como todo ser humano, precisa ter individualidade, consolidar sua marca na existência. E a palavra não é apenas um recurso de *marketing*.

Se você consulta o *TotalmenteAzul*, aquele manual que Panda distribuiu aos funcionários da empresa naquele evento de Viracopos (capítulo *Cartão de Embarque*), encontra lá essas coisas. E mais alguns complementos esclarecedores.

> *Missão: servir, servir, servir.*
> *Valores: segurança – respeite a vida em todas as ações –,*
> *consideração – trate a todos como gostaria de ser tratado –,*
> *integridade – honre sua palavra e aja de forma ética –, paixão*
> *– use a paixão pelo que faz para servir as pessoas –, inovação*
> *– inove em tudo o que fizer e busque renovar-se sempre –,*
> *excelência – faça o melhor para obter resultados excepcionais.*

O manual também aponta o conteúdo diferencial da empresa:

> *tarifas acessíveis e produto de alta qualidade; a malha aérea mais abrangente do país, com mais de 100 destinos, voos diretos e serviços frequentes; atendimento humano, eficiente e proativo; entretenimento a bordo e snacks exclusivos; linhas de ônibus executivos gratuitas.*

O que a empresa pede dos funcionários, ou tripulantes, no jargão interno, é compromisso, algo que traduziu pelas iniciais de uma palavra que remete, por analogia, a um símbolo de excelência noutra área, a indústria cinematográfica:

> Orgulho de representar a empresa; Soluções rápidas e respostas diretas; Comunicação aberta; Ambiente alegre e inspirador; Relações dignas e justas.

Isto aí. OSCAR.

A visão que busca apontar o caminho para tudo isto? O manual não usa palavras de falsa modéstia. O convite à força de trabalho é claro: *Construirmos juntos a melhor empresa aérea do mundo.*

Como diz a sabedoria popular, *falar é fácil, fazer é que são elas.* Mais trabalhoso ainda é fazer quando a companhia está nascendo. Como se implanta a cultura, como se gera o DNA? Como se formata o tecido e o padrão cultural interno que vão se refletir na sua imagem externa, no mercado?

A missão que Pedro Janot recebeu de David Neeleman, ao assumir a presidência da Azul, tinha um norte claro. De um lado, gerar um ambiente interno de trabalho tão bom que todos pudessem considerar aquele o melhor emprego de suas vidas. De outro, oferecer ao cliente a melhor experiência de voar de suas vidas.

Metas ambiciosas, gestação complexa.

De onde se forma a cultura de uma empresa nascente?

Dos valores e da visão do dono, certo?

Perfeito, mas o buraco é mais embaixo. E bem mais complexo.

São as pessoas que dão vida a uma organização, trazendo o conteúdo de suas histórias pessoais, o saldo de suas experiências profissionais. No caso da aviação, há também todo o legado desse campo de experiência humana.

> Depois dos voos experimentais de máquinas mais pesadas que o ar por pioneiros dessa epopeia do avanço da humanidade, notadamente Santos Dumont em Paris e os irmãos Wright nos Estados Unidos, a aviação custou um

pouco para decolar como meio de transporte. O primeiro uso prático do avião após o período experimental aconteceu, lamentavelmente, no campo militar. Começou na I Guerra Mundial, em voos de observação, bombardeio e duelo aéreo.

Dizem que esse emprego é o principal fator que desencadeou a profunda depressão que levaria Santos Dumont ao suicídio no Guarujá em 1932, pois todo o seu esforço de gênio inventor estivera a serviço do uso esportivo e personalizado do avião. O *Demoiselle*, tido como o melhor modelo de avião inventado por ele, quase um protótipo dos atuais ultraleves, seria uma aeronave particular que, num futuro idealizado, você usaria de maneira tão corriqueira como usa hoje o carro para ir ao trabalho. Fiel a esse princípio moral, o brasileiro doou à humanidade todos os desenhos e fórmulas originais do 14 *Bis*, divulgando-os abertamente, sem nenhum interesse em patentear o invento.

O uso militar do avião foi o que possibilitou a estruturação organizada do campo de conhecimento da aeronáutica e de sua implementação na sociedade moderna. Foram as escolas militares que formaram em quantidade as primeiras levas de pilotos, gerações após a saga dos destemidos pilotos-inventores e aventureiros da primeira fase dessa história.

Após a Guerra, havia pilotos e aviões, mas não havia emprego para todos. Havia também um novo contingente de profissionais especializados. Engenheiros aeronáuticos, projetistas, construtores, mecânicos, gerentes de operações aéreas, ajudantes de todos os tipos. A eles se juntaram os empreendedores visionários que vislumbraram no avião o meio de transporte do futuro.

O sonho custou a decolar. Ninguém queria arriscar o pescoço voando como passageiro. Os aviões, adaptados de seu uso militar anterior, não tinham cobertura. Visualize a cena típica: você voava com a cara ao vento, num biplano, sentado atrás do piloto com aquele capacete de couro e os óculos grandes que você já deve ter visto em algum clássico antigo do cinema, cachecol elegante enroscado no pescoço, dando à operação todo um ar de romantismo e aventura.

É isso. A aviação comercial custou a nascer. Finalmente, quando encontrou um papel decente a cumprir na sociedade civil do nosso tempo, precisou da ajuda de governos, mas não foi para transportar gente. Nos Estados Unidos, assim como em alguns países da Europa, governos e empresários vislumbraram a vantagem da aviação como um meio acelerador de transporte de... correio! Rotas foram traçadas, concorrências abertas, companhias formadas para disputar – a todo custo, inclusive o de vidas humanas – a nova fronteira que se abria.

Depois que a aviação se provou obviamente vantajosa e relativamente confiável no transporte de correio, então é que se foi aceitando a possibilidade do transporte aéreo de pessoas. Relativamente confiável porque o risco ainda era muito alto. Acidentes aconteciam com frequência indesejável. Tampouco havia domínio suficiente dos melhores procedimentos para se vencer os elementos da Natureza no trajeto pelo ar.

Finalmente, como seria inevitável, talvez, na progressão da humanidade, o público e os aviões começaram a se entender. A invenção e a fabricação dos primeiros aviões pensados, de início, para transportar passageiros com conforto, não mais adaptados precariamente de versões militares, representou um passo gigantesco à frente. Modelos como o trimotor Junkers alemão e seu concorrente norte-americano Ford abriram uma nova era de possibilidades.

Dos anos de 1930 em diante, com a aceleração tecnológica provocada logo depois pela II Guerra Mundial, a aviação avançaria em velocidade estonteante, vencendo um a um dos seus obstáculos. Inventaram o voo por instrumentos, o popular voo cego, que permitia ao avião operar à noite, ultrapassando também condições climáticas desfavoráveis. Nasceu o radar. Foram desenvolvidos motores potentes. Fabricaram aeronaves de longo alcance, que permitiram cruzar oceanos, unir continentes. Os aviões cresciam em tamanho, aumentavam a capacidade tanto para carga quanto passageiros. Surgiu o motor a jato, trazendo mais confiabilidade e velocidade.

O *boom* provocado pelo excesso de aviões de transporte disponíveis após o final da II Guerra Mundial disparou a formação de empresas aéreas em muitos países, inclusive no Brasil. Instituições e capitais de países mais avançados já vinham conquistando espaço nos menos desenvolvidos. Nossa primeira aérea, a Cruzeiro do Sul, nasceu com ajuda do capital alemão. Depois, a Varig contou também com apoio financeiro e tecnológico alemão. A Panair do Brasil foi inicialmente subsidiária da Pan American norte-americana.

As grandes empresas tornavam-se símbolos do orgulho nacional, instrumento importante da soberania dos países. Tivemos a nossa, grande por muito tempo, a Varig.

Que cultura caracterizava, em traços gerais, essas empresas? Que modelo de aviação comercial representavam?

Se você tomar a Varig como referência, uma marca característica era a procura da excelência tecnológica e de uma confiabilidade operacional à toda prova. O modelo administrativo, como rapidamente mencionado antes, era algo rígido. Como isso vinha dando certo, os profissionais que lá trabalhavam incorporaram esse modelo. Uma estrutura hierárquica rígida, verticalizada. O público era, essencialmente, o de elite. O serviço podia ser primoroso, mas caro e incompatível com as mudanças massificadoras impostas pela sociedade de alto consumo.

Se você se perguntar, digamos, qual era o modelo mental prevalecente no ideário sutil de uma organização desse tipo, não estará essencialmente equivocado se fizer uma aproximação ao estereótipo da cultura das organizações militares. Hierarquia, verticalidade de comando, pouco diálogo interno, abordagem objetiva e racional dos problemas, baixa sensibilidade humana e emocional.

Fácil de entender, pois boa parte dos profissionais da área operacional e técnica, pelo menos, procedia da tradição militar. Concorda?

Quando a origem da empresa não estava associada a esse vínculo sutil, porém estreito, com a mentalidade militar, procedia de outra linha histórica, totalmente civil, associada ao ramo romântico da aviação pioneira.

No Brasil, tivemos até relativamente recente outra empresa aérea importante, por exemplo, a Transbrasil. Foi fruto do desenho visionário de Omar Fontana, piloto sonhador, herdeiro do grupo empresarial de alimentos Sadia. Quando jovem, Omar não sossegou até conseguir convencer a família a iniciar voos cargueiros entre a sede da fábrica, no interior de Santa Catarina, e o aeroporto de Congonhas, no centro da cidade de São Paulo, acelerando assim a comercialização de produtos. Ali começou o que seria seu pequeno império aéreo, até a falência da companhia após sua morte.

O comandante Omar Fontana era um homem alto, forte, de mãos enormes, com cara de boxeador peso-pesado. Paradoxalmente, tinha uma certa sensibilidade de poeta. Adorava tocar piano. Compunha música. Fez uma sinfonia para a floresta amazônica. Traduzia algo dessa sensibilidade em senso estético na pintura de seus coloridos aviões. No comando empresarial, porém, vendo de fora, era autocentralizador, pouco afeito à delegação de poder.

Outra figura próxima ao nosso tempo que também ilustra esse tipo de líderes da aviação comercial brasileira é o comandante Rolim Amaro. Entrou para a TAM quando a companhia era apenas um táxi aéreo e a deixou, quando faleceu, na liderança do mercado brasileiro de aviação comercial, tendo ultrapassado então a poderosa Varig, essa já vivendo o início de seu longo declínio.

Dois pequenos episódios folclóricos ilustram esse romantismo aventureiro de Rolim, acompanhado de uma malícia esperta que caracteriza uma certa estirpe típica da aviação comercial tradicional. Jovem, piloto de garimpo precisando ganhar dinheiro a qualquer custo, dizem que um dia Rolim recebeu o desafio de transportar um cavalo doente desde um rincão qualquer da Amazônia para um veterinário na cidade grande. Nem pestanejou, apesar do tamanho do bicho e do espaço limitado do seu pequeno monomotor Cessna. Mandou doparem o animal, tirou as portas do avião, pediu para amarrarem o cavalo com as patas para fora. E lá se foi faturar o seu serviço.

De outra feita, como a TAM também oferecia serviço de táxi aéreo e venda de aeronaves executivas, operava uma frota de jatinhos. Um deles, um dia, sofreu um esquisito acidente na cabeceira da pista do Aeroporto Santos Dumont, no Rio de Janeiro, cercado pelas águas da Baía da Guanabara. O aparelho teve perda total. Nunca se conseguiu apurar direito as causas do acidente. As más línguas espalharam o rumor de que talvez tenha acontecido uma manobra para que se pudesse ganhar o dinheiro do seguro, por uma razão desconhecida que certamente favoreceria a empresa.

Quando a Azul começou a ser formada, a companhia precisava de profissionais, muitos deles da área técnica. De onde iriam proceder?

Do que já existia no mercado, naturalmente. Da Varig, que estava na agonia complicada do seu desaparecimento final, uma pequena parte de seu legado sendo absorvida pela nova empresa da área, a Gol. Muitos pilotos da Varig tinham ido voar no exterior, havia ainda gente qualificada desempregada.

Da própria TAM. E da Gol, que, por sua vez, herdara algo do legado Varig, talvez na parte propriamente aeronáutica do negócio. Por outro lado, representou a primeira iniciativa brasileira de peso no modelo das *aéreas de baixo custo*. Um modelo bem distinto da tradição predominante na aviação até então, como você já constatou neste livro.

A Azul herdava algo dessas escolas, mas moldava na sua forja um modelo único, todo seu. Acontece que boa parte da sua mão de obra trazia o legado das culturas que representavam. Para complicar, outro ingrediente apimentava o caldo, ameaçando tornar o resultado um bocadinho indigesto.

Os profissionais trazidos por David Neeleman dos Estados Unidos carregavam na bagagem não apenas diferenças relativas ao modelo de aviação que representavam, mas também características gritantes de contraste entre eles e seus colegas brasileiros. Tanto por serem oriundos de um país tão distinto de costumes, princípios e visões da realidade, quanto pelo fato de alguns proferirem a religião mórmon, a Igreja de Jesus Cristo dos Santos dos Últimos Dias.

Navegar por todas essas águas culturais já seria um desafio e tanto para Pedro Janot. Para piorar o tamanho da encrenca, tinha pela frente também outra onda, possivelmente sutil, agitada às suas costas por alguns. Ao contrário da maioria dos líderes clássicos do setor, não tinha nenhum passado na aviação. Como jovens e veteranos assentados na quase arrogância confiante de suas experiências anteriores iriam dar crédito a um presidente que jamais pilotara um jato, jamais fizera o planejamento estratégico de rotas? Nem mesmo colocara as mãos na matemática mais do que sofisticada do cálculo das múltiplas e diversificadas tarifas aéreas hoje existentes que fazem você sentar ao lado de um vizinho passageiro que pagou a metade – ou o dobro – da sua tarifa do mesmo voo, dia, horário e destino?

Como apaziguar, fazendo confluir tantas visões diferentes de um negócio que, na superfície, parecia o mesmo já conhecido por todos? Como extrair o melhor de cada legado, eliminando sem dó o que contaminaria o florescer da semente nova ainda em procura do sol? Como fazer todos entenderem o que era igual e diferente e o que constituía a força potencial do que tinham na mão para lutarem pelo sucesso? Como administrar tantos egos fortes, vaidades, fé cega no passado? Tanta testosterona de *mustangs* selvagens jovens para mostrar seu valor na pradaria da oportunidade sem precedentes? A oportunidade de fazer nascer uma aérea totalmente nova, movida pelos impressionantes 230 milhões de dólares do seu capital de partida, cifra possivelmente jamais colocada à disposição de uma companhia iniciante na história da aviação comercial em todo o mundo?

Johannes Castellano, o diretor de recursos humanos, testemunhou um cenário de múltiplos eixos de conflitos:

– Nós tínhamos os brasileiros e os americanos, isso era um grupo; tínhamos os cariocas e os paulistas, isso era outro grupo; havia os ex-variguianos, os ex-Gol, os ex-JetBlue; os aeronautas e os aeroviários; os mórmons e os não mórmons. Todas essas possíveis "agremiações" foram utilizadas para classificar algumas situações: "ah, esses mórmons!", ou "esses cariocas!". Isso obviamente era muito nocivo. Muitas vezes, a gente ouvia, de veteranos, declarações apaixonadas sobre como a coisa devia ser feita. Como dizerem: "Lá na Varig era assim, a gente fazia assado". Até que um dia, numa reunião, alguém se encheu: "Olha, é o seguinte, meu amigo: se a Varig fosse boa e fosse referência, estava no mercado até hoje. Se lá era assim, talvez seja exatamente assim que a gente não deva fazer".

Ele ainda considera:

– Esse tipo de franqueza podia parecer muito agressiva, mas nos ajudou a perceber o seguinte: todo mundo tem uma história. Na sua história, tem capítulos bonitos e capítulos feios. Dos capítulos feios, a gente pode tirar lição, e dos capítulos bonitos, a gente pode tirar imitação. Vamos ver o que era bom e aproveitar e o que era ruim e aproveitar também. Num caso para fazer igual, noutro para fazer diferente.

As discussões revelaram-se importantes na gestação cultural da companhia. Pedro chegou fomentando a comunicação aberta. Johannes conta:

– No início, podia até parecer fofoca, mas, na verdade, era a antifofoca. "Eu vim aqui falar para você: o fulano pisou na bola". O Pedro agarrava o telefone: "Um minuto só". Quando você via, ele estava com o cara na linha, aquele de quem você estava falando. "Fulano, você pode dar um pulo aqui na minha sala? Johannes quer falar alguma coisa para você e para mim". Ele botava de cara. Agora, meu amigo, se era para lavar roupa suja, você tinha que lavar na presença dele. Muita gente se machucou um pouco com isso. "Pô, o Pedro não se toca, a gente quer se abrir com ele, falar a verdade". O Pedro não caía nessa. Você está aqui falando o que está falando, pode me induzir a pensar mal do outro. Fofoca não é mentira, é qualquer coisa que você use sobre alguém com o objetivo de denegrir a imagem da pessoa. Qual é sua intenção? Edificar o outro ou me fazer ficar desconfiando? Assim o Pedro ajudou muito a diminuir, e depois acabar, com os muros que separavam esses grupos.

A eliminação da estranheza entre as diferentes subculturas enfronhadas no intestino nascente da Azul não era desafio para Pedro administrar apenas entre membros da sua equipe. Na intimidade da sua sala e no círculo restrito da alta cúpula da companhia, enfrentava duelos diretos de quem punha à prova a desconfiança com relação à sua capacidade de liderar a empresa.

"Muitos eram refratários a Pedro", sinaliza Panda. Não conseguia compreender isso, pois, na sua visão, a empresa, tendo a inovação como uma das suas qualidades, deveria abrigar alguém vindo de outra experiência. A resistência a Pedro crescia também pela sua honestidade aberta de revelar ignorância técnica com relação a assuntos demasiadamente herméticos da aviação, no início. Não tinha vergonha de perguntar, por exemplo, "o que é *hub and spoke?*", referindo-se ao modelo conhecido das aéreas organizarem suas rotas em torno de um ou poucos centros de conexão, fazendo convergir todos os voos para aqueles locais estratégicos em determinados horários específicos de operação.

A analogia é a roda da bicicleta: do centro, partem diversos raios até distintos pontos internos dela, dando-lhe estrutura. As operações da Azul concentram-se especialmente nos aeroportos de Viracopos, Confins e Santos Dumont, nos quais você pode ver, em determinados períodos do dia, grande concentração de aeronaves da companhia que chegam de vários locais e partem para distintos destinos, facilitando, pela convergência, o fluxo de tráfego de passageiros entre as cidades que servem. O sistema diminui o tempo de conexão para quem está em trânsito, aumenta o volume de passageiros para a companhia, otimiza os custos operacionais, facilita a conquista de lucro.

Outro ponto de contraste, Panda exemplifica, era o jeito despojado de Pedro. Um jeito francamente carioca, em contraste com o austero comportamento social dos dirigentes mórmons. Em pendenga com alguém para resolver algum entrave, não seria incomum ouvir-se Pedro de um modo absolutamente contrastante com o Olimpo norte-americano:

– Ô meu irmão, vamos fazer essa *meeerrrrda* direito! Porra!

Pedro foi ajudando a abrasileirar a administração da Azul, dominada pelo estilo americano, no início, tendo apenas dois brasileiros na cúpula. Panda define o modo brasileiro de ser como o de alguém menos assertivo, mais movido pelas relações pessoais e pela informalidade. O brasileiro típico não é paulista, entende Panda. Ele é informal, um misto de carioca, baiano, mineiro.

O problema é que, no começo, Pedro teve de encarar dificuldades com o segundo brasileiro mais importante da Azul.

O comandante Miguel Dau era o vice-presidente de Operações, o segundo funcionário contratado pela empresa, logo após Panda, em abril de 2008. Oficial da reserva da Força Aérea Brasileira, onde serviu por 11 anos, foi piloto de caça. Essa é a especialidade mais nobre do aviador militar e a mais exigente da exímia arte de se comandar um jato sob a extrema pressão de um combate aéreo.

Só pessoas de um perfil muito peculiar escolhem esse caminho. Os pilotos de caça são homens vestidos de intensidade, eletricidade no corpo, adrenalina nos músculos, raciocínio veloz, respostas súbitas ao ambiente, um ar de alerta constante no olhar. Certamente, o sangue circula mais rápido neles do que na maioria dos mortais. O sistema nervoso é agitado, pronto para a ação rápida. Miguel explica:

– Para navegar a mais de mil quilômetros por hora em voo rasante, noturno, onde você é o comandante da aeronave, alocador de armas, navegador, tudo, e ainda líder de ala, um segundo de indecisão pode ser a sua morte.

A demanda da arte requer objetividade. Personalidade forte. E franqueza. Miguel não segura palavras:

– Em Conselho, eu e o David fomos eleitos os únicos dirigentes estatutários da Azul. Fiquei com a responsabilidade de organizar tecnicamente e certificar a empresa. Participei de toda seleção de executivos. Então, eu e o Trey Urbahn tivemos um papel fundamental na escolha do Pedro, embora a SpencerStuart já houvesse referendado o nome dele. Ficou-se na dúvida entre o Pedro e o Manoel Amorim, que, na época, estava no Ponto Frio. Fui ao David, junto com o Trey: "Conheço o Brasil mais que você, David. Se você botar o Manoel Amorim de presidente da Azul, vocês dois vão estar se bicando o tempo inteiro. Isso vai sobrar para Operações. Eu não estou disposto a lidar com a vaidade de um futuro presidente da Azul. Acho que o Pedro Janot tem todos os requisitos e aposto todas as minhas fichas nele". Depois o Trey também falou, argumentando nas mesmas linhas.

A aposta de Miguel estava baseada no entendimento claro do projeto de David e na confiança em que a experiência de varejo de Pedro seria essencial para a companhia. A inexistência de passado em aviação não era problema, mesmo porque Miguel já decidira adotar um papel de protetor de Pedro perante os colegas do grupo aeronáutico. Já tinha decidido assessorar Pedro a entender o transporte aéreo. Lembrou-se que José Serra foi um dos melhores Ministros da Saúde do país, na sua visão, mesmo sem entender absolutamente nada de medicina. Percebeu que ele e Pedro poderiam formar uma grande dupla.

A simpatia mútua não impediu, contudo, que ficassem com um pé atrás um com o outro, entende Miguel. No final da primeira semana, Miguel fechou a porta da sala do presidente para um papo sem meias palavras:

– Eu quero dizer claramente uma coisa: eu não almejo seu cargo. Por dois motivos: o meu ego já foi afagado ao longo da minha vida profissional; e o mais forte, eu não tenho a menor condição de trabalhar diretamente com o David, não duro cinco minutos no cargo. Você terá de mim lealdade, mas vai ouvir de mim o que tiver de ouvir.

A diferença de temperamento com David, impedimento de Miguel para uma interação hipotética entre os dois nos papéis de presidente executivo e presidente do Conselho, não parecia existir com Pedro. Os dois "saíram na porrada" em muitas discussões homéricas, assegura Miguel. Isso deixava apavorada a coordenadora das secretárias da presidência, Aurora Vezzelli, personagem desta história que você encontrará mais adiante, neste livro.

De volta a Pedro:

– Muito inteligente, o Miguel é um cara sensacional. O nosso pacto profundo de jogo aberto, de um confiar totalmente no outro e de sabermos que nada poderia nos dividir, nem mesmo nossas brigas profissionais, foi fundamental. O grupo viu que estávamos afinados e então foi se alinhando conosco.

Isso aconteceu com atropelos que Pedro precisou contornar. Em mais de uma reunião de diretoria, talvez movido por um certo ranço de temperamento belicoso, Miguel esbravejava em discussões, jogando o crachá de vice-presidente na mesa, ameaçando largar o barco em plena partida para mar alto. Pedro precisou chamar o amigo para uma conversa particular:

– Miguel, se em toda discussão mais áspera você jogar o crachá na mesa, vai me botar numa situação de merda, porra. Porque uma hora vou ter que dizer: "Tá legal, bota o crachá na mesa, ele é meu. E você está fora". Então, não faça isto, pô! Vamos construir isto juntos.

Pavio curto pode ser traço preferencial de pilotos de caça, mas não é exclusividade. Pedro teve de usar muita habilidade com o homem forte de David na área financeira, John Rodgerson, "um menino muito intempestivo que deu muito trabalho na formação da cultura", classifica.

Acontece que, logo na segunda ou terceira reunião de diretoria, John assumiu um papel vital: administrar os custos da companhia. Era uma grande vantagem o presidente contar com o apoio de um profissional experiente e de confiança, nesse campo.

– O John estava pronto para esta missão. Passei a ter um guardião de custos que entendia de aviação. A questão do custo protegida deste modo me liberava para liderar todos os processos humanos relativos à formação do negócio, dando ritmo ao processo e podendo cobrar apoio.

Contudo, a veia agressiva do americano extrapolava em reuniões de diretoria. Pedro sentia que seria ruim opor-se frontalmente a esse comportamento, em público. Preferiu adotar uma postura diplomática, de bastidor, indo, depois de um desses encontros hostis, conversar em separado com John e com quem fora vítima de exposições nada educadas.

No caso de Miguel Dau, as discussões entre ambos às vezes aconteciam em reuniões de diretoria. Pedro expunha com veemência seus pontos, mas dava a liberdade de igual exposição calorosa a Miguel. Depois, colocava as duas visões à disposição do grupo, para decidir com qual concordava. Quando era sua a posição perdedora, acatava.

A postura com os demais integrantes era sempre mais conciliadora. Discussão aberta franca só com outro americano, Jason Ward, incumbido de comandar a área de serviços e relações com o cliente. A Pedro parecia bem a escolha, pois Jason trazia a experiência norte-americana, muito mais orientada ao servir do que a brasileira. Só que Jason passou a pressionar o presidente a andar com uma lista de pendências na mão e a cobrar cada diretor por elas. Pedro argumentava que cada diretor é responsável por sua área e orçamento, ele não ficaria atrás cobrando miudezas. Um dia, quando Jason ultrapassou uma certa barreira, Pedro foi taxativo:

– O que você precisa é de uma *baby-sitter*, cara, mas não vou ser *baby-sitter* de ninguém.

Alguns anos depois, sentado em sua sala quase austera, limpa e despojada da nova sede da Azul, aquela ao lado da Castello Branco, David Nccleman, de camisa branca folgada, diante deste autor, mãos grandes e abertas como a de um goleiro de futebol (brasileiro) em gestos muito largos de braços abertos que parecem querer abraçar o mundo, recorda-se muito bem dos conflitos iniciais na sua equipe:

– A dinâmica foi muito interessante. Eu trouxe 10 americanos. Ninguém tinha tido experiência de trabalhar no Brasil. A maneira de trabalhar das duas culturas é muito diferente. Uma é mais corrida, porém mais chata. A outra é mais simpática, porém mais lenta. Quando eles se juntaram para trabalhar, no início, pensei que todos iam matar uns aos outros. Como eu não estava aqui sempre, indo para os Estados Unidos e vindo, o Pedro fez a equipe trabalhar junto. Fiquei fora, não fui resolver os conflitos. Ficava resolvendo outras coisas, comprando as aeronaves. O Pedro foi cem por cento.

A habilidade do presidente precisava também transitar pela estrutura de governança montada para a companhia. Johannes:

– Em julho de 2008, reorganizamos um comitê executivo que abrangia as diversas áreas-chave da companhia, operações, financeiro, recursos humanos. Diversas forças da companhia, cada um puxando para o seu lado e o presidente ajudando a azeitar toda a máquina, trazendo equilíbrio e contribuição para tudo, o trabalho concentrado em três vice-presidências.

Enquanto buscava administrar os conflitos na cúpula executiva, Pedro não se podia dar ao luxo de continuar órfão de aviação. Empenhou-se fundo para aprender o máximo do novo negócio em que estava metido:

– Fui aprendendo muito de aviação no dia a dia, com o Miguel e o pessoal da área. Fui aprendendo muito mais de segurança do que de operação, pois ali estavam questões que me traziam bastante curiosidade.

"O aprendizado foi muito rápido", analisa Miguel. Isso ajudou, mas o ponto principal dos conflitos, sobretudo entre o lado americano e o brasileiro, não estava nos componentes propriamente aeronáuticos da empreitada. Continua:

– De julho de 2008 até meados de 2010, eram duas empresas dentro da Azul. Levou tempo para que os americanos parassem de desconfiar dos brasileiros. Não há nenhuma culpa, porque eles não conheciam o Brasil. Se eu desembarcasse em qualquer outro país, eu também iria desconfiar. Até entendo. Por mais que você tentasse explicar a idiossincrasia da legislação brasileira, não entrava na cabeça deles. Explicar as leis trabalhistas brasileiras era coisa complicada. A legislação do aeronauta brasileiro era outra coisa igualmente complicada.

Prossegue:

– Nunca houve atrito com relação ao aspecto técnico de aviação. Isso do avião voar, a que velocidade, era simples. Isso é igual aqui, nos Estados Unidos, na Rússia ou na China. Os americanos rezavam pela mesma cartilha que nós. O que mais pegava era nos aspectos de formação de cultura da companhia e nos aspectos de estratégia comercial. Aqui não é lá. Nisso eu sempre me somei ao Pedro naquilo que tínhamos como crença do que era melhor para a Azul e firmemente nos posicionamos.

Pedro foi sabendo lidar com essa situação, crescendo muito com isso. Panda concorda:

– Pedro não dava ouvidos aos muxoxos que ouvi de diretores da área técnica: "Esse cara nem sabe o que é um *flap*, como vai querer dirigir essa companhia?" Ou, se dava, engolia o sapo sem se deixar derrotar por isso, porque ele é uma das pessoas mais instintivas, mais otimistas e mais vibrantes que conheci na vida. Acredita, sobretudo, no próprio taco. Tem um dom muito importante, que é ser, provavelmente, um gênio em termos de inteligência emocional. É um sobrevivente. É esguio corporativamente, sai com enorme classe das bolas divididas. Sabe sempre se posicionar no ambiente corporativo.

O *flap* é uma superfície móvel do conjunto da asa do avião utilizada para oferecer condições ideais de sustentação – a capacidade da aeronave se manter no ar – e arrasto – a resistência aerodinâmica ao avanço da asa – em pousos e decolagens.

"Liderança", diz Pedro, "não é algo que se conquista. É concedida". Para isso acontecer, o discurso, o exemplo e a atitude têm de estar juntos. Reflete:

– Depois de dois ou três meses, o grupo tinha me dado a licença e a autoridade para liderá-lo.

Miguel completa:

– O Pedro correu atrás durante um ano para entender de aviação. Vi poucos profissionais se inteirarem tanto de uma atividade tão complexa, tão regulamentada quanto essa. Em liderança, cresceu exponencialmente. A tal ponto de eu considerar que David foi o visionário, criou a companhia. O Pedro foi o grande maestro que soube conduzir as duas culturas que conviveram na empresa durante tão longo tempo.

O problema do maestro é que não lhe basta saber traduzir a genialidade do compositor em peça sonora. Precisa também saber fazer até o mais humilde membro da orquestra tocar em sintonia com o conjunto. Tem de obter dos donos do poder as eventuais licenças para se exibir. E saber despertar no público a vontade de ir ao teatro ouvir a boa música que tem a oferecer.

meio a milhares de litros de água. Quando alguma coisa está errada, ele percebe ao entrar numa loja, num avião, num cinema.

O tapete vermelho foi uma das inovações do comandante Rolim Adolfo Amaro, o empreendedor que começaria sua carreira na empresa como simples piloto na década de 1960. Conduziria a TAM ao posto de empresa aérea líder do mercado de aviação comercial no Brasil, já como seu dono, presidente executivo e ícone empresarial da primeira iniciativa bem-sucedida na concorrência com a então poderosa Varig.

A companhia começou como simples táxi aéreo, mas, no final da década de 1980, já empresa aérea regional, preparava-se para dar um grande salto, tornando-se uma empresa de alcance nacional. A frota, constituída de aviões turboélices, iria evoluir para aeronaves a jato de médio e grande porte, pois também havia ambições de crescimento internacional. Foi então que Rolim, numa de suas inovações de marketing, estabeleceu o tapete vermelho para que o próprio comandante da aeronave recebesse os passageiros à porta do avião, no aeroporto de Congonhas, em São Paulo.

Àquela época, o aeroporto ainda não tinha os *fingers* – as mangas de embarque conectadas ao terminal –, obrigando os passageiros a caminharem até o avião. O tapete simbolizava a atitude de servir que Rolim queria associar à sua empresa. De vez em quando, ele próprio ia ao embarque receber os clientes. Quando Rolim faleceu num acidente de helicóptero em julho de 2001, a TAM tinha acabado de ultrapassar a Varig pela primeira vez como a aérea que mais transportava passageiros no mercado doméstico.

Mais de vinte anos depois, não foi esse símbolo nem sua promessa implícita de qualidade no atendimento que Pedro Janot encontrou no setor. O serviço dos concorrentes, considerado péssimo por ele, representava uma oportunidade de mercado.

vid seria eleito pela revista *Time* uma das 100 personalidades mais influentes do mundo em 2004, ao lado de nomes como Warren Buffett, o megainvestidor, e Steve Jobs, o criador da Apple.

Se não há tanta diferença na tecnologia, onde o bicho pega? No ingrediente menos atendido pelos modelos empresariais convencionais. A equação para o sucesso passa ao largo do fator humano ou o atende de maneira canhestra. Pedro pontua um exemplo clássico recente que revela a política e a postura pouco à vontade com esse fator, na maioria das aéreas:

– A saudação de bordo dos comandantes e dos comissários era cada vez mais pobre. "Boa tarde, senhores passageiros, aqui quem fala é o comandante Asdrúbal da Silva. O tempo em rota permanece bom, estamos voando a uma altitude de 33 mil pés, a temperatura externa é de 57 graus centígrados negativos e não há previsão de turbulência. Nosso tempo de voo está estimado em uma hora e 50 minutos, pousaremos às 15h38. Agradecemos a preferência e esperamos vê-los a bordo novamente".

Pior do que uma fala burocrática, isso traduz, para Pedro, uma indiferença ao cliente, até uma falta de respeito. Continua:

– Antes da Azul, simplesmente como passageiro em outras companhias, eu me perguntava: "Porra, o que esse cara queria dizer com isso?" Olha só, não havia uma relação entre as empresas e os clientes. O serviço estava ruim. A Varig morrendo, apesar do heroísmo dos funcionários, as tarifas sempre as mais altas, mas os aviões surrados, os uniformes dos funcionários puídos. Tinha surgido a Gol, que para mim oferecia um serviço barato, mas falso. Encurtaram o espaço para as suas pernas, o banco era apertado. Reduziram o lanche de bordo. Só lhe davam barrinha de cereal. Cortaram o sorriso das pessoas. Era uma companhia que não atraía o passageiro pelo serviço. E a TAM não tinha mais o tapete vermelho. Dava para perceber. O cliente é como o tubarão que é capaz de sentir uma gota de sangue em

Veja se você concorda comigo: toda empresa aérea respeitável tem aviões modernos em sua frota. No fundo, não há tanta diferença assim, para o passageiro, entre um Boeing 737-700 e um Airbus A320, por exemplo. Ambos são extraordinárias máquinas voadoras. Ambos têm praticamente a mesma velocidade de cruzeiro. Voando a mesma rota, nas mesmas condições, ambos vão unir o aeroporto de origem ao de destino no mesmo tempo de voo. Claro, você pode oferecer um Embraer 190 sem o assento do meio. Você vai estar sentado no corredor ou na janela, nunca espremido. Tudo bem. Pode fazer alguma diferença.

No geral, porém, não há diferença significativa entre o sistema de reservas de uma empresa de nível e outra da mesma categoria. Ambas usam tecnologia de qualidade, para o passageiro não há tanta diferença.

> Por sinal, uma curiosidade: o sistema de reserva e de emissão de bilhetes eletrônicos que a Gol utilizou no começo foi o mesmo que a Azul usaria depois. É que o sistema, denominado Open Skies, foi desenvolvido na Morris Air, a primeira empresa aérea onde David Neeleman trabalhou e a primeira do mundo a abandonar a emissão de bilhetes em papel, partindo para a opção digital. Neeleman tornou-se presidente da Morris e junto com seu vice-presidente de informática, David Evans, teve participação direta na criação e implantação do sistema. Depois que a Morris Air foi adquirida pela Southwest, ambos formariam uma empresa, como sócios, para comercializar o produto, que passou a ser utilizado por diversas companhias aéreas. Em 1998, a companhia foi adquirida pela HP, a Hewlett-Packard, que a vendeu para a PRA Solutions dois anos depois. Essa companhia mudou o nome para Navitaire em 2001. Continua a prestar serviços para aéreas em todo o mundo, com versões avançadas do sistema que começou lá atrás, com a participação de David Neeleman. Pouco tempo depois, Da-

APRENDENDO A VOAR

Apaziguar conflitos na cúpula administrativa da empresa foi apenas um dos desafios que Pedro Janot enfrentou ao assumir a presidência executiva da Azul. Uma empresa aérea é atividade das mais complexas, pois demanda capital intensivo, tecnologia de ponta, mão de obra altamente qualificada e, acima de tudo, é muito regulamentada, além de enfrentar a dependência do preço do petróleo e do câmbio. Liberado das responsabilidades mais trabalhosas da gestão financeira, isento de compromissos técnicos na parte aeronáutica do negócio, cabia-lhe pilotar diretamente o que de fato faz a diferença nesse setor em particular e em todas as áreas da economia: a gestão de pessoas e o relacionamento com os clientes.

Outro fator relevante era o potencial numérico do segmento do transporte aéreo.

– A aviação comercial no Brasil deveria ser, no mínimo, o triplo dos 80 milhões de passageiros que viajam de avião no país. Na medida em que a renda vai subindo, as pessoas cruzam faixas de consumo e vão acrescentando coisas. A classe C já cruzou a faixa onde, agora, pode voar de avião. Por outro lado, o porteiro Severino, que antes tirava 30 dias de férias, não tem mais esse tempo. Só tem 15 dias. Não dá mais para pegar o ônibus para Pernambuco, encher a mala de brinquedos e presentes para a família de lá, viajar 72 horas para o Recife e mais duas para a cidade dele no interior. Tem de ir de avião.

Oportunidade havia, mas, na Azul, teria de ser diferente. O cliente deveria ser tratado como gente. Em lugar de um discurso padrão, recheado de expressões técnicas, uma conversa mais amena, pé no chão, inteligível para todos. Quem puxava a fila do exemplo, no começo, inoculando um espírito de descontração no contato com o cliente, era o próprio fundador David Neeleman. Pedro:

– Viajando com o David, eu o vi muitas vezes pegar o microfone para se apresentar aos passageiros, dando as boas vindas com extrema simpatia. Fui moldando isso à minha própria maneira, muito descontraída. Tipo, "fala, pessoal, aqui é o Pedro Janot, presidente da companhia. Estou indo para Brasília com vocês. Daqui a pouco vou circular pelo avião, quero conversar com todo o mundo. Pode vir falar, perguntar, reclamar. Não me poupe. Pode ser duro comigo, porque eu quero transformar essa companhia na maior empresa aérea brasileira, rapidinho. Quero dizer também para vocês que nós recebemos este avião há apenas uma semana. Novinho. É um Embraer 195, fabricado no Brasil. Somos a primeira companhia brasileira a ter esses aviões. Temos muito orgulho disso. Observem o conforto".

Então, Pedro chegava a alisar o avião, passando as mãos pela superfície das poltronas, dos painéis.

Havia gente que não queria falar, mas queria tirar fotos, colocar as crianças ao lado do presidente da Azul.

– Do meio para trás do avião, estavam as pessoas que não sabiam marcar assento com antecedência. Pessoas da classe C. Então você via realmente quem era o Brasil. Apertei muita mão de agricultores, pedreiros, armadores, caminhoneiros.

De todas essas experiências de contato direto com o Brasil que descobria a viagem de avião, uma marcou mais:

– Um dia, apertei a mão de um agricultor bem velhinho, aquela mão enorme. Quando sorriu, faltava-lhe um monte de dentes. "Seu Pedro", disse, "estou tão feliz de viajar de avião! Meus filhos pagaram a passagem e estou feliz de poder ficar com eles por muito tempo e não ter de enfrentar o ônibus". Aquilo me emocionou bastante. Vi o papel de inclusão social que a companhia estava desempenhando.

Nem tudo eram flores e sorrisos, desdentados ou não. Pedras eram atiradas na janela. Um dia, o caldo engrossou. Um passageiro negro, em tom agressivo:

– Eu não estou vendo nenhuma comissária negra, nenhum piloto negro, aqui!

– Senhor, nós temos sim. A companhia não tem nenhuma restrição em contratar negros, brancos, amarelos, vermelhos ou azuis. É que o senhor está num voo em que não tem essas pessoas, simplesmente.

A resposta não adiantou, o tom foi aumentando. Pedro sentiu que não poderia ser explícito quanto ao fato de haver uma orientação absolutamente aberta à contratação de negros e pessoas de outras etnias, além de portadores de necessidades especiais. O problema é que a aviação precisa de gente habilitada tecnicamente, em muitas funções especializadas. Por falta de capacitação, muita gente não se habilita. As aéreas têm dificuldade em preencher o mínimo de percentual da força de trabalho que deveria ser ocupado por grupos sociais específicos, por determinação governamental. Pedro teve de ser ríspido:

– Olhe, senhor, desculpe. Meus argumentos não estão lhe servindo. Acho melhor a gente interromper esta discussão aqui dentro, agora. Se o senhor quiser discutir comigo lá fora, depois, estarei à disposição.

A exposição e a disponibilidade do presidente a bordo poderia ser entendida como sinal de frouxidão, por um ou outro que aproveitava para tentar forçar situação. Um voo que se dirigia ao aeroporto do Galeão, no Rio de Janeiro, teve o pouso cancelado ali e o controle de tráfego aéreo o direcionou para um aeroporto alternativo. Um oficial reformado da Aeronáutica, passageiro do voo, interpelou o presidente:

– É um absurdo não pousar no Galeão!
– Tem um centro de controle gerenciando este avião.
– Eu sei disso!
– O senhor sabe, mas pode não saber do que está acontecendo lá fora agora. Quem sabe é o centro de controle.
– Não, nada disso. Sou coronel!
– Não quero desrespeitar o senhor, mas, se o centro de controle não está nos deixando pousar no Galeão, é porque alguma coisa aconteceu.

Nem todo passageiro é chato assim, nem tudo acontece a bordo. O voo é o momento culminante do transporte aéreo, ainda um fator de encanto e magia nos dias de hoje, mas a experiência começa bem antes e vai ganhando momento quando o passageiro chega ao aeroporto para o embarque. Então, começa o componente psicológico de voar. Não sei qual é o seu caso, leitor, mas há gente que até hoje sente um certo nervosismo ao voar. No inconsciente coletivo, para alguns, voar é como se o ser humano estivesse rompendo alguma regra oculta da vida, pois voar é para os pássaros, não é mesmo?

Mesmo na rotina cotidiana de você embarcar em Viracopos num jato moderno para ir a uma reunião de negócios em Curitiba, o voo está associado, numa camada subjetiva de sua mente, ao velho processo universal da aventura. Você sai do seu mundo conhecido – a velha e boa terra onde se sente firme, enraizado –, entra num território menos habitual – o ar –, percorre longa distância em pouco tempo, desembarca para uma situação em que, por mais que tenha planejado, podem ocorrer demandas inesperadas. Você tem de estar alerta.

A estranheza de chegar a um território desconhecido era maior ainda para muitos passageiros, na fase inicial da Azul, porque a empresa estava buscando atrair uma faixa da população pouco afeita à viagem de avião. A estratégia era desenvolver um novo mercado, e não simplesmente roubar passageiros das demais aéreas. Abrindo as portas com tarifas arrasadoras, a companhia buscava capitalizar o fenômeno ascendente de pessoas que, pela primeira vez, entravam para valer pela porta do consumo, graças ao sucesso, então, da política econômica do governo federal. A inflação, velho monstro dos pesadelos nacionais por vários anos, já tinha sido dominada pelo então presidente Fernando Henrique Cardoso e sua equipe, na década de 1990. A classe C chegava ao paraíso do consumo.

É então que a experiência de Pedro Janot no mercado de varejo foi-lhe decisiva para enfrentar o desafio de construir um novo diálogo entre o mundo do transporte aéreo e esse novo mercado potencial formado por consumidores pouco afeitos à modalidade.

No caminho, havia lições a aprender.

O primeiro presidente da companhia recém-criada colocou-se como embaixador do cliente. Era sua missão sentir o pulso da clientela, avaliar suas necessidades, deduzir suas preferências. Era também seu dever de casa sair do escritório, colocando-se na linha de frente para medir na prática como as equipes de trabalho estavam de fato exercitando o atendimento aos passageiros. Definir uma política de bem servir, treinar e traçar procedimentos não bastava. Era necessário que os líderes fossem a campo garantir a assimilação, por parte dos funcionários, do que a Azul pretendia oferecer como serviço diferenciado. Às vezes, nessa fase inicial, o próprio David Neeleman ia para a linha de frente, em Viracopos, atender passageiros. Pedro tinha sua própria pauta de ações.

Escolhendo Viracopos como a base principal de operações, a Azul tinha como vantagem o fato de operar em um aeroporto até então quase ocioso, com uma excelente pista de pouso, razoável infraestrutura e ótimas condições meteorológicas o ano inteiro. Raramente Viracopos fecha por condições climáticas. A esses fatores acrescenta-se o vigor econômico de uma vasta região do interior de São Paulo capitaneada por Campinas, sede do aeroporto e centro do segundo maior mercado de consumo nacional. Até então, quase sempre o passageiro local tinha de se deslocar até a cidade de São Paulo para seus voos nacionais ou internacionais. Com a Azul, o panorama mudaria.

Tudo neste mundo tem duas faces. Como as moedas. Provavelmente a Azul não se sustentaria apenas com a clientela do interior de São Paulo. Precisaria também atrair clientes da capital paulista, disparadamente o maior mercado gerador de viagens aéreas no país. O problema, para a realização do sonho de David Neeleman, era que a clientela paulistana conta na grande metrópole com a comodidade de dois aeroportos próximos. Congonhas, praticamente no centro da cidade, e Guarulhos, a 25 quilômetros do centro. Viracopos está a 96 quilômetros, em Campinas.

A solução logística foi oferecer um serviço de ônibus gratuito a partir de São Paulo. As duas linhas iniciais partiriam respectivamente do Terminal Barra Funda – centro de confluência de ônibus, trem e metrô – e do Shopping Eldorado, situado ao lado da Marginal Pinheiros. Dali é perto o acesso à Rodovia dos Bandeirantes, a poucos quilômetros, uma das melhores estradas do país, que é um dos caminhos para Viracopos.

Os ônibus partiam de São Paulo em horários definidos, com a previsão de cumprir o trajeto em uma hora e meia. A ebulição emocional da experiência de voar poderia começar no embarque no ônibus, em São Paulo, mas era no desembarque, ao chegar a Viracopos, que tudo poderia de fato ferver. Daí os cuidados. Pedro:

— Durante muito tempo e por várias vezes, eu já estava em Viracopos às quatro ou cinco horas da manhã para receber os primeiros ônibus e acompanhar o *check in* dos passageiros. Passava a manhã inteira no aeroporto. Nossas tarifas de entrada no mercado eram hiperagressivas. Por razões óbvias. Por isso mesmo, o perfil de muitos de nossos passageiros era diferente das pessoas da classe A e B, que era quem viajava de avião no Brasil.

O *check in* é o processo de apresentação do passageiro no balcão de atendimento da aérea para receber o cartão de embarque ou despachar bagagem. As razões óbvias de Pedro dizem respeito tanto à necessidade da Azul em atrair o passageiro para Viracopos quanto em competir com as concorrentes já solidamente enraizadas no mercado. Sua tarefa era de aprendizado:

— Era observação pura. Fui para o campo, perguntei: "e agora?". Ficávamos recepcionando as pessoas. Chegava um senhor lotado de malas, uma senhora com as netas, com as filhas. Todos acanhados ao entrar no saguão do aeroporto, um ambiente novo para eles. Você pode levar em conta: estavam acostumados a viajar de ônibus por gerações. Agora, não. Chegavam com um pedaço de papel na mão, emitido numa agência de viagem, que era a garantia de que iriam viajar de avião. Mas para onde ir, no aeroporto? O que fazer?

Foi então que Pedro teve uma ideia simples, mas eficiente:

— Criamos o *Papa Fila Com Ataque*. Quando uma família dessas via um de nossos tripulantes de *check in*, cercava essa moça ou esse rapaz, afogava de perguntas. "O que eu faço agora, moça, para onde vou?" Muitas outras pessoas passavam ao largo e então ficavam perdidas, no aeroporto. Nossos tripulantes começaram a circular pelo saguão, observando as pessoas que pareciam sem saber para onde ir, ficavam olhando para o teto. Também aguardavam os desembarques dos ônibus que chegavam: "A senhora está indo para onde? Ah, Salvador? O balcão é ali." Levavam o passageiro até o local. Às vezes, o passageiro ia voar TAM ou Gol. Não tinha problema, levávamos a pessoa até a porta da TAM ou da Gol. Também criamos um guichê especial só para atender essas famílias grandes. Fazíamos o *Papa Fila* com humor. Preparávamos os tripulantes com um gesto e um movimento de arte marcial. Eu ia para a frente de todos, mostrava como, dava o exemplo, pois isto é o presidente: antes de tudo, um treinador e um inspirador.

Acontece que qualquer treinador que se preze não age sozinho. Se você considerar a analogia com o futebol, vai ver que o técnico de um grande time tem assessores, uma equipe de auxiliares formando o que a crônica esportiva gosta de chamar de comissão técnica.

No caso da Azul, seria necessário um auxílio direto a Pedro, mesmo porque o contato com o público, na linha de frente do serviço da empresa, tinha uma outra função, além do papel proativo de orientação inicial aos passageiros. Servia também para avaliar serviços executados, como forma de análise e aperfeiçoamento de *performance*.

Entra em cena agora para você, nesta história, Luiz Comar. O semblante é quase fechado, o rosto levemente sisudo de um homem jovem. Por trás dos óculos, um olhar atento. Formado em Psicologia, Luiz não seguiu carreira nesse campo. Bem que quis, mas as condições em volta, na sua vida, geralmente o conduziam em outra direção. Acostumou-se a trabalhar sob pressão, atento aos mínimos detalhes de uma situação. A usar a tecnologia de ponta para agir com rapidez. É um tradutor de problemas em soluções.

Também profissional de tecnologia da informação, começou a trabalhar na Azul como gerente de desenvolvimento de sistemas em processos estratégicos, levado pelo diretor da área, Paulo Nascimento, depois de uma experiência em aviação trabalhando na Gol. Por essa função, acabou indo assessorar Pedro de perto, movimento que resultaria numa transformação importante de seu papel junto ao presidente. Influenciado pelo modelo corporativo americano, o papel de Luiz viria a ser o de uma espécie de *chief of staff*, algo pouco definido no ambiente corporativo brasileiro. Brincando com o período em que Lula era o Presidente da República e Dilma Rousseff era a Chefe da Casa Civil, faz uma analogia:

– Eu era uma espécie de Chefe da Casa Civil do Pedro.

Uma posição mais política do que executiva, mas não tinha começado assim. Foi crescendo com o tempo. Luiz conta:

– Eu tinha responsabilidade direta sobre o *site* da companhia, sistemas de vendas, cobranças, pagamento. O Pedro, muito focado no cliente, voava junto e voltava sempre com os guardanapinhos de voo dele, trazendo as demandas do cliente: "Viajei com o cliente, ele reclamou de tal coisa; precisa consertar, precisa consertar!". As demandas eram tanto para melhorar quanto para gerar coisas novas. "Precisamos criar um jeito diferente de cobrar, chegar a um novo público". De vez em quando, ele aparecia para visitar a gente, do grupo de informática: "O que vocês estão fazendo? Como isso vai melhorar a vida do cliente?".

A pressão era grande. Chegou um tempo em que o Luiz precisou afastar-se do trabalho, tomado por um problema de saúde causado por estresse. Quando voltou, passou a trabalhar com o desenho de processos, que era algo também sob demanda pelo ritmo forte de Pedro.

– O grupo do Comitê Executivo deu-me o papel de ficar colado no Pedro, tendo como função ajudá-lo na gestão da companhia internamente. O Pedro voltava com as demandas dos clientes, eu pegava os papeizinhos, ajudava a organizar as ideias. Todo mundo trabalhando muito, tudo acontecendo, incêndio por todos os lados, eu ajudava a organizar as brigadas de incêndio. "Olha, este incêndio aqui é mais importante, vamos apagar este primeiro, aquele outro pode esperar." Organizava um pouco mais também as reuniões de diretoria. Outra coisa eram os projetos, muitos deles multidisciplinares, que demandavam uma coordenação boa entre as diversas áreas da companhia. O Pedro e o David demandavam, mas então a demanda caía no colo de alguém e nem sempre essa pessoa conseguia que tudo entrasse no mesmo ritmo e eixo exigidos. Passei a ter a função de coordenar essas iniciativas.

O entusiasmo continuava:

– Minha motivação era compartilhar do sonho da criação de uma empresa que tratasse as pessoas de maneira diferente. Esse foi sempre o rumo que o David e o Pedro quiseram dar em relação a cuidar das pessoas que trabalham lá e em relação a cuidar dos clientes. Participar de uma série de decisões estratégicas, ajudar a posicionar os diretores perante o Pedro, ajudar a coordenar a priorização dos projetos eram coisas que me estimulavam muito. E tinha a própria satisfação de resolver rapidamente algumas demandas que vinham do Pedro, que vinham do David. Muitas vezes, eu tinha que falar "isso, não; segura isso aqui, tenho lá uma galera fazendo outro negócio que você pediu semana passada e que ainda demora uma semana; se eu passar isto agora, vai ter que mudar tudo lá".

Não se tratava da adrenalina de criar algo novo, apenas. Tinha a ver com o modo de fazer isso acontecer:

– Era o Pedro buscando formas diferentes da Azul se posicionar. Era o jeito da empresa vender passagens em aeroportos. Eu percebia naquilo uma oportunidade de aprendizado muito grande.

Graças ao Wilson de Souza, o Magrão, considerado na Azul um cacique da relação operacional com os aeroportos, a empresa conseguiu um ótimo ponto para instalar uma loja em Congonhas. É que, por direito, como a companhia tinha obtido autorização para operar um voo por semana em Congonhas, teria de receber um espaço para uma loja. Magrão fez que esse local fosse, para os executivos da Azul, "o melhor ponto do aeroporto", por onde passam cerca de sete milhões de pessoas por ano.

Então entrou a visão de Pedro, como se lembra Luiz:

– Foi coisa dele: "Quem disse que loja de aeroporto tem de ter aquela cara de balcão? Tem de ser aberta. Deixe as pessoas passarem pela loja". Foi o mesmo com o quiosque que abrimos no Shopping Eldorado, em São Paulo. Demarcaram o espaço da loja com fitas azuis. O Pedro chegou lá, mudou tudo. Não queria separação entre o quiosque e o público. Queria que as pessoas passassem por ele, que se relacionassem com a companhia. Era a visão dele, do varejo, que trouxe para este nosso mundo da aviação.

Acho que o caro leitor, a prezada leitora conhecem um velho ditado popular: "na prática, a teoria é outra". Pois é. Há sempre que ajustar o sonho às condições da dura realidade material.

– A gente pensou numa forma diferente de pagamento de passagem. Quando você compra um bem qualquer parcelado, o cartão de crédito pega o seu limite e bloqueia aquilo lá. Você tem mil reais de crédito, mas vai pagar uma compra de R$ 800 reais em dez parcelas de R$ 80. O cartão vai lá, bloqueia R$ 800. Então a gente deu um jeito de resolver isso, para atender um projeto que o Pedro queria de melhor atender a classe C. Fizemos o que não existia no mercado: passamos a vender passagem parcelada como se vende assinatura de revista. Todo mês você vai lá e paga sua parcela. Assumimos o risco que, em princípio, seria do cartão de crédito.

Desse modo, o cliente não ficaria com nenhum valor bloqueado e teria melhor fluxo de caixa para o dia a dia. A ideia parecia boa. E era. Mas os resultados foram frustrantes. O problema, avalia Luiz, é que a comunicação e a comercialização ficaram confusas. O passageiro custava a entender como teria de proceder. O cliente tinha de decidir, numa certa fase do processo, como queria parcelar a compra, optando pelo modo tradicional ou por essa modalidade nova do pagamento parcelado sem bloqueio do cartão de crédito. Teria de tomar mais algumas ações para concretizar a escolha, se optasse pelo jeito novo. E aí o caminho não era fácil, mais por limitação da infraestrutura de informática utilizada do que por outra coisa.

– O mecanismo de fazer isso acontecer no *site* era complicado. A pessoa tinha de optar por uma outra forma de passar o cartão de crédito.

De algum modo, a Azul iria resolver o problema, evitando a cobrança por boletos e carnê, que era a ação que confundia tudo. Uma das iniciativas era o cliente emitir cheques pré-datados.

O novo território que a empresa estava buscando conquistar era promissor. Mas como chegar lá? Como oferecer serviços e produtos ao alcance dessa faixa enorme da população brasileira deixada até há pouco à margem das possibilidades do transporte aéreo? Como conquistar esse mercado pulverizado pelo vasto território deste país continente?

Iniciativas não faltavam.

Um dia, Pedro encontrou num evento empresarial Luiza Helena Trajano, presidente da rede Magazine Luiza, uma das mais importantes lojas varejistas do Brasil, com 613 unidades espalhadas por todo o país.

– A Luiza queria criar uma agência de viagem. Já tinha chamado a Gol e a TAM, mas nenhuma tinha se mobilizado para isso. Pedro e ela começaram a falar. Uma semana depois estávamos na sede da empresa, em Franca, no interior de São Paulo, conversando. Um mês e meio depois, já tínhamos colocado quatro quiosques chamados Luiza Viagens em lojas do Magazine Luiza, na região de Campinas e Jundiaí, também em São Paulo, onde vendíamos passagens da Azul.

Parecia uma boa ideia. E era. Mas não progrediu. E por quê?

Luiz explica que o modelo de vendas de pacotes de viagens que a Azul implantou na época era diferente daquilo que o público brasileiro estava acostumado. Em lugar do pacote fechado, com tudo definido, como num folheto da CVC, por exemplo, o da Azul colocava nas mãos do cliente a liberdade de montar o seu próprio pacote, com suas escolhas favoritas. O horário do voo, o tempo de estadia no destino, o hotel que escolheria. Tudo. O processo de compra não era tão simples.

– Colocar isso dentro de uma estrutura de varejo também teve suas dificuldades. No varejo, eu falo "eu vendo essa garrafa, você quer comprar o seguro da garrafa? A garantia estendida?". Vou vendendo essas coisas todas. Mas quando falo assim "vendo essa garrafa, mas ela pode ter a tampa azul ou vermelha ou verde, tenho esse outro rótulo e também tenho esses outros formatos de embalagem", o cara que está comprando se assusta. E não fecha a venda naquela hora. No modelo do pacote fechado, o preço se mantém. A pessoa pega o folheto, leva para casa, discute com a família no fim de semana. Na segunda-feira, volta à agência de viagens e diz "eu quero".

No caso da Azul, era diferente:

– Eu não compro uma passagem para voar de Campinas para o Rio de Janeiro. Eu compro aquele assento, naquele horário e voo, por aquele preço. Mas, se o passageiro não comprava, ia para casa pensar, no dia seguinte, quando voltava disposto a comprar, o preço podia ter mudado.

Pedro reconhece que o acesso desse público à internet mais a mudança tecnológica trazida pelo advento do Facebook, dos *smartphones* e de toda a mídia social, ajudou nessa campanha de conquista, mas não foi suficiente.

– Foi um pouco mais fácil chegar nesses clientes, melhor do que você ter de abrir uma loja em Paraisópolis –, raciocina.

Todo o desenvolvimento comercial da aviação tinha sido diferente, no grande período clássico que vai dos anos de 1920 até bem próximo de nós, nas últimas décadas do século passado. Se você era empreendedor e visionário, queria montar uma empresa aérea, logo tinha de ter lojas espalhadas pela cidade para chegar ao público. Se tiver acesso à história de empresas pioneiras, como a Varig no Brasil, a Avianca na Colômbia, vai ver lá atrás, no tempo, a foto de uma lojinha de madeira perto de um terminal acanhado de aeroporto, talvez, em frente a uma rua ainda lameada pela chuva de ontem, ou espremida numa esquina ao lado do prédio dos Correios ou dentro do próprio. Se você queria comprar, tinha de ir lá pagar e sair com a passagem impressa – emitida à mão no tempo primitivo muito antes do computador –, sua única garantia, no dia do voo, de que de fato era passageiro naquela viagem. Depois, surgiria a venda por agentes de viagens. Mesmo assim, a empresa aérea que se prezasse tinha de ter suas lojas próprias.

A trajetória da Azul seguiu outro rumo. Poucas lojas, muita tecnologia. Mas o cliente é gente. E gente não muda com a mesma velocidade com que o casamento entre a telecomunicação e os computadores transforma radicalmente a vida moderna. Pedro:

– O cliente da classe C é muito criterioso, porque só tem um dinheiro. Ele se prepara para uma viagem juntando economias. A decisão é uma coisa muito pensada. O que realmente o move é o preço da passagem, mas a compra da viagem aérea não é de impulso. O cara pode ser pego lá no Carrefour numa gôndola e ter o impulso de comprar uma lata de alguma coisa ou uma camiseta, mas a passagem aérea é diferente. A decisão de viajar é planejada. Nós tínhamos então de jogar a compra para o futuro, oferecer o que era bom e barato para ele.

Uma equação nada fácil de se concretizar. O caminho a percorrer no movediço terreno do comportamento e dos hábitos culturais era longo.

O experimento com o Magazine Luiza também não deu certo por outro motivo simultâneo. Luiz relembra:

– A Luiza fazia uma demanda que era: "Me dá um avião, me dá um avião que eu vou vender". Ela queria montar o pacote de viagens tradicional. "Vou escolher esse hotel e aí eu vou por as pessoas lá dentro. Eu compro 100 assentos e me viro para vender. Isso passa a ser problema meu". É como ela faz com geladeira. Ela compra 100 geladeiras e coloca lá na loja para vender. Só que aí a Azul não conseguia tecnicamente atendê-la desse jeito, porque não tinha avião disponível para ela.

Como no futebol, um time que quer vencer ataca e tenta, ajusta a tática. Uma hora sai o gol. Luiz prossegue:

– Um caso de sucesso é o programa de fidelização, o Tudo Azul, que o Pedro ajudou a reformatar bem. O projeto estava sendo tocado pela área de marketing. Havia um processo de melhorar a comunicação com os clientes e a qualidade das informações do sistema. O Pedro viajava, o David viajava, e, na volta, diziam "esse cliente tentou se cadastrar e não conseguiu", ou "a última viagem que ele fez não apareceu lá".

A questão era clara:

– O sistema que tínhamos não estava fazendo esse processo funcionar melhor. Estávamos também tentando criar uma nova categoria de cliente dentro do programa, a categoria Safira. Tínhamos de contar os pontos desse cliente de modo diferente dos demais. No começo, era um trabalho manual. A equipe de desenvolvimento fez todo um projeto de levantar as funcionalidades necessárias para então escolher um *software*, trabalhar na implementação desse programa e migrar de um sistema para outro.

O papel de Luiz?

– Minha atuação foi traduzir para a equipe as demandas e a visão do Pedro sobre como esse programa deveria ser. A visão era: facilidade para o cliente se cadastrar, facilidade para receber o cartão por correio, facilidade para usar, facilidade para o cliente identificar a pontuação que ganhou nos trechos que voou e facilidade interna, com a redução do trabalho manual para fazer essas coisas acontecerem. Porque era muito ruim para o Pedro, num voo, um cliente chegar para ele e dizer, "olha, me cadastrei, mas não deu certo, meus pontos não apareceram".

Ah, dizer que você, cliente, é tudo de mais importante para nós, empresa, é o mantra do mundo corporativo atual. Mas quem vai atrás para honrar isso, de fato? A Azul tomou uma diretriz, apostou suas fichas. Johannes Castellano, que você conheceu no capítulo *Chamado do Destino*, pontua:

– Ter a visão do cliente, não a visão no cliente. Isso é uma sutileza que a gente conseguiu pegar com o Pedro. Uma coisa é você ter foco no cliente, outra é ter o foco do cliente. O foco no cliente: você faz aquilo que pensa que o cliente está precisando ou querendo. Agora, quando o foco é do cliente, eu faço meu planejamento segundo a ótica dele, não segundo a ótica para ele. A empatia que você consegue é muito mais refinada.

Como boa parte da interação inicial do cliente com a Azul acontecia virtualmente, pelos meios tecnológicos de comunicação e comercialização, o primeiro e decisivo contato físico direto começava, de fato, no aeroporto. Muitos clientes chegavam a Viracopos nos ônibus da Azul. Nessa operação, também havia problemas.

– A empresa que operava o ônibus para nós era nova, como a nossa – recupera Luiz. – Estava acostumada a fazer fretamento executivo, pegar funcionário do Bradesco em Alphaville e levar para São Paulo. O desafio não era apenas logístico. Era fazer com que o cliente que entrasse no ônibus que tinha a marca Azul já se sentisse dentro da Azul. O que era complicado, porque o motorista do ônibus não tinha a mesma educação e o mesmo cuidado do piloto de avião. Tinha também problema de limpeza dos ônibus.

No futuro, a Azul iria trocar a empresa que operava os ônibus, mas, naqueles tempos iniciais, o desafio prosseguia também na parte puramente operacional do processo. Luiz:

– Era a questão de a gente reorganizar a malha de rotas e voos para garantir que os ônibus chegassem nos bancos de horários em que os aviões estavam lá no aeroporto. Tudo isso com uma certa margem de manobra de segurança. Por que? "O pedágio pode ter fila, pode chover, pode cair um motoqueiro adiante do ônibus, na Marginal". Essas coisas acontecem. E, em Viracopos, tinha uma questão de coordenação, "o ônibus está chegando, como está a fila do check in?", um trabalho de colocar o padrão de qualidade que a gente queria e que a Bete Antunes, diretora adjunta de aeroportos na ocasião, e a Rita Laruccia, gerente de serviços ao cliente, conduziram com sua equipe.

A chegada do ônibus atrasado em Viracopos representava um atraso no check in e isso impunha a obrigatoriedade de desafogar o sufoco em algum ponto. Diminuir o tempo de descarga e carga do avião, por exemplo.

A Azul já nasceu como a aérea mais pontual. Com o tempo, perdeu o posto, tanto do ponto de vista operacional quanto por manipulação de dados das empresas concorrentes. Luiz explica:

– Era uma sacanagem baseada na legislação. Não estavam roubando ou enganando. Se um voo atrasava 30 minutos, cancelavam, trocavam o número e aí esse novo voo não estava atrasado, claro. Conseguiam ficar bem no ranking porque não tinham voos atrasados, mas, caso se olhasse o índice de cancelamentos, descobria que era alto. A Azul se recusava a isto. "Este é o nosso voo e se está atrasado uma hora, vai sair atrasado, com o mesmo número". A pressão era melhorar nossos processos operacionais para recuperar a pontualidade, o que demandou um esforço da companhia inteira em rever a malha de rotas, todos os horários de voos. O Pedro fazia um acompanhamento diário disso. Essa foi uma grande iniciativa de melhorar a vida do cliente que deu certo.

A questão é que havia muito o que fazer para consolidar a conquista da confiança do público. O jogo já tinha começado. Só que o primeiro tempo nem tinha terminado ainda.

BUSCANDO ALTITUDE

Quando você se coloca em campo aberto no comando executivo da implantação de uma empresa nova, são muitas as frentes de ação demandando atenção total. A tarefa é quase insana, especialmente quando a meta é ambiciosa e o seu segmento de mercado altamente competitivo, como no transporte aéreo. É o desafio do *start up*. Tornar um sonho realidade.

De um lado, você se propõe a completar com o máximo de zelo a configuração dos serviços e produtos que tem a oferecer, procurando marcar o que diferencia sua empresa dos concorrentes. De outro, continua a cativar e seduzir sua clientela potencial. Em outro extremo, cuida dos seus aliados internos, pois sem a adesão clara dos colaboradores, como pode prestar um bom serviço? Em aviação comercial, há ainda o relacionamento com as autoridades e os órgãos governamentais, pois neste país o negócio de transportar os outros pelo ar é concessão de Estado.

Pedro Janot fala sobre suas inúmeras tarefas estratégicas de ajudar a Azul acontecer:

— No período de implantação da cultura e de calibragem do trabalho, eu estava na linha puxando a companhia. Fiz isso com muita determinação, no *front*. Como tinha feito na Zara, na Richards.

Colocar-se na linha de frente, para Pedro, significa economizar muito tempo e dinheiro. Ajudar a companhia a atingir excelência em serviço no menor tempo possível. Estava seguro de que a empresa estava no caminho certo. Estava, mas precisava de uma prova.

O que procurava aconteceu em forma de uma situação indesejada, mas possível de ocorrer. O planejamento preventivo e a capacidade de se ajustar rapidamente a uma situação podem ajudar, nesses casos. Foi assim:

— A companhia ainda era muito novinha, com apenas quatro aviões na frota, quando tivemos um incidente de ingestão de pássaros na turbina, em Porto Alegre. Na frota de quatro aviões, já tínhamos um de reserva, o que demonstra nosso investimento em serviço. Era utilizado também para treinamento de mão de obra. Nesse dia, o avião teve uma pancada de pássaro ao pousar em Porto Alegre. Não pôde decolar do Aeroporto Salgado Filho, em seguida, para fazer um novo voo. A equipe local tomou as providências com autonomia total, informando o incidente aos passageiros e avisando que dentro de duas horas o voo seria realizado, com a chegada do avião de reserva de Campinas. Os caras pegaram aquelas caixinhas de alumínio com alimentos e bebidas e, na sala de embarque do aeroporto mesmo, fizeram o serviço de bordo. Foi um exemplo de que o espírito da companhia estava nascendo.

Ingestão de pássaros pelas turbinas de aviões nas proximidades de aeroportos é um dos inconvenientes que atormentam empresas aéreas e autoridades aeroportuárias em todo o mundo. Enquanto o setor operacional da Azul atacou o problema providenciando a solução logística para o caso, o foco de Pedro foi a qualidade do atendimento aos clientes, com uma resposta rápida e ajustada às circunstâncias por parte da equipe responsável pelo voo. Bom sinal.

Outro?

– Nós prezávamos que o nosso call center não tivesse um talk time definido. As pessoas podiam falar à vontade. Começamos com um talk time de oito minutos, pois as pessoas estavam conhecendo a companhia. A taxa de abandono da ligação era baixíssima. O nosso call center é excelente pelo nível de atendimento que as pessoas recebem, pois temos uma forma adequada de treinar os atendentes. Os clientes que estavam do outro lado da linha às vezes eram pessoas que não confiavam no computador ou nunca tinham voado antes.

Pedro admite que, na fase de maior crescimento, houve momentos em que se perdeu um pouco a mão do call center. A qualidade caiu. Atribui isso às dores inevitáveis do crescimento, mas houve algo em que o call center sempre se excedeu positivamente:

– Não existe nada mais poderoso, em termos de propaganda, do que o boca a boca, que é tecnicamente a propaganda testemunhal. Um cliente que gosta vira um promotor da marca. Vivemos várias situações negativas com o cliente que, após a solução e a forma com que tratávamos o problema dele, tornava-se amigo da companhia. Nessa missão, o call center, entre outras áreas da empresa, foi sempre brilhante.

Um tropeço ou outro poderia fazer parte inevitável e natural da caminhada, pois a jornada seguia, na conquista gradativa de público, apesar de e por causa de um desacerto qualquer, fator que impulsionava a melhoria de procedimentos e ações.

Embora parte do alvo da companhia fosse a emergente classe social recém-introduzida no mercado de consumo, não podia desprezar o público tradicional acostumado a voar, especialmente profissionais em viagem de serviço, os chamados homens e mulheres de negócios. O reconhecimento dessas duas frentes potenciais de clientes foi simultâneo.

– Em 2008, ainda não estava claro, antes do primeiro embarque, que pessoas da classe C constituiriam boa parte da nossa clientela –, comenta Pedro. – Pelo fato de estar vindo do Pão de Açúcar, desde 2007 eu sabia que essa classe já era algo expressivo no mercado. Quis sair da Zara e ir para o Pão de Açúcar para lidar com esse crescimento, porque minha visão era de que o Brasil tratava mal esse cliente. Toda loja popular era ferrada, suja, mal cuidada, com um serviço ruim. Tudo que se referia à classe C era uma coisa porcaria. Quando entrei no Pão de Açúcar, uma das minhas missões era transformar o ambiente na área de não alimentos, que estava precisando de muito polimento. Não só o polimento estético. Era necessário um polimento de sortimentos, um polimento de varejo. Então você percebia que, quando oferecia um bom produto e uma boa arrumação a um bom preço, a mercadoria saía muito bem. Quer dizer, uma mercadoria de valor agregado bem tratada é um sinal de respeito ao cliente. Ele vai se sentir valorizado.

Quando a Azul começou, sua clientela estava concentrada no interior de São Paulo. Uma clientela muito mal servida pelo transporte aéreo, pois para voar tinha de se dirigir ao aeroporto de Congonhas, na capital paulista, ou ao aeroporto de Guarulhos. Viracopos tinha se transformado num aeroporto quase ocioso. Havia uma oportunidade óbvia para atrair o homem e a mulher de negócios, mas a estratégia tinha de ser pensada. Apesar da pujança econômica do interior, havia características muito marcantes que não passaram despercebidas a Pedro:

– A sociedade do interior de São Paulo até bem pouco tempo tinha poucos serviços à disposição. Não tinha *shopping centers*, não tinha nada. Havia uma máxima sobre esse cliente: "O cara tem uma *pick up* F 1000 toda equipada, mas anda de calça jeans e camiseta de eleição de deputado estadual. As lojas multimarcas são minilojas, e o cara tem de pagar caro para ter uma roupa *fashion*. Não tem onde se divertir. O cara só come comida da região, não come uma comida diferente".

No horizonte, despontava uma mudança de comportamentos. Pedro estava atento:

– Em Campinas, você tinha o velho Shopping Iguatemi, com um posicionamento certo para as classes A e B. E você tinha um novo monstro recém-inaugurado, com um *mix* de lojas errado, o novo Shopping Dom Pedro. Apesar disso, os portugueses que investiram no negócio tinham enxergado mais longe do que os empreendedores locais. O *shopping* está localizado no eixo da Rodovia Dom Pedro I que liga N municípios da região. As pessoas ficavam até constrangidas de entrar numa loja como a Zara, porque estavam acostumadas a comprar na lojinha multimarcas da cidade delas. Com o tempo, foram descobrindo que podiam entrar numa loja dessas e pagar. Elas compravam preço, estilo e qualidade proporcionais. Descobriram que existia o hambúrguer X, mas que também havia a opção do Y. O *shopping* também se setorizou. Então, eu sabia que havia aí uma grande mudança de comportamento, e a única coisa que muda o comportamento do público é preço.

Completa:

– Se você quiser tirar o cara da poltrona da casa dele e dizer "venha voar com a companhia mais bonita do mundo", não vai adiantar. Se não botar preço, ninguém decola. Então, nós começamos a Azul infernizando o mercado com tarifas baixíssimas, porque tínhamos que fazer uma onda de experimentação

Foi então que Pedro e os dirigentes da Azul, acompanhando os primeiros embarques em Viracopos, começaram a entender rapidamente quem eram de fato os clientes da companhia. Pelas fortíssimas promoções iniciais, parecia óbvio que seriam as pessoas que estavam voando pela primeira vez. Estas seriam seduzidas pelo preço. Mas os desejados clientes das classes média e média alta, em paralelo, só seriam encorajados a largar Congonhas e Guarulhos por produtos de qualidade. Pontualidade e regularidade, essas coisas. A tarifa não era o fator primordial. A questão era outra. Como chegar a esse público? Como tornar a Azul conhecida? Como passar a mensagem da qualidade diferenciada de serviços? Como fazer alguém romper o comodismo da zona de conforto e experimentar o novo?

A publicidade e a propaganda estão aí para isso, alguém diria prontamente. Uma observação certa, nesta sociedade de alto consumo de nosso tempo. Acontece, contudo, que esses meios de conquista de clientes são caros. Não havia verba suficiente, nem parecia estrategicamente conveniente. Como resolver?

Luiz Comar puxa rapidamente na memória, busca um personagem que você já conheceu neste livro, leitor:

– O Panda desenhou um plano de palestras. Era um modelo de marketing de guerrilha, muito mais mobilizador, pois assim os diretores poderiam colocar a cara no mercado. Falar para uma plateia de 200 pessoas renderia mais do que um anúncio em revista ou do que soltar um *press release*.

David Neeleman já havia incitado seus executivos a aceitarem todo pedido de palestra como meio de divulgação da marca e seus serviços. Panda foi encarregado de organizar a iniciativa. Durante um tempo, passou a apresentar semanalmente ao Conselho da companhia as propostas existentes, cruzando então os pedidos com a agenda dos executivos. Em lugar de uma política agressiva de procura de palestras, ocorria mais uma seleção das opções. Muitas das palestras aconteciam na quinta-feira e na sexta-feira à noite, em resposta, especialmente, aos pedidos de universidades.

Havia uma procura espontânea por David e por Pedro, naturalmente. Luiz entrou no projeto com a incumbência de preparar o material de apresentação do presidente. Passou a acompanhá-lo, muitas vezes, registrando as demandas que surgiam, anotando as sugestões das pessoas para aperfeiçoar serviços. E media resultados:

– Se o Pedro falava para 200 pessoas e a gente dava dez reais de crédito no programa de fidelização TudoAzul para o cara mandar um e-mail, a gente recebia 200 e-mails. Além disso, havia uma divulgação espontânea, por conta do próprio evento, que mobilizava a visibilidade da marca. A Azul tinha esse desafio de se tornar conhecida. O público que voa ficava muito mais seguro com a gente se fosse ouvir o presidente da companhia falar do que se lesse um anúncio nosso no jornal da cidade.

Para dar certo e gerar credibilidade, a ação não podia ser unilateral. Luiz:

– O Pedro ouvia também as queixas, endereçando as reclamações. Alguém levantava o braço na plateia e dizia "olha, fui voar com vocês e não foi bem assim que aconteceu, não". Aí eu ia lá no cara, pegava os dados, levantava o histórico do que tinha sucedido. Dois dias depois, dava um retorno: "de fato, o seu voo teve um problema. Está aqui um *voucher* para você voar conosco outra vez e para a gente recuperar a imagem da companhia". O impacto do cara receber um retorno à reclamação dois dias depois e tendo conhecido o presidente da companhia era um negócio marcante, gerando uma desejável propaganda espontânea.

Uma propaganda, diga-se de passagem, que não podia acontecer pelos canais formais tampouco na capital paulista, onde habita uma parte da clientela que a Azul buscava, em paralelo ao público do interior. É que, pondera Luiz, em São Paulo, "a gente não podia fazer muito ruído. A Gol e a TAM, com a mídia e com o poder político que têm, poderiam abafar imediatamente qualquer anúncio nosso".

Havia outro lado simpático, favorável à imagem que a Azul estava construindo. "Você não via um Constantino Júnior, presidente da Gol, ou um Marco Antônio Bologna, presidente da TAM, dando palestras para um grupo de universitários. Mas o Pedro estava lá. Era um negócio que mobilizava".

Mobilizava, mas exigia. O motorista Roberto Alves de Mesquita, quase tão alto quanto Pedro, um metro e oitenta, ombros largos, mãos grandes, lembra muitos jogadores de futebol no início da meia-idade. Aposentados dos campos de bola, são ainda donos de um porte físico típico de quem passou à distância do sedentarismo toda a vida. Tipos "saradões".

Imagem apropriada para Roberto, que, nas estradas conduzindo Pedro pelo interior de São Paulo em horas precocemente matutinas ou em retornos tarde da noite, era mais do que um motorista. Era também um guardião de plantão, pronto para emergências, mesmo após horas exaustivas de trabalho. Por causa da personalidade leonina de Pedro Janot, a vigilância era mútua:

– "Roberto, você está com sono, está bem?" E eu: não, pode ficar tranquilo, se quiser tirar um cochilo aí, tudo bem, estou atento na estrada.

Para Roberto, o presidente tornou-se mais do que um chefe. Tornou-se um amigo a quem servia também como segurança, como quebra-galho para qualquer coisa, se precisasse. Gostava de considerá-lo um "chefe formiguinha", pelo trabalho contínuo com que plantava a imagem da companhia, aproveitando todas as oportunidades. Testemunhava a alegria quando falava para uma plateia grande, de 300 pessoas, e a tristeza quando a plateia era pequena, mas nunca faltando entusiasmo. Sempre pronto para um abraço, sorriso aberto e para as fotografias que as pessoas queriam tirar com o presidente da nova empresa aérea que crescia e chamava a atenção.

Às vezes, podia rodar até três dias com Pedro, numa rotina intensa que poderia envolver entrevistas para meios de comunicação, almoços com prefeitos e autoridades locais, duas palestras num só dia, cidades até 500 quilômetros distantes de São Paulo. O que chamava a atenção de Roberto era a capacidade de Pedro integrar-se facilmente à condição do ambiente local, fosse o que fosse.

– Uma vez, em Itatiba, se não me engano, quando terminou a palestra, um rapaz disse que teríamos de ir na casa de um conselheiro da prefeitura, personalidade local importante. Já eram quase onze horas da noite. Fomos recebidos com uma roda de viola, um churrasco, aquela linguiça caseira.

Outras vezes, a parada poderia ser nesses complexos de postos e restaurantes de redes populares, como Frango Assado e Graal, cujas luzes atraem viajantes noturnos nas melhores estradas paulistas como oásis surgidos na penumbra da madrugada. A pedida? Frango assado ou espetinho. O motorista achava pouco saudável, mas o presidente se defendia bem:

– Robertão, tem um monstro aqui dentro. Preciso comer alguma coisa.

A disposição gastronômica fazia par com o empenho para atender os compromissos profissionais, mesmo que aparentemente de pouco charme.

Carolina Constantino, jovem coordenadora de comunicação da Azul, raciocínio rápido, olhos atentos, movimentos ágeis e leves – apropriados para quem atende a imprensa e sabe da perpétua corrida dos jornalistas contra o relógio nas redações –, acompanhou Pedro a Piracicaba em momento nada favorável. Ele recuperava-se de uma cirurgia no joelho.

– Rodamos a cidade inteira, entrando nas redações, mesmo naquelas pequenininhas. Tinha redação até na casa do cara. Pedro estava com dor aquele dia, mas ele ia firme. Subia escadas. Aquilo me chamou muito a atenção: o quanto ele achava importante fazer esse relacionamento com a imprensa.

A energia que o presidente demonstrava no contato com a mídia era, para Carolina, a mesma que mostrava internamente para os funcionários, os tripulantes da Azul. Quando entrou na empresa, participou, junto com colegas, de uma cerimônia de boas-vindas comandada pelo próprio Pedro. Jamais esqueceu do impacto:

– Aquele jeito malandro, "muito bem, sou o Pedro Janot, sou o presidente da companhia. Porra, tô feliz pra caramba que vocês estão entrando. É isso aí, essa vibração, esse calor! Esse entusiasmo, essa coisa sanguínea! Então vamos lá, galera!". E eu: o quê???!!! Não, ele não é presidente da companhia!

Mas era. E continuava na missão de conquistar a simpatia do público para a Azul. O jeito despojado mostrava-se compatível com o modo informal e irreverente da nova clientela potencial que a aviação brasileira poderia atrair.

Postura adequada, mas insuficiente. Seu leque de sedução teria de funcionar também com a elite socioeconômica do país.

Um caminho estratégico para isso seria o Fórum Empresarial de Comandatuba, badalado evento anual que reúne na ilha baiana representantes do topo da elite corporativa brasileira, assim como figuras do alto escalão do governo, personalidades do *show business*, celebridades de alto quilate social. É uma iniciativa do Grupo de Líderes Empresariais (LIDE), instituição criada em 2003 pelo jornalista e empresário João Dória Júnior, com o objetivo de fortalecer a livre iniciativa, agregar oportunidades de intercâmbio entre empresas, sedimentar os interesses comuns da classe empresarial. Os membros da organização respondem pela produção estimada de 49% do PIB brasileiro. Parcela respeitável, correto? Ao Fórum, comparece um número formidável de líderes empresariais de altíssimo calibre.

Lá atrás, no tempo, Panda convenceu a casa que seria importante para a Azul participar do Fórum, vencendo, para isso, muita resistência interna. Já conhecia João Dória de outras ocasiões. Negociou com ele que a Azul estaria representada por dois casais, quando a praxe era a participação de apenas um casal. Panda e a esposa Sharon, assim como Pedro e Débora estiveram presentes durante os quatro dias do evento que começou dia 21 de abril, em 2010. A Azul transportou num voo especial uma parte dos delegados do evento.

São nesses raros momentos de tamanha concentração de governadores, senadores, deputados, capitães da indústria, do comércio e da área de serviços que acontecem preciosas oportunidades para se conhecer gente importante, estabelecer alianças, solidificar amizades e pensar parcerias. Por força de sua atividade profissional na área de eventos, Sharon conhecia muitas das personalidades presentes, enquanto Panda conhecia outras tantas. Por reencontro espontâneo com amigos e conhecidos, "ô Pandinha, tudo bom, e aí seu viado, te liguei semana passada, você nem respondeu", ou por iniciativa na pura cara de pau, Pedro foi sendo apresentado a inúmeros habitantes ilustres desse seleto círculo da elite brasileira. Cenas assim:

– Senhor governador, tudo bom? Sou o Gianfranco Beting, diretor de marketing da Azul. E este é o nosso presidente, Pedro Janot. Somos uma companhia que está começando e estamos aqui para servi-lo.

– Ah, Pedro, prazer. Vocês precisam voar para o nosso Estado.

Em meio a esse clima, num lampejo de luz, Panda teve uma ideia tão genial quanto ousada. Conta:

– As empresas que estão lá patrocinando (a Azul era uma delas), costumam dar brindes aos participantes. Nós fizemos uma coisa bonitinha no nosso voo, mas tínhamos transportado o quê? Umas 60 pessoas, de um universo de 400, basicamente as que eram do Rio. As de São Paulo foram num voo da TAM, que tem acordo com o LIDE. Falei "Pedro, a gente precisa aparecer mais. Vamos fazer uma coisa? Vou falar com o João, não sei se vai dar certo. Vamos dar uma carteirinha VIP para cada pessoa que está aqui, para cada integrante do LIDE, onde a pessoa pode voar um ano de graça".

Pedro reagiu preocupado com a possibilidade de uma enxurrada de bilhetes aéreos gratuitos para gente importante durante um ano voando as rotas da companhia:

– Pô, Panda, um ano de graça? Será?

– Claro, esse pessoal tem jatinho, helicóptero. Não vai ficar subindo no nosso avião. É o gesto.

– Caralho, vamos!

Prossegue:

– Fui lá, falei para o João: "não está combinado, não está no *script*, mas quero saber: você topa? Você nos chamaria lá pra cima ao final do jantar, porque a gente tem um anúncio para fazer?"

– Qual é, Pandinha?

– A gente quer dar um ano de passagem de graça para cada pessoa do LIDE.

– Não acredito! Você vai fazer isso?

– Vou. Se você me chamar e deixar a gente dar nosso plá lá, eu vou.

– Claro! Mas você tem certeza?

– Absoluta!

– Fechado! Vou chamar você e o Pedro.

– Tá bom.

João Dória parecia ainda não acreditar:

– Pô, Pandinha, mas nunca aconteceu aqui...

– Por isso mesmo. A Azul vai fazer coisas neste país que nunca aconteceram.

– Aí, Pandinha, esse é o espírito do empreendedor!

Gianfranco saiu da conversa, foi avisar Pedro que o caminho estava aberto. Ao final do jantar, João Dória:

– Gostaria agora de chamar o senhor Pedro Janot. Pedro, por favor! Pandinha. Subam aqui. Eles têm uma coisa importante para falar.

Pedro subiu e deu o recado:

– A gente quer dizer que todo o mundo que está aqui, todos os convidados participantes deste LIDE, todas as pessoas envolvidas neste evento, ganham a partir deste momento o direito de viajar conosco por um ano. E com direito a acompanhante.

A casa veio abaixo. *Uuuahhhuuu!* Os dois mal conseguiram voltar para a mesa. Todo o mundo se levantou para cumprimentá-los.

Os colegas de marketing de outras empresas cercaram Panda num canto, improvisando uma homenagem com charutos, conhaque, uísque:

– Porra, Panda, arrebentou, hein? Puta que pariu, cara, puta que pariu! É foda!

João Dória:

– Arrebentaram! Vou dizer uma coisa: essa jogada vai ser dura de duplicar.

Foi um divisor de águas. Panda sintetiza:

– Para boa parte das pessoas que estavam lá, a Azul era uma cor. A partir daquele dia, tornou-se uma companhia aérea.

Pedro tem outra lembrança emblemática:

– No retorno da viagem a Comandatuba, voando para o Rio de Janeiro, o presidente da Amil passou o tempo todo me chamando de louco, tentando me explicar em tom paternal que isso ia custar muito caro para a companhia. Mas o resultado final eu não confesso nem sob tortura.

A construção da marca estava se impondo no mercado por dezenas de pequenos fatores. Nenhum deles isoladamente contribuiu para isso de maneira preponderante. Era um conjunto de elementos que fazia o trabalho. A qualidade do produto, a excelência no atendimento, a atuação nas redes sociais, o trabalho de *branding* – a pintura dos aviões, as embalagens dos lanches a bordo, as pinturas especiais –, as ações inovadoras no *site* da companhia, tudo isso foi criando uma história palpável e crível, com repercussões tanto no mercado externo quanto no ambiente interno da companhia.

Além do evento de Comandatuba, outros sinais foram surgindo, mostrando que a companhia estava obtendo a atenção – quando não a preferência – também do público de elite.

Luiz Comar testemunhou uma cena emblemática quando acompanhou Pedro a uma palestra na Fundação Dom Cabral, em Belo Horizonte. A Fundação é uma escola de elite em educação executiva, tendo sido considerada, em 2010, uma das dez melhores do mundo por uma pesquisa do prestigiado jornal inglês *Financial Times*.

Naquele dia, o palestrante seguinte a Pedro seria Max Gehringer, ex-presidente da Pepsi Cola Engarrafadora e da Pullman/Santista Alimentos, conhecidíssimo colunista de negócios e carreira em revistas especializadas, comentarista de rádio e televisão. Pedro recuperava-se da cirurgia no joelho, a mesma que o incomodaria na visita às redações de jornais em Piracicaba. Estava momentaneamente em cadeira de rodas. Enquanto os dois aguardavam, Luiz viu:

– O Max se aproximou do Pedro, abaixou-se e disse: "Quero agradecer a você, quero agradecer à Azul e queria que você soubesse: só aceito fazer palestras onde tem aeroporto servido pela Azul. Está nos meus contratos: o meu transporte tem de ser pela Azul".

Um gesto simpático que sinalizava o acerto institucional da Azul pelas medidas tomadas, estratégias e táticas. Um movimento que simbolizava o resultado da flexibilidade pessoal de Pedro Janot em se relacionar bem com os mais diferentes tipos de pessoas, em distintos circuitos sociais, contribuindo para a boa imagem da companhia.

Acontece, porém, que as responsabilidades representativas de um presidente de empresa aérea envolvem o relacionamento com um leque muito diversificado de pessoas. Não se restringe aos clientes nos seus diferentes matizes, nem aos funcionários nas suas distintas particularidades de classe e hierarquia. Incluem a interação com parceiros fundamentais no negócio do transporte aéreo: os fabricantes de aviões.

> É uma relação delicada. Sabe a história de Tom e Jerry? Eles se amam, mas podem se odiar. Querem-se, mas fingem que se rejeitam. No fundo, dependem um do outro. Ambos, o dirigente de empresa aérea e o fabricante de aviões, administram negócios de altíssimo risco financeiro, capital de investimento intensíssimo, retorno de longo prazo, condições externas altamente voláteis sobre as quais não têm controle, como a saúde – ou fraqueza – econômica de mercados e governos.

É de bom tom que o presidente de empresa aérea tenha a capacidade de nutrir um bom relacionamento com seu parceiro do lado de lá do balcão, pois a relação é potencialmente sujeita a chuvas e trovoadas. O dilema, do ponto de vista do fabricante, é saber exatamente o que o mercado quer e qual o volume de potenciais clientes que vai querer o que ele terá a oferecer como resposta a essa demanda identificada. Para piorar as coisas, é demorado projetar, desenvolver e começar a fabricar um avião. Especulações futuristas precisam ser feitas em horizontes de cinco ou mais anos, mas sabe-se lá, nesse volátil mundo globalizado, como estará o mercado daqui a meia década? Haja bola de cristal!

Sob a perspectiva das empresas aéreas, o problema é que os aviões são projetados seguindo um modelo-matriz supostamente universal, capaz de atender às exigências operacionais de um tipo específico de mercado em qualquer lugar do mundo. Um avião para 60 passageiros deveria ser igualmente bom para operações em mercados regionais de pouca densidade de tráfego no Peru quanto no Taiti.

Na prática, não é bem assim. Cada empresa aérea tem, dentro do escopo básico de cada modelo de avião, exigências próprias, muito particulares. Uma quer a *galley* – a "cozinha" – no fundo da aeronave, outra não quer *galley* nenhuma. Uma exige configuração de pouca distância entre os assentos para acomodar um maior número deles na cabine e, assim, transportar mais passageiros, outra requer o contrário.

Por outro lado, você não encontra avião comercial novo para comprar na vitrine do *show room* do fabricante, é preciso encomendar e entrar numa fila de espera. Mas você tem um prazo para colocar o avião novo em operação aproveitando uma situação de mercado que pode mudar. Tem um investimento de tempo, energia, dinheiro e planejamento logístico para treinar pilotos, engenheiros e mecânicos no seu novo modelo. Pode ser que o seu ritmo e sua cadência não encontrem sintonia com a velocidade de atendimento do fabricante. Pode ser que prazos não sejam cumpridos ou que problemas imprevistos apareçam no meio do caminho. Você tem as suas necessidades prementes, enquanto o fabricante tem o desafio de atender não só as suas especificações, mas as demandas diversas e distintas de outros clientes.

O diálogo entre as partes pode ficar tenso. Entram em jogo, além de tudo, diferenças culturais de contexto. Se o fabricante é japonês e o operador do avião é russo, nem tudo poderá ser resolvido no âmbito puramente técnico. Visões de mundo diferentes, por força de modelos mentais culturais distintos, podem melar o diálogo.

Para surpresa de muita gente, que no começo entendeu que a estratégia da Azul consistia em operar unicamente aviões a jato puro da Embraer, com capacidade na faixa de 106 a 118 passageiros, a empresa anunciou que estava comprando aviões turboélices ATR, para até 70 passageiros. Serviriam à estratégia complementar de alimentação das rotas principais da companhia com tráfego originário de mercados secundários, formados por cidades de menor população do que as metrópoles Campinas, Porto Alegre e Salvador, cidades que alavancaram o início da companhia.

A encomenda de 40 aeronaves do novo modelo ATR 72-600 em julho de 2010 deu partida ao processo contínuo de interação dinâmica entre equipes técnicas da Azul e do fabricante. No meio do caminho, um certo entrevero entre as partes, algo quase inevitável em processos dessa magnitude. As relações da Azul com o outro fabricante dos aviões de sua frota, a Embraer, tinham sido capitaneadas diretamente por David Neeleman. No caso da ATR, coube a Pedro ir desatar o nó, por ocasião da entrega do primeiro avião em outubro de 2011, na sede do fabricante em Toulouse, no sul da França.

A entrega de um avião ao cliente é um momento de celebração para o fabricante, ainda mais se a entrega faz parte de uma encomenda substancial. E é um instante de festa igualmente para o operador. É um atestado de honra de palavra cumprida, de um lado, uma carta de esperança de que o produto tão arduamente escolhido fará pela empresa operadora o que ela almeja, de outro. Confiabilidade operacional, economia e lucros.

A viagem de Pedro não teve, contudo, unicamente um caráter diplomático.

– Pedro foi lá, em primeiro lugar, para colocar pimenta na ATR –, comenta Panda. – Ele falou "olha, nós não estamos satisfeitos com o que vocês têm feito e da maneira como têm tratado a gente. Nós temos tal e tal problema e queremos isso retificado. Não pode continuar assim".

Foi nessa circunstância tensa entre parceiros que Panda presenciou uma característica pessoal notável em Pedro. A ATR é um consórcio franco-italiano. É de se esperar a etiqueta europeia e o formalismo europeu por parte dos executivos em uma cerimônia tão solene quanto a entrega da primeira aeronave para um importante cliente sul-americano. Panda sentia-se preparado para a ocasião, trajando um elegante terno azul marinho, camisa clássica com colarinho branco e abotoaduras brancas, gravata borboleta amarela. Fala inglês, italiano. Entende francês. Defende-se em espanhol. Pedro?

– Era a única pessoa de jeans. A caminho da cerimônia, era também a única pessoa sem gravata. Falei, "Pedro, tem que por gravata, é a Europa".

A resposta?

– Não, não vou de gravata, não!

Mas recuou. Deu uma olhada no hangar onde seria a cerimônia. Ninguém sem gravata. Perguntou a Panda:

– Cadê a gravata?

Prevenido, Panda tinha uma gravata extra no bolso. Depois, sobrou um tempo e aí Débora foi até a mala. Pedro acabou usando a gravata que era dele.

O que tem a ver essa história?

Panda aponta a si mesmo na foto daquele dia memorável:

– Esse carinha aqui estava mais preparado para o evento. Essa coisa da língua, de como se vestir, de como cumprimentar. Mas quem deu *show* foi esse aqui.

E aponta Pedro na foto.

Qual foi o *show*?

– O *show* foi ele ser ele. Chegou e foi falando mais ou menos assim: "*je ne parle français. I will speak Portuguese, because that's my language. Estou muito feliz de estar aqui. É formidável que a Azul está aqui. I'm very happy to be here. I love Paris. Vive la France!*"[1]

Fez algo completamente pessoal, único, que conseguiu encantar. "O almofadinha aqui, todo engalanado", diz Panda referindo-se a ele mesmo, "era apenas mais um executivo como centenas de executivos são. Eu estava janotinha. Ele estava Janot". Pedro de *blazer* azul, postura corporal completamente à vontade, deu o recado. Panda analisa:

– Foi um presidente brasileiro, fez um discurso brasileiro, de uma companhia aérea brasileira. Foi o cara que soube fazer do jeito dele. Essa coisa mais informal, mais humana, mais verdadeira, que é do Brasil, que é da Azul e que era representada pelo jeito dele.

No almoço, outra cena notável com o presidente da ATR, o italiano Filippo Bagnato, nascido em Turim, engenheiro aeronáutico, calvo, olhos atentos por trás dos óculos de lentes claras,

---

1 Misturando francês, inglês, português:

– *Não falo francês. Falarei português porque é minha língua. Estou muito feliz de estar aqui. É formidável que a Azul esteja aqui. Amo Paris. Viva a França!*

extrovertido para falar como todo italiano. Panda encarna com propriedade os sotaques de Pedro e Filippo:

— Io voy hablar italiano con UD, ok?

— Ma, Pedro, you're talking Spanish with me! That's no problem. We can talk Spanish. But talk in Spanish and not in Italian because you are talking Spanish to me.

— No, no, no! Io voy hablar con UD in italiano!²

Paella com queijo ralado. Pizza com goiabada. Uma mistura esquisita. Mas, no fim do dia, o importante foi o que disse Filippo:

— Ma, Panda, this guy is phenomenal!³

À vontade com as elites, à vontade com o público. Nas duas frentes, o árduo trabalho para conquistar e manter mercado. Mas, como diz a sabedoria de todos os tempos, há tempo para semear, tempo para colher. Tempo para agir, tempo para celebrar.

A Azul iria introduzir no seu DNA cultural o hábito de celebrar vitórias, mas levaria um tempo.

O evento de lançamento da nova aérea foi preparado em apenas sete dias. Como dentro da companhia em organização só havia duas pessoas para cuidar disso — Panda e sua assistente Florinda Borges Leão Monteiro —, e não haveria tempo hábil

---

2 Misturando italiano, espanhol e inglês:

Vou falar em italiano com você, ok?

– Mas, Pedro, você está falando comigo em espanhol! Não tem problema. Podemos falar em espanhol. Mas fale espanhol, e não italiano, porque está falando espanhol comigo.

– Não, não, não! Vou falar com você em italiano!

3 Misturando italiano e inglês:

– Mas, Panda, este cara é fenomenal!

para preparar tudo, a solução foi contratar uma agência de comunicação e promoção. O evento custou R$ 80 mil reais. Panda recebeu críticas pelo custo. Entendeu que não era para gastar. Recolheu-se.

– No segundo voo inaugural, para Curitiba, mandamos nada com mais ninguém.

Na volta, David foi reclamar:

– Quero saber por que não tinha nada lá. Quero saber por que não tinha serpentina, Grapete e língua de sogra.

Panda defendeu-se:

– Não tinha porque não era para gastar.

– Não! Todo voo inaugural tem que ter festa! Quero todo mundo celebrando! Quero bolo, quero fita!

Panda aprendeu.

Quando a empresa estava para completar um milhão de passageiros transportados em agosto de 2009, menos de um ano após o voo inaugural, abriu-se uma oportunidade. Afinal, era um feito e tanto a comemorar. De nível mundial! Até então, a JetBlue tinha sido a aérea a mais rapidamente atingir um milhão de passageiros transportados, 10 meses após o início das operações. A Azul conseguiu o feito em oito meses. A festa foi em Viracopos. Recorda-se muito bem:

– A gente fez que o número um milhão (1.000.000) fosse pintado em números grandes em camisetas, uma camiseta para cada tripulante, representando todas as áreas da companhia. Um número zero era um piloto, outro zero era uma comissária, mais um outro zero era um mecânico. O número um era o David, o Pedro era o primeiro zero ao lado do David. Estendemos uma faixa "Um Milhão de Clientes Transportados". Colocamos no check in uma bandinha de oito músicos que toca muito bem, a Banda Paralela.

Cíntia Taina Fernandes da Silva representou os funcionários do call center da companhia, o Azulcenter. Ana Procopiak foi embaixadora dos comissários. Eduardo Rogério Chies Stocker representou os pilotos. Rafaela Neri, os agentes de aeroportos. Paulo Rodrigo Destefani estava lá em nome da área de manutenção, a Azultec.

Panda continua:

– A banda começou a tocar, para surpresa dos clientes e espécie de gente da concorrência que olhou para aquilo com indisfarçável mau humor. Aí, quando deu a hora fatal, fomos lá para trás do balcão e identificamos o cliente Aderlei Ferreira como sendo o passageiro um milhão. Quando ele chegou para fazer o check in, cercamos o Aderlei. "O senhor é o cliente um milhão da companhia!" Uuuéeee! Chuva de confetes, buzina, a banda tocando em volta dele, fotos, o diploma, David e Pedro o abraçando. Todo mundo dançando, desfilando no aeroporto. Pedro? Era quem puxava o coreto. Depois, nas outras festas, o David não foi mais e o Pedro passou a ser o principal executivo da companhia nas comemorações. A festa do cliente número dois (dois milhões de passageiros transportados) foi no aeroporto Santos Dumont, no Rio. A do número três foi em Porto Alegre, a do quatro em Belo Horizonte, a do número cinco em Salvador, a do seis no Recife, a do sete no Galeão, no Rio de Janeiro.

Carolina Constantino puxa fotos, vai mostrando. Na festa seguinte, Pedro trajando a camiseta número dois, tem até funcionários de empresas concorrentes, uniformizados e tudo o mais, pegando uma carona na folia, dançando junto com a Azul...

O que o cliente ganhava?

Um ano de passagem de graça.

Para Panda, a repercussão foi sensacional, sobretudo para a cultura da empresa. A banda tocava o tema musical da Azul e isso mexia, fazia os tripulantes vibrarem. Considera:

– O cara está lá no aeroporto do Recife trabalhando. De repente, chega todo mundo, aquela bela banda, aquela festa, gente feliz. O cara pensa: "esta empresa é diferente, é animada". Uns olham para os outros e se identificam, brincam: "Ói nóis! Esses somos nóis!".

Celebrava-se o passageiro, celebravam-se as pequenas e grandes vitórias de todos os dias. A pontualidade, o serviço bem feito. E tome *tchu tchu tchu* entre os funcionários, a dança e o canto criados também por Rodrigo Costa Côrtes. Pedro celebrando no meio deles. Solto, completamente à vontade.

Se você presenciasse de perto aqueles momentos de celebração, poderia se perguntar, surpreso:

– Mas e aí? Como o Pedro mantinha autoridade e exercia a liderança, sendo tão despojado assim?

A resposta à sua pergunta é o tênue fio da navalha sobre o qual se construiu um novo estilo de liderança.

GENTE EM ROTA

Se você comanda no topo da organização, sua função está associada ao exercício da liderança. Se tem equipe sob sua responsabilidade, no nível médio da estrutura organizacional, é chamado a exercer liderança. Se dirige algo, espera-se naturalmente que assuma também o papel de líder. É uma expectativa inerente à sua posição. Pode fazê-lo ou não, pode fugir da incumbência.

O fato é que, se está à frente de alguma coisa, em qualquer nível hierárquico, você também precisa liderar. Ser líder é tomar a frente, guiar, impulsionar, mostrar, desenhar caminhos, unir, direcionar esforços coletivos, dar direção. E inspirar. Certo? Como fazer isso?

A jornada do ser humano na vida em sociedade é uma experiência fenomenal em que a consciência de cada um – a noção de si mesmo e do mundo – permite descobrir que não estamos sozinhos, isolados. Somos indivíduos, mas também somos partes de conjuntos. Estamos mergulhados num oceano de estímulos, conhecimentos e conteúdos onde podemos aprender por meio de modelos, influências e casos de outros que já trilharam o mesmo desafio à nossa frente. Por séculos e séculos, a humanidade deu os seus passos, aprendeu e registrou conhecimentos importantes muito antes de você e eu existirmos. O conhecimento está à nossa volta. O legado das gerações anteriores, as lições de todos os tempos e lugares, tudo isso povoa nossa possibilidade de aprendizagem. O acesso se dá pelos símbolos e pelas histórias coletivas, pelo que foi catalogado e trazido ao nosso tempo por profundos conhecedores da natureza humana e da realidade social.

Uma das figuras simbólicas, universais e atemporais do exercício da liderança é a do rei. Mesmo no mundo agitado de nossos dias, a figura do rei dança no subconsciente da nossa mente individual e da nossa mente coletiva. O rei é um arquétipo. Um modelo antigo e duradouro que nos visita a partir da sua morada no inconsciente coletivo, simbolicamente adaptável aos nossos dias, mostrando-nos, por meio de histórias e mitos – que são histórias de significado profundo, não esse sinônimo deturpado de ilusão que a sociedade menos avisada adotou nos dias de hoje –, em linguagem criativa, questões de liderança típicas do exercício da realeza.

Ao exercer a liderança, o líder empresarial moderno também é tocado, talvez sem saber, pelos desafios que cercam o padrão arquetípico do rei. Isso seja o rei verdadeiro, factual, no exercício do seu comando sobre seu reino, num país monárquico qualquer, seja o comandante militar em batalha ou o executivo que toma a frente de um negócio.

No mundo empresarial, os modelos de liderança predominantes procedem de uma escola de pensamento algo hierárquica, militar. A cadeia de comando é verticalizada, o foco está em ações, metas e objetivos. Os integrantes dos níveis hierárquicos subalternos não têm muita autonomia, precisam obedecer ao comando linear que vem do alto.

A questão, no caminho de Pedro Janot na Azul, é que a empresa veio de uma fonte cultural diferente, sua escola de pensamento é outra. Ao mesmo tempo, há mudanças de visão ocorrendo no mundo, influenciando as corporações, o mercado, o consumo, os clientes. Tudo isso converge sobre seus ombros, somando-se à sua própria história e experiência. Um homem não pode ser diferente daquilo que a vida lhe forjou. E ele precisa dar uma resposta própria, sua, ao chamado do exercício da liderança quando assume o desafio Azul.

– Como, no começo, eu não entendia nada de aviação, sentei com meus diretores, criando a dinâmica de dar espaço e autonomia para eles falarem, projetando o que pensavam –, pontua Pedro.

A liderança, como personificação da autoridade executiva máxima no dia a dia, ao lado de David Neeleman, teria de ser exercida, naturalmente, para todos os níveis hierárquicos da companhia. Começava no próprio gabinete da presidência, espalhava-se, de imediato, pelas áreas circundantes. O diálogo proposto nas reuniões de diretoria não significava a ausência de tomada de decisões unilaterais.

Johannes Castellano destaca um episódio pequeno, mas de enorme valor simbólico:

– Quando o Pedro chegou, logo no segundo dia, uma senhora que nos atendia foi lhe servir o cafezinho. Ele inclusive elogiou, achou muito bom. Aí me chamou: "Johannes, me explica essa história do cafezinho". A primeira coisa que tenho de explicar é que eu não tomo café. Os mórmons não tomam café. Existe uma lei de saúde da Igreja, a Palavra de Sabedoria, que nos ensina a restringir o uso de cinco substâncias: o café, o chá preto, o álcool em qualquer de suas formas, o fumo em qualquer de suas formas, as drogas prejudiciais de modo geral. Assim como se abstêm do excesso de carne.

Explica mais:

– O espírito dessa regra é o seguinte: você deve cuidar bem do corpo que Deus lhe deu. Esse corpo é um templo, uma dádiva que precisa cuidar. Você não vai ganhar uma Mercedes e vai botar areia no tanque. Vai cuidar bem.

Naquele segundo dia de Pedro na presidência, a Azul era uma companhia de umas 50 pessoas trabalhando freneticamente, sem hora para acabar, na primeira sede, também em Alphaville, na Grande São Paulo. Ocupava então instalações alugadas do apresentador de televisão Gugu Liberato, local onde tivera um estúdio e complexo de produção. A aérea rebatizou o local de Azulville.

É de se compreender. Estava tudo por fazer. A nova companhia aérea do país tinha pressa para acontecer, de fato. O entusiasmo e a adrenalina do empreendimento contagiavam a todos. Johannes continuou:

– O pessoal precisa trabalhar. Pediu. Aí pegamos essa senhora da limpeza e ela faz o café. Compramos umas garrafas térmicas.

– E quem paga isso? –, perguntou Pedro.

– A gente tira do caixa.

– Johannes, esta empresa vai ter cinco mil funcionários um dia. Já imaginou quanto vai custar esse café? Vamos cortar. Amanhã não tem mais café.

– Estou 100% de acordo, mas se eu comunicar esse troço, vão dizer: "Tão vendo? Esses mórmons estão querendo impor a cultura deles aqui para nós". Não quero associar uma coisa com a outra.

– Deixe comigo. Eu estou cortando o café.

Pedro avisou em reunião:

– Nossa companhia é de baixo custo. Nós temos que começar o baixo custo cortando o café. Daqui a pouco, estaremos em reunião perdendo tempo, discutindo que café e que açúcar comprar.

Foi um grande choque e uma grande chiadeira. Pedro firme:

– A hora de sacudir é agora. Sacode enquanto a coisa é pequena.

Johannes:

– Depois de uns dias, ninguém mais se lembrava do problema. Contratamos uma máquina. Aí quem quisesse ia lá, colocava uma moeda, tomava o café dele. Não era mais um problema da companhia, era dele. Estou plenamente convicto de que o Pedro estava completamente certo. Isso seria um problema hoje, uma conta de muitos milhares de reais, muita gente exigindo o café como um direito, muito mais gente perdendo tempo com isso. E o café não combinava mesmo com uma empresa que precisava custar menos que a concorrência.

O episódio do cafezinho foi emblemático. Igualmente ilustrativo foi o caso do estacionamento. O crescimento da companhia e a contratação de mais gente fez o estacionamento logo ficar absurdamente lotado. Pedro conta:

– O Gugu Liberato era também dono de um terreno bem perto da sede da Azul. Ficava num patamar inferior, uns 25 metros para baixo. Aí ele nos liberou para fazermos um estacionamento adicional lá embaixo. A praxe, em casos assim, é a diretoria ficar com o estacionamento próximo à sede e o resto da galera ficar mais distante.

Decidiram fazer um sorteio. Quem fosse sorteado, ficava no estacionamento superior; quem não fosse, iria para baixo. O sorteio ofereceria igualdade de condições para todos, diretores ou não. Pessoas de todos os níveis hierárquicos da companhia puderam assistir ao sorteio.

Pedro foi sorteado para o estacionamento superior. Abriu mão, porém, decidindo usar o estacionamento inferior. Um dos executivos, sorteado para o estacionamento de baixo, ficou chateado:

– Pô! Depois de estudar o que eu estudei, depois de tudo o que fiz na vida, paro meu carro lá embaixo e o boy para o dele no estacionamento de cima?!

O episódio do estacionamento representou para Pedro um sinal de que a companhia estava delineado a cultura interna com um certo espírito igualitário. Veio reforçar outra prática crescente que era o uso comunitário do refeitório, sem preferência de mesa, horário ou prato.

– O presidente, os diretores, todo mundo da companhia tinha a mesma comida. Era sentar e comer, todo mundo no mesmo lugar. Para mim, era natural isso, para os americanos também. Mas não era para todos os diretores.

Havia outra novidade que poderia causar estranheza aos menos avisados:

– Quando almoçava na empresa, eu ia falar com a turma da cozinha. "Pessoal, parabéns! Hoje, a linguiça estava espetacular. Obrigado! Boa tarde para todos".

O despojamento de Pedro também aconteceu na designação da sua própria sala de presidente, mas se resignou porque não havia outra opção:

– Quando cheguei, David me deu uma sala, todo orgulhoso, achando que eu ia me regozijar. Mas disse, "David, nunca trabalhei numa sala dessas. Aliás, nunca trabalhei em sala, sempre trabalhei em espaço comum com minha equipe. Você vai me ver pouco nela e a sala vai estar sempre de portas abertas".

A única mordomia de que Pedro não abriu mão foi de ter uma cadeira *giroflex*, dessas giratórias que você, se é cuidadoso, faz durar 20 anos.

O que esses eventos do cotidiano iluminam de seu estilo de liderança?

Mostram que Pedro Janot adotou como regra número um liderar pelo exemplo. É um contraste para com a cultura estabelecida na maioria das organizações, nas quais os líderes querem ter a preferência por tudo. Pelo melhor lugar no estacionamento, pela melhor sala de trabalho, pelo melhor lugar, horário e espaço exclusivo no restaurante corporativo.

Johannes elabora:

— A liderança pelo exemplo é o ponto mais forte que vejo na gestão de David Neeleman, um modelo que ele trouxe e que o Pedro incorporou muito rápido. Nós, os executivos fundadores, também pegamos esse espírito. Temos esse interesse genuíno de saber como está o outro, esse nível de comunicação aberta com as pessoas.

Liderar pelo exemplo e liderar para facilitar a vida dos outros, melhorando a gestão do trabalho para todos. Uma das medidas iniciais do presidente da companhia foi simplificar as reuniões da cúpula administrativa. Havia apenas três durante a semana, tentando-se evitar que cada uma ultrapassasse uma hora e meia de duração. Pedro atendia a área de vendas da empresa num desses encontros, os diretores noutra e os vice-presidentes numa terceira, medida necessária para alinhar as estratégias da companhia enquanto a operação entrava nos eixos, trazendo à mesa para definição questões menos óbvias.

A liderança pelo exemplo passou a somar-se à liderança para servir. Johannes testemunhou:

— No dia anterior aos primeiros voos comerciais da companhia, que aconteceram em 15 de dezembro de 2008 para Salvador e Porto Alegre, Pedro ligou para os gerentes dessas bases. "Aqui é o Pedro, tudo bom? Como está para amanhã?", "Oi, Pedro, tudo bem? Aqui está tudo certo". Todo mundo querendo ser positivo, claro, mas a gente sabe que não pode estar tudo certo, não é possível que esteja tudo certo. Aí, o Pedro dizia: "Seguinte, vou lhe dar agora uma varinha mágica. Me fala: o que você precisa para ter tudo 100% amanhã? Está faltando alguma coisa, qualquer coisa? Se você me disser que está faltando um carro, o carro vai ser entregue amanhã. Me fala o que você precisa".

O gesto impressionou ao diretor de recursos humanos:

— Essa atitude dele se adiantar era como se dissesse, "agora sou seu servo, estou aqui para servir e você é o manda-chuva da companhia; o que falar, eu vou fazer". Não precisou dar nada para ninguém, mas provocou um pacto de comprometimento das pessoas, puxando também os executivos para essa atitude servidora.

Para além dos dias especiais de abertura de novas rotas, a prática se estendeu para a rotina operacional da companhia, à medida que crescia.

– O Pedro chegava a uma base, por exemplo, dizia ao gerente: "Você está entregando seu relatório com dois dias de atraso. Em que posso ajudar para você entregar o relatório mais rápido?". É diferente de você chegar lá, espremer o cara, fazê-lo sentir-se oprimido. Isso vai se reverter contra o cliente. Alguém com medo não vai atender o cliente com alegria.

Sair a campo, mostrar a cara, ombrear com as equipes de frente. Um presidente é a personificação dessa instituição sem cara que chamamos de empresa. Quando estamos falando de uma companhia aérea com operações espalhadas pelo país-continente que é o Brasil, a integração dos membros da força de trabalho não vai acontecer apenas por determinação burocrática fria. O toque humano é fundamental.

Inspirado pela história de Sam Walton, o criador da maior rede varejista do mundo, a Walmart – 8.500 lojas em 15 países, cerca de dois milhões de empregados –, Pedro instituiu o *management by walking around* na Azul, a seu modo. Trata-se do procedimento de se administrar uma empresa com visitas espontâneas às áreas de produção.

– Nas bases, eu cumprimentava o gerente e ia falar com os agentes de aeroportos e técnicos da manutenção. Perguntava a eles como estavam indo as coisas, mas, antes de perguntar sobre o trabalho, perguntava da família. "Presidente, meu filho nasceu", ou "minha filha agora é comissária da Azul". Havia muito gosto de se falar da vida pessoal. E quem tivesse problema na vida pessoal, se pudéssemos, ajudávamos. Se era uma coisa de plano de saúde, por exemplo, o Johannes dava uma empurrada, ajudava de algum jeito. Se era uma coisa totalmente fora da nossa alçada, nós dizíamos não. A pessoa não ficava sem resposta. Às vezes, não mais do que duas horas depois, o próprio Johannes ligava, dando uma satisfação.

"Ora, você não tem no trabalho um funcionário diferente do que ele é na casa dele", elabora Pedro. Se tem algum problema, não pode dar o melhor para a família. Assim, o presidente da Azul viajava com frequência, na fase de implantação da companhia, tanto para conhecer bem e se relacionar com a clientela, quanto para se relacionar com os tripulantes.

Um dos efeitos é que, na volta, nas reuniões de diretoria, Pedro era o executivo que mais conhecia a companhia, superatualizado sobre como a linha de frente estava.

– Se alguém me dissesse bobagem, eu retrucava. "Cara, desculpe, só esta semana eu fiz seis voos, sabe?".

Um líder precisa também cobrar resultados, acompanhar o desenvolvimento de processos. Pedro foi introduzindo seu modo de fazer as coisas acontecerem:

– À medida que fui conhecendo o negócio, que eu e o grupo administrativo juntos já estávamos conhecendo bem a companhia, que a cultura e a filosofia estavam definidas, que o grupo tinha capacidade para dar respostas às demandas, passei a cobrar. Principalmente velocidade nas ações. Imagine só. Dois aviões parados, esperando a certificação da companhia para voar, custando muitos milhões de dólares cada um, a tripulação a postos, mais contratações acontecendo para os próximos aviões, treinamentos acontecendo, liberações para operações aeroportuárias a conseguir na Infraero e os concorrentes esperando o que a gente ia fazer, para darem o bote. Era muita coisa. A velocidade fazia parte da nossa estratégia.

Às vezes, as cobranças eram mais duras:

– Acredito numa lei máxima que diz que o ser humano responde a estímulos positivos. Minhas broncas nunca eram depreciativas. Procurava dar broncas que ajudassem a construir soluções. De preferência, fazia isso em reuniões. Porque é o seguinte: uma bronca dada a alguém na frente dos demais, todo o mundo aprende. Já uma bronca dada numa sala, só com o cara, ou ele aprende e só ele e tudo bem, ou fica puto, quer matá-lo ou se matar. Só que a bronca tem que ser com classe, mas em comunicação aberta. Nas reuniões de diretoria, as discussões entre mim, com a minha personalidade de ferro maleável, e o Miguel Dau, com sua personalidade de aço inoxidável, eram perturbadoras para o grupo.

Aos poucos, a casa foi relevando as trocas aparentemente ásperas, mas que conduziam a soluções e que demonstravam que Pedro não acobertava nem protegia ninguém, nem mesmo a Miguel Dau. Também foi se acostumando ao estilo americano do grupo trazido por David Neeleman.

No começo, os brasileiros estranhavam. Discussões duras podiam acontecer entre os próprios americanos, uns chegando a chamar os outros de idiotas, ou entre os americanos e os brasileiros. Aí, foi-se vendo que não havia conotação pessoal alguma nos diálogos acirrados. Interrompida uma reunião dessas, era comum que os beligerantes, aparentemente a pique de se estapearem, convidassem-se mutuamente para almoçar, passando a conversar sobre amenidades, como se nada mais contundente tivesse acontecido entre eles na reunião. De volta do almoço, entravam de novo no clima de disputa acirrada. Podia chover um idiota para ali, um idiota por acolá...

Latino, acostumado com nossa tendência brasileira de transferir para o pessoal o efeito de conversas duras que deveriam ficar restritas ao plano profissional, Pedro era mais cauteloso, evitando o que pudesse soar como ofensa, mas não deixava de cobrar incisivamente nem de gerar postura moral que lhe permitia fazer as cobranças. Era um dos primeiros a chegar à empresa, um dos últimos a sair.

Aurora Vezzelli, assistente de diretoria, responsável pelo grupo de três funcionários que atendia a cúpula da empresa nos seus primeiros tempos, lembra-se bem:

– Ele era uma pessoa muito eclética. Fazia mil coisas ao mesmo tempo. O nosso departamento ficava sob um fluxo muito grande de gente o dia todo. Acabava uma reunião ou saía alguém do atendimento com ele, chamava outro. No almoço, comia algo rapidamente, às vezes nem fazia uma hora de almoço. Era assim o dia inteiro, da hora que chegava até umas oito horas da noite.

De que modo ela o via, como líder? Pensa um pouco, reflete, coloca em foco os seus dois chefes máximos daquele período inicial da Azul, reconhecendo os méritos de ambos:

– O senhor David é uma pessoa assim... muito cabeça. Mas o Pedro... é um gestor inigualável. Às vezes, ele pegava no pé... sabe?

Vamos saber agora. Você e eu, caro leitor.

– Logo que comecei a trabalhar com ele, eu e a Florinda, do Marketing, tivemos que montar uma apresentação que ele ia fazer numa universidade no interior de São Paulo. Ele falou: "quero que vocês peguem algumas informações com fulano e sicrano e montem uma apresentação para eu fazer".

O tempo era curto. Faltava uma hora ou uma hora e meia para Pedro viajar para essa apresentação. Florinda – que você conheceu no capítulo anterior – e Aurora correram atrás.

– Ele passou por mim, brincou: "hei, bobina!". Eu falei, "bobina, não! Não estou enrolando. Eu estou fazendo!"

No dia seguinte, as duas foram à sala do presidente, obviamente curiosas:

– E aí, Pedro, como foi a apresentação?

– Nada legal!

– Chefe, mas a gente só tinha aquilo de informação. Não dava tempo para buscar mais. A gente fez o que pôde.

– Não, foi uma merda. Vocês precisam aprender a fazer uma apresentação.

Depois de um momento de suspense:

– Tá bom, vai. Foi boa. Mas estava fraquinha.

Líder inigualável? Como assim?

Aurora justifica:

– É o carisma. Ele é uma pessoa carismática, sem deixar de ser profissional. Ele brincava com todo o mundo, desde a faxineira até o senhor David. Quando estava na presidência, o diretor na sala ao lado da sua era o senhor Adalberto. Ele parece um lorde, todo educado. Se o Pedro precisasse chamá-lo, não usava o interfone todo colorido e multifuncional. Assobiava! Imagine só, um presidente chamando um diretor para reunião assobiando! Todos nós ali, ouvindo e achando graça daquilo.

Adalberto Febeliano, personagem real dessa história, cujo papel neste enredo você vai conhecer melhor logo mais neste livro, era então o diretor de relações institucionais da Azul.

Luiz Comar acompanhou a evolução dos processos de broncas:
– Eram inevitáveis, sobretudo quando a empresa começou a crescer rapidamente e a ter seus desafios operacionais. O Pedro e o David iam lá para Viracopos falar com o gerente de aeroporto. Eram fantásticos nesse diálogo com o pessoal da linha de frente. Mas, quando voltavam para dentro de casa, era bronca com a diretoria e tudo o mais. Tudo isso ia criando silos, grupos fechados aqui e ali. Era o Operacional dizendo que o Planejamento não sabia prever as coisas, era o Aeroporto dizendo que o Operacional é que não sabia, era o Planejamento acusando que o Aeroporto era ruim. Havia essa pressão muito grande sobre os altos executivos e sobre o nível médio também. O Pedro tinha facilidade para navegar e colocar todo o mundo para fazer a mesma coisa. Ia quebrando as barreiras entre as áreas, com o jeitão trator de comunicação dele. Colocava os caras em conflito um de frente para o outro: "Qual é o problema? O que foi que aconteceu? Como vamos resolver isso?" Se a questão fosse como melhorar o *check in*, ele direcionava o pensamento. "Que margem de manobra eu tenho para melhorar esse processo? Reduzindo o tempo de *check in* em 30 segundos, melhoro o passo seguinte em quanto?"

Estando tão perto do poder e, portanto, do fogo incandescente de um vulcão vivo em erupção, criando o novo, era inevitável que chamas da lava efervescente espirrassem em Luiz de vez em quando.

É isso. No Havaí, o único vulcão em erupção ativa ininterrupta do planeta há vários anos, o Kilauea, jorra lava o tempo todo. Você pode visitar, desde que se contenha em se aproximar só até uma distância prudente. Porque, às vezes, a lava toma um rumo inesperado. O pessoal tem de sair correndo para evacuar uma casa que, por azar, esteja no meio do caminho, pois o vulcão queima tudo. A lava atravessa o asfalto, cai lá embaixo, no Oceano Pacífico, formando uma estria de fumaça que sobe. É o resultado do choque térmico entre as rochas ferventes do vulcão e as águas frias do oceano. O que isso está gerando? Os cientistas dizem que o Kilauea está formando uma ilha, no infinito tempo paciente da Natureza que destrói para construir. Fogo e água na dança tensa da criação.

A confiança mútua entre Pedro e Luiz e entre Pedro e todo o grupo administrativo precisou ser conquistada. Luiz é franco:

– Tínhamos dúvida, no começo, se o Pedro teria condição de se sustentar como presidente, tanto pela origem dele não ser a aviação, quanto pelo estilo de se fazer presente. O David todo o mundo conhecia: um cara que toma decisão, vai lá e faz. Como o David ficava indo e vindo, entre o Brasil e os Estados Unidos, pensávamos que o Pedro seria como a Rainha da Inglaterra. Um papel decorativo, pois quem manda é o Primeiro Ministro. Mas alguém tinha que tocar o negócio aqui, enquanto o David ia e vinha.

Pausa. Toma fôlego. Engrena:

– Com o tempo, a gente percebeu que o Pedro tinha uma capacidade muito grande nesse papel novo, que não era o do presidente como nós estamos acostumados, o do cara que define o rumo. Uma vez definido o rumo, alguém tinha que colocar a velocidade e as paradas estratégicas para se chegar ao destino. Esse cara era o Pedro. Aí fomos percebendo a habilidade dele em responder às pressões do David e às pressões do grupo que o David trouxe. E a habilidade em colocar a marca dele, cuidando dos clientes e dos tripulantes da Azul. Estando mais perto dele, fui percebendo o espaço que conquistara com o próprio David, que passou a consultá-lo para tomar algumas decisões, respeitando-o para entender as características do mercado brasileiro. A transparência e a comunicação clara do Pedro, sua integridade em tratar todo mundo igual, foi nos inspirando como líder, dando-nos tranquilidade para trabalhar.

O leitor se lembra da analogia com a figura arquetípica do rei, apresentada no início deste capítulo, correto? As responsabilidades típicas do rei com relação ao seu reino, no padrão arquetípico, incluem direcionar os esforços de todos numa direção única, comum. Para isso, precisa cativar – ou impor – vontades. O rei não lidera sozinho. Precisa dos súditos, assim como dos cavaleiros de sua corte. O rumo que dará ao reino envolve um modo de fazer as coisas acontecerem, configurando um estilo de ação. Nem sempre, contudo, os cavaleiros entram em sintonia com a vontade real e com a cultura que caracteriza as ações do reino.

– Eu queria que as pessoas saíssem das nossas discussões com um acordo para resolver os problemas que tinham que ser resolvidos, e não simplesmente porque "o Pedro mandou" –, comenta o próprio. – Todo mundo concorda? Ainda tem algum ponto de discórdia? Ah, ok, fala mais, fala tudo, cara. Quero sua opinião, é importante. Pode falar mesmo que pareça uma besteira. Nada aqui é uma besteira. Fala.

Pedro queria uma empresa de poucas reuniões. Foi estabelecendo uma dinâmica de diminuí-las. Os líderes passaram a se encontrar em pequenas rodas de soluções de casos específicos, rapidamente resolvendo questões pendentes. Sem necessidade de encontros grandes formais, muitas vezes.

Enquanto a empresa decolava, havia ainda a necessidade de afinar a equipe da alta cúpula. O líder que se adequava à cultura que crescia tinha de ser não apenas o comandante, no sentido militar do general de batalha que direciona a tropa, mas muito mais o motivador e o educador. Era necessário adequar a linha de comando.

Todo ser humano é um poço de complexidades. Nem sempre o indivíduo se ajusta às peculiaridades culturais de um corpo institucional. O papel do líder é ajudar. Pedro:

– O líder educador tem de ser um aglutinador de pessoas em torno de seu comportamento e de seus ideais. Não basta o discurso. O comportamento tem de estar alinhado, para dar o exemplo. O líder quer, na verdade, conquistar o coração das pessoas, pois isso é o que move as companhias, é isso que as diferenciam: o coração com que as pessoas lidam com a empresa no dia a dia.

Acontece que um rei precisa tomar medidas impopulares, às vezes. Precisa enviar seus soldados à frente de batalha armados de um jeito que eles não estão acostumados. Cada exército tem as suas estrelas. Estrelas possuem ego. Lidar com elas requer franqueza, mas também habilidade diplomática do rei, comandante-em-chefe de suas tropas.

Na aviação comercial, o ponto central das relações trabalhistas está centrado na categoria dos pilotos. São tão cruciais para a operação das empresas quanto os médicos nos hospitais. Sem eles, não há voo, nem cirurgia de emergência no pronto-socorro.

Luiz Comar tem uma história:

– A Azul decidiu, logo no começo, que não teríamos forno no avião. Foi uma decisão econômica tomada pelo David, na hora de encomendar os aviões da Embraer e definir a configuração deles. Era algo que ele já conhecia, pois tinha feito o mesmo na JetBlue. Nos Estados Unidos, isso não era problema. Aqui, foi surpreendido pela reação dos pilotos.

A questão é que, sem o forno a bordo, o lanche das tripulações de voo seria sanduíche e bebidas. Entre um voo e outro, enquanto se desembarcam passageiros e entram outros, serve-se a comida do comandante, do copiloto, dos comissários. Na TAM e na Gol, principais concorrentes da Azul, os aviões têm um forninho e ali as tripulações esquentam suas refeições. Na Azul, não.

– Isso gerou uma revolta dos trabalhadores –, continua Luiz. "Vou comer comida fria, agora?" O piloto é o cara que voa. Faz parte de um grupo profissional muito exigente. Muitos deles vinham da Varig, estavam acostumados com a qualidade Varig. Nós também queríamos essa qualidade, mas sem o custo correspondente.

A insatisfação tinha que ser resolvida. Dentro da filosofia de comunicação aberta da empresa, isso tinha de ser solucionado cara a cara. O problema, inerente ao tipo de negócio que é a aviação, é reunir esses trabalhadores. Piloto está voando o tempo todo, tem uma escala a cumprir, desloca-se pelos céus do Brasil. Não frequenta os escritórios da companhia, seus horários não são os da rotina comum para a maioria dos mortais, nove da manhã às seis da tarde. Seu contato com a empresa se dá geralmente por meio de outro piloto, na hora que se encontra para assumir o voo, constituir tripulação.

Havia outros temas importantes envolvendo os pilotos. Miguel Dau recompila:

– Assuntos de escala, chegada de novos aviões, abertura de novas bases, quantidade de folgas. A Azul procurava usar bastante o tripulante, do ponto de vista de produtividade, ao mesmo tempo em que promovia uma quantidade maior de folgas. A Gol e a TAM davam o mínimo de folgas regulamentares por mês, que são oito. A Azul estava perseguindo onze folgas.

Pedro tomou uma atitude:

– Não quero que os pilotos tenham dúvida de que estamos sensíveis às questões deles e de que estamos aqui para resolver.

Decidiu ir a Viracopos pessoalmente, junto com Miguel Dau, conversar com os pilotos em algumas ocasiões. Isso exigia, às vezes, estar no aeroporto às quatro horas da manhã, horário de mudança de turno dos funcionários de terra e de presença dos pilotos que vão assumir os voos das primeiras horas da manhã. Em outras ocasiões, a escolha do horário da conversa era randômica, acontecendo de surpresa no meio da tarde ou no cair da noite, por exemplo.

– Nesse aspecto o Pedro foi espetacular – enfatiza Miguel –, nessa saga de a gente ir convencendo os tripulantes desse propósito da companhia. A gente sabia que a melhor forma não era só o discurso. O discurso tinha que vir acompanhado da prática. E veio. A escala de voo da Azul é reconhecida hoje como a melhor do Brasil.

Miguel é enfático:

– Pedro afiançou a credibilidade do processo. A sua forma apaixonada e transparente de se colocar foi o seu maior legado para a companhia, não só nessa questão.

A do forno custou, mas teve uma solução. Luiz:

– Foi complicado resolver. A gente montou uma logística para chegar uma comida quente lá para os caras. A área de Relações Humanas teve o trabalho de criar um cardápio saudável com nutricionistas e fazer acordos com concessionários de aeroportos para esquentar a comida deles. Só que, em alguns aeroportos, isso não funcionava. A comida da tripulação de voo é controlada, não dá para você encomendar o lanche dos pilotos na lanchonete da esquina. Alimentação é segurança de voo, diziam eles, e têm razão. Então, passamos a trazer a comida deles do *catering*. No aeroporto, conseguíamos um micro-ondas emprestado de uma lanchonete para esquentar a comida. Mesmo em Viracopos, a comida vinha do Aeroporto de Guarulhos, num caminhão refrigerado, mas, se o piloto embarcava cedo para Salvador, não dava para levar a comida para ele no avião. Aí contratávamos uma companhia de *catering* de lá.

No jargão do setor, *catering* é o sistema de fornecimento de alimentos, bebidas e tudo o mais que uma aérea serve a bordo para passageiros e tripulantes. Empresas especializadas prestam esse serviço, preparando e entregando as refeições.

Mesmo assim, sobravam arestas a aparar que demandavam o trabalho diplomático de Pedro para persuadir as tripulações.

– Se o piloto fosse fazer um voo para Cascavel – ilustra Luiz –, não tem serviço de *catering* lá. A comida tinha de ir no avião, mas não dava para esquentar.

A adaptação de iniciativas inspiradas na JetBlue à Azul não foi restrita ao caso da alimentação dos pilotos. Abrangeu também o serviço aos passageiros. Como os aviões Embraer vinham de fábrica sem os fornos, a pedido da aérea – tal qual a JetBlue fizera nos Estados Unidos –, aqui também caberia não oferecer um serviço de bordo tradicional. Seria algo ligeiro, com *snacks* – biscoitos, batata *chips*, amendoim –, refrigerantes, sucos de frutas. No entanto, ao contrário de lá, decidiu-se oferecer o serviço sem o carrinho de alumínio que transporta os sanduíches e bebidas na JetBlue.

As condições sociais do Brasil também condicionaram a formação de uma estrutura salarial distinta. Pedro pondera:

– Entendemos que as pessoas, aqui, precisavam de um plano de saúde. A companhia economizaria pagando um salário menor. Oferecia, em compensação, um plano de saúde, que era mais relevante do que ter o dinheiro em conta. Pelo fato de negociarmos em grupo com as empresas de convênio de saúde, conseguiríamos acordos melhores.

A atitude de assistência social que já acontecia espontaneamente por meio dos contatos de Pedro com os funcionários das bases, quando procurava saber da situação pessoal de cada um deles e se mobilizava para atender situações genuinamente sérias, evoluiu. Criou-se o programa Anjo Azul.

Instalou-se uma central telefônica que os tripulantes da Azul podiam acessar em busca de orientação para resolver pendengas jurídicas ou financeiras. Você está pagando juros altos do empréstimo no banco e o dinheiro não está dando no final do mês, você está entrando em desespero? Vai lá, negocia. Está tendo problema com a renovação do aluguel do apartamento? Ok, aqui vai um caminho.

Quando se cria algo novo, inspirado ou não em modelos anteriores, você corre o risco de errar. Faz parte do jogo. Luiz:

– A Azul sempre se propôs a divulgar a escala dos pilotos com muita antecedência, para dar melhor qualidade de vida a eles.

Até tentamos oferecer algo a mais: estabelecer o pagamento deles fixo. Porque piloto ganha por hora voada. Se voa pouco, ganha dois mil reais, digamos. Se voa mais, vai ganhar 16 mil reais. Na média, dá 12 mil reais, talvez. O salário fixo reduz os custos de gerenciamento e, ao mesmo tempo, garante melhor qualidade de vida para o cara.

Explica:

– Se a pessoa tem o holerite em mãos e sabe com antecedência quanto vai ganhar no mês seguinte, porque ganha por salário fixo e não por hora voada, que é variável, pode comprar uma televisão de quatro mil reais, em lugar de uma de dois mil.

Contudo, não rolou.

O erro também pode ocorrer por falha administrativa de leitura dos sinais. Johannes assume:

– O Pedro e eu cometemos este erro juntos: contratamos para gerente de aeroportos uma pessoa que nunca tinha trabalhado na indústria. Era uma pessoa de muita orientação ao cliente, um perfil que hoje na Azul funcionaria muito bem, mas, naquela época, no *start up* da companhia, não.

E por quê?

– Esse executivo precisaria estabelecer os padrões de funcionamento de aeroportos, os procedimentos. São muitos processos dentro do aeroporto. Sob o ponto de vista do cliente, você tem o check in, o embarque, o desembarque, a entrega de bagagem, o atendimento ao extravio de bagagem. Sob o ponto de vista da empresa, tem toda a interação com Operações: a administração da chegada da tripulação, do pessoal de manutenção, do abastecimento, da chegada da aeronave. São muitos processos. Imagina quem não é do ramo precisar organizar esses processos, manualizar isso. Aprender o negócio enquanto o constrói é muito difícil. Ele fez bastante, trabalhou na companhia por um ano, mas cometeu muitas gafes. Patinamos bastante.

Esse foi o segundo erro de escolha de líder em aeroporto. Antes, a Azul havia escolhido para gerenciar Viracopos um profissional veterano, experiente, que trabalhava na TAP, a empresa aérea portuguesa. Sabia tratar os clientes bem. O problema é que estava acostumado a atender dois aviões por dia, diz Pedro. Não estava preparado para a avalanche que foi o crescimento da Azul, ampliando rotas e recebendo aviões na frota à velocidade estonteante.

A empresa começou a voar em dezembro de 2008 com três cidades na rota de malhas. Dois anos depois, já estava voando para 28 cidades, com uma frota de 26 aeronaves, operando 200 voos diários. Mais um ano e já eram 42 cidades na rota, frota de 49 aviões e 350 voos diários.

Lembra-se da questão do rei, certo? O representante arquetípico da função de liderar. O grande desafio é que o rei precisa proteger seu reino, fazê-lo expandir-se, se possível, mobilizar as forças da nação, dar um rumo ao povo, motivar sua gente, conseguir que todos trabalhem pelo bem comum de tal modo que cada um encontre ali motivações também pessoais.

Para fazer isto, não pode cair no extremo do exercício autoritário e déspota do poder, pois então se torna destrutivo, acaba com o reino. Nero põe fogo em Roma. Não pode tampouco fugir à responsabilidade, vacilando em agir. O faraó Aquenatón descuida-se da administração do Egito, deixando o país vulnerável ao não responder ao alerta de seu general Horemheb de que inimigos se aproximam da fronteira, dispostos a invadir.

Precisa, às vezes, identificar uma situação complexa – da qual pode não ter todos os elementos lógicos em mãos –, escolher em quem confiar e proteger seus aliados, sobretudo quando o tema em foco envolve inovação, com a consequente quebra de modelos mentais de boa parte de seus comandados habituados, pela experiência, a procedimentos antigos.

Toda atividade humana está sujeita a riscos, várias estão sujeitas a riscos que envolvem danos materiais pesados e perdas de vidas humanas. Poucas se preparam tão preventivamente, buscando evitar o pior, como a aviação comercial.

O sistema que transforma essa atitude em ação nas empresas aéreas é o Centro de Controle Operacional. Na Azul, o Centro é responsável por garantir a segurança, um dos pilares de sustentação da atividade da empresa.

Um dos segredos para cumprir seu papel com eficiência é adotar uma postura proativa. Isso inclui um Plano de Resposta e Emergência de abrangência nacional, um Plano Local de ação em cada base da companhia, um Centro de Gerenciamento de Crise, equipamentos dedicados – estação de rádio, linha telefônica de chamado gratuito para o público externo – e uma Sala de Crise dotada de infraestrutura para atender acidentes, incidentes ou crises propriamente ditas. A infraestrutura compreende sistema de internet, biblioteca técnica e televisão a cabo. Integram a equipe de alto nível da Sala de Crise apenas executivos selecionados do alto escalão, mais o gerente do Centro de Controle Operacional e um gerente de crises, além do presidente do conselho de administração e do presidente executivo. O vice-presidente de operações assume também o papel de diretor de emergências.

Entretanto, não bastam instalações e equipe dedicada. Nada vai funcionar a contento se não houver uma cultura de segurança instalada. E nada vai dar certo se essa cultura não estiver afinada com os valores-matrizes da organização; na Azul: *Segurança, Consideração, Integridade, Paixão, Inovação e Excelência.*

O comandante Augusto Nunes, primeiro piloto contratado pela empresa, carioca de fala discreta e gestos comedidos, daquelas pessoas com ar de confiável a quem você revelaria uma confidência, foi o encarregado de desenvolver e instalar o sistema de gerenciamento de segurança operacional da companhia. Já tinha participado, na Varig, da implantação do *Flight Operatio-*

nal *Quality Assurance* (FOQA), método internacional de monitoramento de dados de voos que permite melhorar a segurança operacional, recebendo de Miguel Dau carta branca para trabalhar na Azul. Foi a oportunidade de sua vida:

– Toda empresa aérea, por legislação, precisa ter uma política, um manual, programas de segurança operacional e um responsável. O comandante Miguel confiou a mim a missão e aí achei que poderia inovar. A gente criou uma filosofia muito própria, muito pouco apoiada em publicações do ramo. Uns 90% de todo o mundo usa uma linha norte-americana de pensar segurança. Eu trabalho numa vertente alternativa que tem eco em pensadores de segurança dos países nórdicos. Quis trazer alguns conceitos novos para isso e botar na prática. A maioria das inovações foi dando certo. A dificuldade era mudar o pensamento, principalmente dos que tinham um histórico na aviação. Muita gente estranhou e não entendeu.

Foi nesse contexto histórico que Pedro Janot chegou à Azul. Augusto lembra:

– Por legislação, e faz sentido ser assim, a área de segurança é subordinada diretamente ao presidente, para que você, da área, possa ter acesso liberado a tudo, reportando-se apenas a ele. Era uma gerência geral que, na prática, gozava *status* de diretoria. O Pedro chegou sem estar contaminado com nenhum histórico de aviação, que era o lado positivo, apesar do lado negativo ser o fato de ele trazer a natural ignorância do tema. Então, eu tinha que traduzir para ele em reuniões de poucos minutos meus quase 30 anos de história de segurança. Tive de ir cavando tempo na disputada agenda do presidente para explicar meus conceitos.

Mas qual era a diferença entre a abordagem de Augusto e a tradicional, que os profissionais veteranos defendiam?

– A linha norte-americana é newtoniana, de causa e efeito. Bom, todo mundo fala assim: o avião caiu, mas por quê? Caiu porque faltou combustível. Faltou combustível, por quê? Porque não abasteceram o suficiente. Mas por quê? É a linha dos porquês. Para investigar um acidente, você tem de andar no mínimo cinco porquês para trás. Ação e reação. É o efeito binário, sim ou não, preto ou branco. Isso faz muito sentido se você olhar o evento de trás para a frente. Você consegue relacionar as causas e efeitos.

Mas isso, para Augusto, não é segurança. É insegurança:

– Você trabalha do ponto de vista do que já deu errado. Aí você descobre que tem alguma coisa a ser consertada. Conserta então aquela coisa ou um erro latente que pode replicar aquele mesmo problema noutra oportunidade. É a teoria da causa-raiz ou dos fatores contribuintes. Mas como eu poderia aplicar isso numa empresa como a Azul? Qual era o histórico de acidentes e incidentes da companhia? Zero, estava começando. Nessa linha, eu preciso que algum acidente aconteça para eu consertar o sistema. Mas como eu vou fazer o trabalho preditivo antes que um acidente aconteça? Tem algumas ferramentas; você pode fazer uma auditoria, buscar as melhores práticas. Mas eu achava isso muito pouco.

Qual seria a solução?

– A minha teoria é a seguinte: quem faz segurança são as pessoas que têm a capacidade de tomar decisões na linha de frente ou do ponto de vista estratégico, já que elas se desdobram no interior da empresa. A segurança é um *mindset* de tomada de decisão. Então, você tem de trabalhar para que o camarada possa tomar decisões, entendendo o impacto delas em termos de segurança. Em lugar de investir numa segurança que vai lá investigar o que estava quebrado para consertar, a gente investiu mais energia em criar maneiras de pensar, educar e capacitar as pessoas a tomarem melhores decisões do ponto de vista de segurança.

Tem mais:

– A metodologia de causa e efeito é totalmente ineficiente para a prevenção. Existe aquela máxima de que é sábio aprender com os erros dos outros, mas muito pouca gente fala sobre aprender com os acertos. Isso era um desafio na Azul, jovem e tendo sucesso todos os dias, comemorando os acertos. Essa era a maior ameaça da empresa nascente, em segurança. Uma empresa de sucesso e que não tinha histórico. Poderia se descuidar da segurança. O cenário estava pronto para a falha. Aí trabalhei o conceito de resiliência organizacional, trazendo tanto para o executivo quanto para o operador da ponta a ideia de que ele não precisa apenas seguir as regras. Precisa se adaptar sempre, tomar novas decisões todo dia. A empresa estava crescendo, o ambiente operacional se tornando complexo e a solução de ontem não necessariamente serviria para o desafio de amanhã. Além disso, você vai precisar comunicar essa adaptação que fez para a área de segurança, para que ela valide a decisão e a transforme em aprendizado corporativo. É criar um círculo virtuoso. É estabelecer um padrão de tomada de decisões que poderá ser subvertido também amanhã.

Mindset: padrão de crenças, métodos e procedimentos que condicionam mentalmente as pessoas, formatando seus comportamentos. Todo mundo que já precisou mudar a configuração mental de alguém de pensamento congelado na experiência passada sabe o quão difícil é trazer a pessoa para um padrão focado na inovação. É como se estivéssemos presos a olhar sempre o presente com os olhos de ontem. Quase nunca estamos enxergando o agora; estamos vendo o hoje com as lentes embaçadas de ontem. Fazer o eixo focal da mente desprezar o condicionamento do passado para focar o aqui e agora com o olhar virgem era o grande desafio de Augusto.

– Foi bastante complicado. Você ia numa reunião para examinar uma falha de carregamento de uma aeronave, por exemplo. Alguém dizia, "o fulano de tal errou o balanceamento". Tudo bem, a gente não tem uma cultura punitiva, de condenar quem cometeu o erro. Mas aí diziam, "vamos retreinar o camarada para que ele não erre de novo". Aí o representante da segurança diria, "negativo, desculpe, essa solução para mim não é boa.

A solução boa é saber de que maneira eu modifico o sistema, porque eu que vou ter de retreinar esse e retreinar todo mundo, porque outros que têm o mesmo nível de capacitação dele, enquanto não forem retreinados, também vão errar. E se eu retreinar para uma situação específica, podem surgir novos desafios, novas capacidades para as quais precisarão ser preparados".

A implicação disso tudo?

– As soluções têm de ser sistêmicas, nunca pontuais e individuais. Isso foi uma quebra de paradigma muito grande. Mesmo na aviação, que é o setor de atividade humana mais avançado em segurança, as ferramentas são muito reativas. Já as ferramentas proativas são subjetivas, não mensuráveis. Você tem de sair da armadilha daquela máxima que diz que, se você não consegue medir, não consegue gerenciar. Na realidade, eu estava propondo alguma coisa que não se media com a mesma fita métrica com a qual se mede o tradicional. Por isso, enfrentei muitos questionamentos, porque as métricas que eu trazia eram desconhecidas.

> O balanceamento de um avião consiste na distribuição do peso do carregamento – passageiros, tripulantes, combustível, malas, carga – ao longo da aeronave, de acordo com os parâmetros do fabricante e com as condições específicas do voo, a partir de cálculos complexos, de maneira a garantir o controle e a estabilidade. Excesso de peso na traseira pode provocar instabilidade, por exemplo. Um balanceamento desastroso pode levar à queda da aeronave. Profissionais especializados, os despachantes de voos, preparam os balanceamentos dos aviões nas empresas aéreas, com a ajuda de computadores.

Paradigma, na nossa sociedade, é o modelo mental que, na ciência e em todas as áreas de atividade, condiciona o modo como percebemos a realidade e como fazemos as coisas. O paradigma reativo que Augusto menciona é o modelo que molda a resposta aos problemas de segurança a partir da experiência do passado. O modelo proativo, ao contrário, antecipa probabilidades, projeta-se para o novo. O paradigma sistêmico, por sua vez, não considera o fato problemático de um evento como algo isolado, cuja solução seria pontual. Ao contrário, prediz a necessidade de uma abordagem dinâmica, contextual e integrada, na qual o fato individual faz parte de um conjunto de ações e condições, numa mescla interativa entre fatores objetivos e situações subjetivas. Para lidar com essa realidade múltipla e diversificada, não basta o raciocínio lógico linear, costumeiramente predominante no mundo corporativo. É fundamental também o emprego da capacidade intuitiva e da inteligência emocional.

Augusto estava em maus lençóis para introduzir o novo paradigma de segurança na Azul. Precisava que seu chefe o socorresse.

– O Pedro tinha de ser o meu anjo da guarda para que eu pudesse resistir às pressões corporativas naturais, porque eu era o cara que sempre tinha as notícias ruins para dar. Enquanto a empresa estava comemorando o sucesso do aumento do transporte de carga no mês anterior, eu era o cara que ia lá dizer que 10% das cargas estavam mal colocadas no avião e que precisávamos melhorar.

A situação era delicada:

– A única maneira de eu me sustentar era o meu chefe comprar a minha ideia, e falar, "esperem aí, este garoto está aqui embaixo da minha asa, com ele ninguém mexe". E eu tive esse apoio muito mais pela empatia e pela capacidade do Pedro perceber, respirando o *feeling* da situação, que algo de muito bom estava acontecendo. Muito mais isso do que ele estar à vontade, como gestor, com um indicador que o levasse para uma zona verde, de conforto. Aos poucos, ele foi transformando, pela intuição, esse *feeling* em algo mensurável.

Um exemplo?

– Os relatórios de segurança, que todos os funcionários são obrigados a preencher, do piloto ao cara da contabilidade, quando presenciam ou ocasionam um evento que pode impactar a segurança. O autor não precisa se identificar. E não manda para o chefe dele. Manda para um terceiro, que é a área de segurança, onde sabe que o relatório vai ser tratado com ética, confidencialidade e consideração. Ele precisa de um abrigo onde possa expor sua história. Para que essas histórias sejam contadas, você tem de promover um ambiente de confiança.

Quando concede entrevista a este autor, em outubro de 2013, Augusto aponta que, num período recente de 12 meses, recebeu cerca de quatro mil relatórios voluntários de segurança, um indicador de confiabilidade no sistema. As pessoas querem contar suas histórias – o que, pelos seus levantamentos, é inédito no mundo, no transporte aéreo. A quantidade e a qualidade das histórias – cada vez melhor – são ferramentas muito mais ricas do que indicadores meramente numéricos. As histórias são classificadas, agrupadas, permitindo tanto a interpretação do que deu errado quanto do que deu certo.

Voltemos então ao exemplo arquetípico do rei. Puxemos seu valor simbólico para uma comparação com o mundo corporativo moderno. O líder inovador tem de andar na corda bamba das pressões e forças diversas, construindo o equilibrado caminho do meio. O desafio pede que, em algum momento da sua curva de aprendizado – o líder é também um aprendiz –, procure inspiração em outros líderes, solidificando seus próprios passos a partir de lições que possa extrair de outras jornadas.

Para isso, existem as histórias.

GRANIZO E TEMPESTADES

Pode ser que você imagine que um típico executivo de ponta de uma grande empresa faz sua formação profissional debruçando-se sobre as teorias administrativas clássicas de universidades famosas, no Brasil ou no exterior. Escolas de alto nível e respeito no mundo corporativo, dotadas de abordagem educacional convencional.

Bem... esse executivo não é Pedro Janot.

Isso não quer dizer que não tenha aprendido ou que não tenha investido em sua formação, nos tempos de universidade. Fez a graduação em administração na Universidade Cândido Mendes, no Rio de Janeiro, após quatro anos no curso de engenharia. Também fez um MBA (Mestrado em Administração de Empresas) do Programa de Desenvolvimento Gerencial da PUC-Rio, reservado a executivos de alto nível. Dedicou-se.

Se você lhe pergunta, porém, que livros técnicos dessa época o marcaram, a resposta vai ser franca e direta: nenhum. Não que não os tenha lido. Vai dizer que fez uma leitura cruzada deles, mas nenhum causou impacto duradouro.

É bom entender. Evidente que as boas universidades de negócios no mundo têm grande mérito, reúnem conhecimentos importantes, merecem o respeito que conquistaram. Inevitavelmente, porém, tendem a transportar uma visão de mundo peculiar, representando modelos de atuação capitalista que deram certo em determinados contextos sociais, econômicos e históricos. O modo de entender os negócios, a economia e as empresas pela Universidade de Chicago, por exemplo, onde nasceu a famosa Escola de Chicago que influenciou meio mundo, pode ter dado muito certo na América do Norte. Ajudou a alavancar o nosso vizinho sul-americano, o Chile, ao patamar de importância econômica que tem hoje no mundo. Tudo bem.

Ao mesmo tempo, esses modelos, dos quais essas universidades são baluartes, significam um modo de entender e praticar o processo de ensino e aprendizagem. E quem disse que só se aprende por livros técnicos sisudos, escritos em linguagem formal que lhes garanta uma aura de seriedade e validade?

Essa linha pode dar certo com um estudante londrino, talvez, introvertido e lançado aos livros pelo tempo cinzento, frio e sem graça de Londres. Ou com uma estudante alemã, acostumada desde cedo a grandes voos de análise racional que a poderosa tradição filosófica de seu país incute na cultura do povo.

Acho que você aceita meu raciocínio de que essa abordagem educacional, se deu certo no hemisfério norte, pode não ser a ideal aqui abaixo do Equador, sob o sol dos trópicos e a exuberância das praias, concorda? Pelo menos não no Rio de Janeiro. Pelo menos não para alguém que cresceu velejando, como veremos mais adiante neste livro.

Pedro só honra para valer, dessa categoria dos livros – digamos, técnicos – de negócios, *O Relatório Popcorn*, de Faith Popcorn, publicado no Brasil pela editora Campus. Mesmo assim, não é uma obra convencional.

Faith é considerada uma futurista dos negócios. Ex-publicitária, tornou-se consultora de marketing. Seu livro antecipa, no final do século XX, as tendências culturais que preveem o comportamento dos consumidores na virada para este século que estamos vivendo agora. Traz a metodologia e as técnicas de suporte que levantam as pesquisas sobre as quais se baseia. Sugere algumas lições para empresas que queiram se manter na dianteira do mercado. Aponta sinais de como o marketing *precisaria* mudar.

Para entender que tipo de profissional é Pedro e seu papel na história da Azul, esse livro traz algumas luzes. Contudo, não é o suficiente, pois seu caminho de aprendizado trilhou outras opções muito menos convencionais.

Entre seus livros favoritos, mostra-me em sua casa, numa tarde paulistana sem o frio de Londres, mas longe do calor do Rio, *Endurance: a lendária expedição de Shackleton à Antártida*. O livro é assinado por Caroline Alexander, tem fotos de Frank Hurley, um dos expedicionários, foi publicado aqui pela Companhia das Letras.

Conheça a história do livro, entenda seu protagonista e você conhecerá mais Pedro Janot. Conheça Pedro e entenderá melhor suas ações na Azul.

> É o começo do século XX. As grandes potências europeias vivem ainda uma fase tardia do apogeu da era colonial. Chegam ao auge da longa e grande fase de conquista de predomínio sobre boa parte do mundo. Graças à ciência, à tecnologia, ao sistema capitalista crescente e à ambição expansionista, iniciada alguns séculos antes na era das grandes navegações e descobertas, o poder, a cultura e a mão colonialista, os europeus já têm sua presença marcada nas Américas, na África, na Oceania, na Ásia. Mesmo onde suas antigas colônias conquistaram a independência, ainda são presença influente.
>
> O Império Britânico é então o maior de todos que a humanidade já viveu. Dizem as boas línguas de Sua Majestade que, no Império, o sol nunca se põe. A qualquer das 24 horas de um dia, em pelo menos algum lugar haverá uma terra, possessão ou colônia britânica iluminada pelo sol. Quando for a penumbra das cinco horas da manhã em Lon-

dres, já serão sete horas na ensolarada Nairóbi, no Quênia, uma das joias da Coroa na África. Quando o Big Ben marcar as seis da manhã sem promessa de luz em Londres, o sol estará caminhando para o alto do céu nas 10h30 da manhã de Bombaim, cidade-orgulho da Índia, portão de entrada imperialista dos súditos a serviço do Leão Britânico e que ainda vão ter o dissabor de conhecer, no futuro, o poder demolidor do pacifista teimoso Gandhi.

O ímpeto explorador dos europeus ainda está muito vivo, especialmente na Inglaterra. Mas o que há para conquistar, se parecem ter chegado a todos os rincões habitados pelo ser humano neste planeta? Onde falta aos pés europeus chegarem?

Ao Polo Norte e ao Polo Sul, pontos geográficos extremos da Terra, locais onde o eixo de rotação do planeta intersecta sua superfície. Dos dois, o Polo Sul é o que atrai mais a atenção do mundo, parece galvanizar um glamour em torno de seu nome, acende como faísca a imaginação popular. É de se entender. O Polo Norte está situado na região ártica, um território relativamente conhecido, algo habitado. Já o Polo Sul está localizado na Antártida, o sexto e único continente não habitado da Terra, o único onde nunca houve povos nativos.

Nesse apogeu da era exploratória, os europeus já conhecem o grande continente branco. Desde o século XIX, navios baleeiros frequentam as vulcânicas ilhas Sandwich do Sul, próximas ao continente. Já navegam pelo Mar de Weddel, imediatamente ao norte, e pelo Mar de Ross, ao sul, ambos parte do oceano antártico. Já descobriram e batizaram os montes Érebro e Terror, ambos vulcânicos, com 3.794 e 3.230 metros de elevação, respectivamente. E está em vigor um acordo de exploração científica do também chamado grande deserto branco, iniciativa da Grã-Bretanha e da Alemanha, à qual se juntam outros países.

Na virada do século XX, o grande foco passa a ser a conquista do Polo Sul. Um eufemismo, certo, querendo dizer simplesmente a jornada do ser humano para colocar os pés uma primeira vez no extremo meridional do planeta. Algo como seria no futuro a aventura de colocar os pés na lua.

Que jornada, porém! Que aventura rumo ao último território realmente desconhecido, que nunca registrara presença humana!

O tamanho da encrenca: 98% da superfície do continente – de cerca de 14 milhões de quilômetros quadrados, menos do dobro do tamanho do Brasil – é coberta por um manto de gelo com espessura média de dois quilômetros de profundidade. O manto também forma enormes plataformas de gelo que deslizam da costa para o mar, formando gigantescas barreiras flutuantes. A maior delas, a de Ross, tem 487 mil quilômetros quadrados, área maior que a da Itália, que tem 301 mil quilômetros quadrados. A temperatura média na costa, no verão, é de 10°C negativos, chegando a 40°C negativos no interior do continente. A temperatura mais baixa já registrada no planeta foi lá, 89°C negativos. Quase nunca chove, o ar é o mais seco da Terra e ventanias de cerca de 100 quilômetros horários de velocidade são frequentes por vários dias seguidos.

Para chegar ao Polo Sul, os aventureiros vão ter que enfrentar todos esses obstáculos para desembarcar na costa e, aí, seguir por terra alguns milhares de quilômetros sob essas condições absolutamente inóspitas, traçando uma rota pioneira. Como felizmente na diversificada fauna humana há de tudo, gente com espírito desbravador vai surgindo para essa jornada rumo ao último território virgem do planeta.

O irlandês Ernest Shackleton é um deles. Oficial da Marinha Mercante inglesa, integra-se à equipe da Expedição Discovery, comandada por Robert Scott, oficial da Marinha de Guerra britânica. A aventura vai de 1901 a 1904, tendo como propósito declarado realizar pesquisas científicas e geográficas. Mas inclui um segmento a pé e de trenó puxado por cães com o objetivo de chegar à latitude mais sul possível. Isto é, miram o Polo Sul.

Shackleton é um dos quatro integrantes que realizam a parte suprema da aventura, mas a abortam quando estão a 850 quilômetros do destino. O caminho de volta leva 93 dias, o grupo percorrendo 1.540 quilômetros. Shackleton adoece de escorbuto e é enviado de volta à Inglaterra por Scott, contra sua vontade. Não participa, assim, de outras etapas da expedição.

Quando Scott volta, é aclamado herói. E nasce uma rivalidade forte com Shackleton, pois, em seu relato público da aventura, em livro, insinua que a doença deste foi a razão de o grupo não ter avançado mais ao sul ainda. Acontece que Scott é um líder autoritário, havia imposto disciplina militar rígida sobre sua equipe, formada por marinheiros militares e mercantis, além de cientistas, desagradando a muitos. Por trás da aura de herói, vai existir na sombra o que Shackleton testemunhara e que só anos depois seria revisto: houve falhas brutais de planejamento, incluindo a inabilidade da equipe com cães e trenós.

Ambos tornam-se concorrentes. Shackleton monta sua própria aventura, a Expedição Nimrod, que, em janeiro de 1909, chega com três companheiros a apenas 180 quilômetros do Polo Sul geográfico. O recorde garante-lhe o título de Sir, que lhe abre portas para a perseguição do sonho apenas adiado: o que quer mesmo é liderar o primeiro grupo de seres humanos a pisar no ponto geográfico mais meridional do planeta.

Scott também quer isso com todas as forças. Em janeiro de 1912, ao finalmente conseguir chegar ao Polo Sul liderando a Expedição Terra Nova, tem o dissabor de descobrir que 34 dias antes lá chegara o grupo que competia com ele, liderado pelo notável explorador polar norueguês Roald Amundsen e com mais quatro integrantes, os primeiros a atingirem o local.

Se não bastasse a derrota que lança o orgulho britânico para o fundo das águas geladas da Antártida, o pior estaria por vir. No triste caminho de volta à base de apoio, a 1.300 quilômetros, o frio intenso, as nevascas, a fome, a deterioração das condições físicas, a exaustão e o desencontro com a equipe de resgate somam-se para a tragédia. Scott e seus quatro companheiros da fase culminante da Terra Nova jamais conseguem voltar da louca corrida contra a inesperada concorrência norueguesa.

Quer então o destino que Shackleton não seja o líder do primeiro grupo de humanos a chegar ao Polo Sul. Esse propósito já não faz sentido. A corrida para sua conquista já acabou. Os britânicos estão humilhados pela eficiência norueguesa no planejamento logístico e operacional da empreitada, assim como no domínio da arte de esquiar e percorrer longas distâncias em trenó. Contudo, sua alma de explorador continua vibrante. O novo sonho, então, é cruzar o continente antártico a pé, tomando como inspiração iniciativas anteriores que fracassaram. O destino está desenhando que o irlandês, agora Cavaleiro da Rainha, não vai entrar para a história como o primeiro a fazer isso, mas ninguém sabe ainda.

O que Shackleton está fazendo, mas o mundo ainda desconhece, é desempenhar um novo tipo de liderança. A primeira marca é ter um sonho e saber focá-lo com toda a intensidade até o âmago das suas células mais ocultas no mais íntimo do ser. Até os ossos doerem. É fazer o olho brilhar com o mundo que só você antecipa e, com isso, conduzir o olhar do outro na mesma direção.

A segunda é aliar ao sonho o senso prático, indo atrás dos recursos que vão viabilizar sua aventura. Capacidade de convencimento, sedução e humildade para bater na porta dos poderosos. Shackleton é Sir, mas não tem dinheiro; no fundo, é um simples oficial de marinha mercante. Vai à caça de apoio como infatigável cão perdigueiro, mesmo que seu faro lhe negue fogo uma vez ou outra. Palestras, conferências, entrevistas à imprensa, encontros sociais, reuniões reservadas com possíveis investidores e autoridades governamentais, tudo serve ao propósito de mobilizar apoio moral da opinião pública e suporte financeiro, incluindo venda antecipada de direitos fotográficos, de cinema e de relatos.

A terceira é montar um plano estratégico detalhadamente pensado. O irlandês concebe uma ação envolvendo dois navios. O *Endurance* levaria a equipe principal até a Baía de Vahsel, onde um time de seis integrantes, liderado por ele próprio, começaria a travessia transcontinental. O *Aurora* transportaria uma equipe de suporte para o lado oposto do continente. Abasteceria também de suprimentos e combustível barracas de apoio ao longo da jornada de 2.900 quilômetros que Ernest faria esquiando e com trenós tanto a motor quanto puxados por 69 cães trazidos do Canadá.

A quarta é saber escolher sua equipe. E é nesse item que o irlandês começa a se diferenciar diametralmente de seu falecido rival. Quando entrevista o físico Reginald James, candidato a compor a equipe científica da expedição, Shakleton não se preocupa tanto com suas qualidades profissionais. Quer saber se o cientista sabe cantar. Atitude, astral, temperamento e caráter são tão ou mais importantes que qualificações formais.

É importante agora o leitor saber por que o irlandês desistira do Polo Sul na expedição anterior, a tão poucos quilômetros do destino: considerou que não havia condições de conduzir seus homens até lá e regressar à base de apoio em segurança. Não valia a pena colocar as vidas em jogo. De fato, o retorno foi dramático, a equipe sacrificando os cavalos da expedição para comer carne fresca e assim combater tanto a fome quanto o escorbuto. Todos se salvaram.

Nessa sua expedição mais notável e que lhe daria a reputação para a qual entraria para a história, Shackleton não vai se notabilizar pela qualidade essencial de tenacidade, apenas, fundamental para um líder. Já voltara de duas excursões ao Polo Sul derrotado, sem alcançar a meta tão almejada. Nessa terceira, a Expedição Antártica Imperial, vai revelar ao mundo como um líder de primeira grandeza conquista a lealdade de seus homens.

Tudo dá errado. Quando finalmente o *Endurance* zarpa para começar a grande aventura, em 8 de agosto de 1914, fazia cinco dias que a I Guerra Mundial começara. As atenções inglesas não poderiam mesmo estar voltadas para a expedição. Quando chega às águas antárticas, o navio é congelado. Os meses passam, a chegada da primavera em setembro de 1915 não o liberta. Ao contrário, o gelo que se quebra coloca enorme pressão sobre o casco. Em novembro, o navio afunda.

Presos a uma banquisa onde montam acampamento, os homens têm esperança de que vão ser levados pelas correntes a uma ilha a 402 quilômetros de distância onde há provisões, conforme o plano original. Não dá certo. O irlandês ordena a mudança de acampamento para outro banco de gelo, esperando melhor sorte. Nada acontece como deseja. A banquisa se parte em duas em abril de 1916.

Shackleton ordena abandono da banquisa em três botes com os quais chegam à Ilha Elefante, a 556 quilômetros do naufrágio do *Endurance*, após uma extenuante e pavorosa travessia de mar que dura cinco dias. Mas não é a solução. A ilha é tremendamente inóspita, está longe das rotas de navegação. O irlandês decide então preparar o melhor dos botes – mas de apenas seis metros de comprimento – para uma arriscada navegação de 1.287 quilômetros em mar aberto em direção à Ilha Geórgia do Sul, onde sabe que há uma estação baleeira e, portanto, socorro. Escolhe cinco de seus homens, liderando a arriscada travessia, aproximando-se do destino 15 dias depois.

Só que uma terrível tempestade de ventos fortíssimos impede o desembarque. Precisam contorná-la, desembarcando sob grande perigo de serem jogados às rochas num ponto distante da estação baleeira. Dividindo o grupo em dois, deixando a metade no local de desembarque, Shackleton lidera uma caminhada de 51 quilômetros e 36 horas por terreno montanhoso tremendamente acidentado para chegar a Stromness, a estação baleeira administrada por noruegueses.

Quase sem descanso, providencia o resgate dos seus três homens na outra ponta da Geórgia do Sul, enquanto pessoalmente comanda a excursão de salvamento dos outros 22 náufragos na Ilha Elefante. Três vezes tenta, três vezes o gelo o impede de prosseguir.

Procura ajuda. O governo inglês pouco pode fazer, às voltas com as demandas mais urgentes da guerra. Apela então para o governo chileno, que envia o rebocador *Yelcho*, da Marinha de Guerra, e este se junta a um baleeiro inglês no resgate. Todos são salvos em 30 de agosto de 1916 e levados de volta à civilização para Valparaíso, onde são recebidos com calorosa aclamação popular.

Mas ainda há problemas. O outro navio da expedição, o *Aurora*, fora arrastado para o mar por forte tempestade. Seus homens, que haviam cumprido a tarefa de espalhar suprimentos, ficaram ilhados. Depois de meses à deriva, o navio foi dar na Nova Zelândia, onde Shackleton toma o comando para ir resgatar os últimos membros de sua equipe, dos quais três tinham falecido.

Derrotado frente aos objetivos explícitos, vitorioso na enorme batalha moral que enfrenta. Shackleton entra para a história como o herói da maior saga de resgate da história da humanidade. Ícone do líder que coloca a integridade de seus comandados acima de tudo, honrando-os como iguais.

Quando abandonam o *Endurance*, montando acampamento na banquisa sob temperatura de 25°C negativos, Shackleton "sorteia" os 18 melhores sacos de dormir, de pele, em princípio reservados para os oficiais da expedição, entre os subalternos menos qualificados. Ao definir a composição das barracas, escolhe para a sua os homens mais difíceis de lidar e que não se dão bem com os demais.

Para manter seus homens unidos, "visitava as barracas uma de cada vez, parando em cada uma delas para contar histórias, recitar poesias ou jogar bridge", conta Caroline na página 137. Toma medidas aparentemente ilógicas, mas cheias do que hoje entendemos por inteligência emocional. De vez em quando, em conluio com o cozinheiro, quebra a rotina da comida racionada, mandando servir três abundantes refeições num mesmo dia, em celebração de alguma coisa, mesmo que o "banquete" seja exclusivamente constituído de carne de pinguins e focas que os homens tenham podido caçar num lance inesperado de sorte.

Atento a manter o moral de todos elevado e a cuidar dos liderados em meio às duríssimas provações que passam, não hesita em mudar de ideia quando necessário, adaptando seu plano de ação conforme as demandas. Caroline, página 145:

> Sua decisão de mudar de rumo mais uma vez e, a qualquer custo, tentar chegar à terra mais próxima foi tomada porque percebeu que estava correndo contra o tempo para salvar as vidas de muitos de seus homens. Não podia mais dar-se ao luxo da cautela.

Às vezes, aproxima-se do sacrifício. Quando o fotógrafo Frank Hurley perde as luvas na terrível travessia à Ilha Elefante, dá as suas a ele. E ganha como resultado frieira nas mãos.

Mas o que leva de vitória?

Um trecho de suas anotações, reproduzido por Caroline, página 191, é autorrevelador:

> Em memórias estávamos ricos. Tínhamos penetrado além do verniz superficial das coisas. Tínhamos sofrido, passado fome e triunfado, sido humilhados, mas visto a glória, e crescido na grandeza do todo. Tínhamos visto Deus em Seus esplendores, ouvido o texto que a Natureza segue. Tínhamos atingido a alma nua do homem.

É igualmente reveladora a leitura de Caroline sobre o maior legado desse grande aventureiro, que escreve sua melhor página pelas linhas tortas da aparente derrota, na página 223:

> Por trás de cada palavra e de cada gesto bem calculado, havia a determinação obstinada de fazer o melhor para seus homens. No cerne do talento de Shackleton para a liderança em momentos de crise, estava uma convicção adamantina de que os indivíduos comuns eram capazes de façanhas heroicas se as circunstâncias o exigissem; os fracos e os fortes podiam e precisavam sobreviver juntos. A mística que Shackleton adquiriu como líder pode ser atribuída em parte ao fato de ter conseguido extrair de seus homens uma força e uma resistência que eles jamais imaginaram possuir.

Endurance. É o nome do navio. Resistência. Que podemos traduzir também por uma palavra de nossos dias atuais: resiliência. Capacidade de resistir aos embates mais duros da vida, adaptando-se mental, física e emocionalmente às circunstâncias mais terríveis com flexibilidade, sem entrar em surto.

Essa qualidade ainda vai ser muito importante na vida de Pedro Janot em grau extremo, mas, por enquanto, olhando do presente para o passado na sua linha de tempo, para a fase inicial de Azul, quem iria adivinhar que as pressões representavam desafios respeitáveis por elas próprias, mas também ajudavam a aquecer sua fibra para o que veria depois?

– A resiliência e a solidão andam juntas – comenta Pedro. – Sou capaz de sofrer pressões pesadíssimas de maneira solitária, de tomar decisões sozinho, de seguir o rumo sozinho, porque consigo enxergar a estratégia de um projeto com muita facilidade, enxergar o final da história, lá adiante. Daí minha admiração pelo herói solitário. Mas, ao mesmo tempo, tenho uma capacidade outra, a de lidar com equipes muito grandes, de motivar pessoas a seguir um caminho. São duas coisas opostas, a minha característica solitária muito forte e a minha capacidade de viver em grupo.

Mostra o que está ao seu redor, agora, na sala de sua casa. Provoca este escritor:

– Por isso é que li esses livros. Agora que você me cutucou com a vara curta, vou separar mais uns. Tem livros espalhados pela casa. Relatos de naufrágios, relatos de conquistas históricas. Todos trazem esse espírito aventureiro, histórias de estresse total, de avanço para o desconhecido.

O planejado e o desconhecido. O previsto e a surpresa. O líder tem de responder às distintas demandas de sua jornada caminhando com eficiência e originalidade por uma rota de extremos. Principalmente se quer liderar pelo exemplo.

Voltemos no tempo.

A criação de uma empresa aérea no Brasil segue etapas definidas pelas normas governamentais que regularizam o setor, pois, como vimos, voar comercialmente, como um negócio, é concessão do Estado. Os interessados tramitam seus pedidos pela Agência Nacional de Aviação Civil, a Anac.

Um primeiro passo básico é a obtenção da Autorização de Funcionamento Jurídico, etapa na qual a Anac faz uma análise da viabilidade econômica do plano de negócios proposto, confere a legalidade jurídica e fiscal da companhia, avalia sua adequação ao Código Brasileiro de Aeronáutica, que é a legislação específica aplicável à aviação comercial.

Os fundadores da Azul cumpriram essa etapa antes de Pedro Janot integrar-se à equipe. Encaminharam o pedido em março de 2008. Em junho, já tinham a autorização em mãos.

Um segundo passo decisivo é a obtenção do Certificado de Homologação de Empresa de Transporte Aéreo (Cheta), com o qual a Anac põe à prova todo o sistema de operação da futura empresa, incluindo treinamento de tripulações técnicas, treinamento das equipes de solo, planos de segurança e outros requisitos, todos em conformidade com padrões internacionais. Esses padrões são estabelecidos pela Organização da Aviação Civil Internacional, braço da Organização das Nações Unidas para o setor.

Faz parte do processo um decisivo voo de avaliação, no qual os inspetores da Anac simulam situações de emergência, como teste supremo do preparo da empresa para o negócio que vai tocar. Esse voo aconteceu para a Azul dia 6 de novembro de 2008. Miguel Dau, o executivo diretamente responsável por colocar a companhia nos padrões exigidos, recorda-se:

– O voo decola de Viracopos em direção a Curitiba, mas a gente nem pousa em Curitiba. Quando estamos na lateral de Florianópolis, os inspetores da Anac simulam um passageiro com ataque cardíaco. Somos obrigados a pousar em Florianópolis, onde nem tínhamos base. É colocada à prova, então, toda nossa infraestrutura já instalada – de comunicação, de Centro de Controle Operacional – na sede da companhia e, ao final da operação, quando pousamos de volta em Campinas, ouvi do inspetor-chave: "Do alto dos meus 30 anos de aviação, fiquei maravilhado com a capacidade desta empresa no seu primeiro voo em ter respondido com tal velocidade àquilo que foi submetida".

A Azul estava preparada. Quando o comandante do voo se viu diante da exigência simulada de emergência, imediatamente informou ao Centro de Controle Operacional, na sede da aérea, que, por sua vez, contratou de imediato uma empresa de *handling* para prestar o atendimento de solo em Florianópolis naquela única ocasião. O processo terminou com a simulação do desembarque de um passageiro sob aquela grave condição de saúde.

A Azul não tinha ainda seus aviões próprios, encomendados à Embraer. Usou uma aeronave do modelo 190 trazido da JetBlue para os primeiros tempos da companhia. O próprio Miguel estava a bordo, assim como estavam o diretor de manutenção, o engenheiro Flávio Costa, dois comandantes, três comissários e três inspetores da Anac, um na cabine de comando e dois na cabine de passageiros. Miguel não podia interferir, participava do voo como observador.

No dia seguinte, foi emitido o Cheta.

– Marco importante, foi a primeira grande vitória, todos vibraram muito – pontua Pedro. – Mas também impunha tarefas importantíssimas para podermos voar em dezembro. Pude então juntar mentes e corações numa só direção, que era iniciarmos a operação da companhia com o melhor serviço possível.

Foi também um momento de Pedro sentir que sua liderança começava a ser aceita pelo grupo, pois, embora a parte estritamente aeronáutica do negócio estivesse conduzida pela equipe técnica, o presidente cumpria funções que somavam em benefício do todo. E não só na área de definição do estilo Azul de servir ao cliente, tampouco só no modo interno de gerenciar pessoas.

Cabe ao presidente de uma aérea representá-la junto aos órgãos governamentais. A situação peculiar da Azul tinha também na figura carismática de David Neeleman essa representação, mas, em muitas circunstâncias, a função era exercida duplamente ou com mais frequência por Pedro, até mesmo pela personalidade peculiar de cada um.

Adalberto Febeliano é um sujeito discreto, de gestos comedidos, ar levemente reservado, jeito de quem ouve muito e fala bem, mas só o necessário. Já foi apresentado aqui neste livro como "um lorde inglês". De fato, você o vê quase sempre de terno e gravata em eventos profissionais – mesmo que seus pares estejam mais à vontade –, sempre muito educado, um diplomata. Esse perfil lhe serviu muito bem como diretor de relações institucionais da Azul.

Ele conta sua história:

– Desde o início das visitas a Brasília, eu já ia com o Pedro. Fomos visitar diversos ministros diretamente ligados à aviação civil, como o Ministro da Defesa, Nelson Jobim, o Comandante da Aeronáutica, Brigadeiro Juniti Saito, e outros ministros não diretamente ligados, como o Ministro do Planejamento, Paulo Bernardo. Na minha função, você mapeia quais pessoas têm influência dentro do governo, independentemente de sua atuação na área ou não, mas que exercem influência até por razões políticas ou mesmo partidárias. É importante você falar com elas porque são elas que podem ajudar.

As visitas tinham um objetivo central. Adalberto:

– Tínhamos uma história muito bonita para contar: o objetivo não era disputar o mercado já existente, mas fomentar a criação de um novo mercado. E isso é o que qualquer governo do mundo quer ouvir, porque significa desenvolvimento. A ideia era, a partir disso, ir construindo os relacionamentos necessários lá em Brasília. Especialmente uma concessionária de serviços de transporte depende muito de decisões de governo em termos de políticas públicas. É muito importante que você seja ouvido e possa levar sua mensagem. Isso certamente é tido em conta na hora que o governo está tomando certas decisões.

A Azul contava com um ponto favorável para a empresa:

– Havia um interesse muito grande do governo na entrada da Azul. Quando a empresa chega, a TAM e a Gol têm, juntas, 96%

do mercado. Quer dizer, você tem um duopólio absolutamente consolidado. A Azul chega como uma força que visivelmente tem condições de questionar esse duopólio. Significa que o Estado brasileiro depende menos de duas empresas.

A boa vontade que Adalberto enxergava no governo não significava uma receptividade favorável e absoluta em todas as instâncias. A Azul tinha de conquistar a confiança do governo em seu projeto, provar-se capaz em todas as esferas. Entrava em ação o estilo Pedro de se relacionar. Adalberto:

– Na área institucional, a presença do Pedro sempre foi muito positiva. A personalidade muito expansiva e a facilidade de relacionamento pessoal ajudaram muito. Ele e o David são pessoas que gostam de gente e isso ajuda, embora o David tenha menos paciência. Às vezes, era um pouco complicado ir com o David a reuniões particularmente esquisitas, pois, lá pelas tantas, ele sacava o celular e ficava conferindo e-mails.

Chá de cadeira, sim. As reuniões "esquisitas" a que se refere Adalberto. Às vezes, um ministro demorava a atender um pedido de reunião do presidente da Azul ou, quando finalmente encontrava um tempo em sua agenda, o fazia esperar em demasia na antessala.

A resposta de Pedro não se limitava à simpatia no relacionamento. Para conversar com servidores do alto escalão do governo, sobretudo nas esferas executivas e decisórias diretamente ligadas à aviação, desenvolveu um método, apoiado por seu fiel escudeiro Luiz Comar:

– Passei a organizar a agenda do Pedro para as conversas com as autoridades do setor. Ele montou uma pasta que foi uma solução genial. Quando chegava para falar com o ministro X, ele consultava a pasta e dizia, "preciso disto, disto e disto" ou "vou prestar conta de tal coisa" ou "isso não está funcionando, precisa melhorar, preciso de ajuda". Quando ia, em seguida, falar com o cara-chave da Infraero, ele levava aquele mesmo material e o apresentava, mantendo assim uma uniformidade nas demandas que a Azul ou a indústria da aviação no Brasil estavam precisando.

O jeito muito típico e informal de Pedro falar também funcionava, surpreendendo até mesmo seus assessores acostumados a lidar com a área governamental de aviação.

Luiz Comar entende isso de um modo muito cristalino. Na área de governo, a aviação comercial foi, de 1941 a 2006, um setor supervisionado pela Aeronáutica por meio do seu Departamento de Aviação Civil (DAC). Comandado por militares da Força Aérea Brasileira, o DAC tinha naturalmente uma cultura militar e hierarquizada. Os veteranos da aviação comercial estavam acostumados a lidar com brigadeiros e coronéis do DAC do modo formal e estruturado como a cultura exigia.

Acontece que, em março de 2006, o DAC deixa de existir, surgindo em seu lugar a Anac, saindo o controle normativo da aviação comercial da esfera militar e passando para a civil. Assim, pouco mais de dois anos depois, quando Pedro começa a visitar os gabinetes do poder, quem está liderando o setor, no governo, são políticos e profissionais técnicos cuja linguagem no relacionamento tem afinidade com o estilo despojado do presidente da Azul. É o clássico exemplo do homem certo, no lugar certo, na hora certa.

Luiz Comar entende que esse modo direto de se comunicar e a franqueza em reivindicar deram a Pedro um papel extra que transcende sua atuação à frente da Azul. Em março de 2011, o governo cria a Secretaria de Aviação Civil, diretamente ligada à Presidência da República, com o objetivo de estudar, formular e estabelecer as políticas públicas para o setor, coordenando o esforço de todos os setores envolvidos.

– O Pedro começou a perceber que a Anac, como agência reguladora, tinha suas ações limitadas – elabora Luiz Comar. – Ela podia cobrar coisas das empresas aéreas, mas tinha de cobrar também da Infraero. Só que ela não podia autuar a Infraero. Por sua vez, a Infraero não conseguia andar muito bem, dividindo com a Anac o poder de gestão sobre a aviação. A Infraero administrava os aeroportos. "Naquele aeroporto eu preciso melhorar o controle do tráfego aéreo, mas isso vem da Aeronáutica, pelo Departamento de Controle do Espaço Aéreo, o Decea. Preciso regular a forma da empresa aérea atender os passageiros no balcão, mas isso tem a ver com a Anac". A indústria da aviação era muito dividida. As demandas chegavam ao topo da camada de decisão desses organismos, mas não avançavam. Aí aparecia a Delegacia de Proteção ao Consumidor com uma demanda sobre a empresa aérea, por exemplo, "precisa fazer isto ou aquilo" para melhorar o atendimento ao passageiro. A empresa aérea, por sua vez, deparava-se com o problema: "Para fazer isto, preciso que a Anac mude uma regra, que a Infraero me dê um espaço", e nada disso acontecia. Então, o Pedro começou a fazer uma campanha na Casa Civil da Presidência da República, na própria Infraero: "Precisamos ter alguém que coordene essas coisas, que comande essa coisa toda". Logo depois de algumas conversas dele na Casa Civil, a Dilma anunciou a criação dessa Secretaria que iria regular a Anac, a Infraero, o Decea. Para mim, ele teve esse papel fundamental de influência na criação da SAC.

Antes disso, porém, de volta à linha do tempo da criação da Azul, Pedro participa da etapa seguinte da regulamentação da empresa. Após o Cheta, uma empresa aérea tem de obter e assinar o Contrato de Concessão, mediante o qual recebe o aval necessário para explorar durante 10 anos os serviços de transporte aéreo regular no país. É o penúltimo passo, que lhe permite em seguida solicitar os chamados Horários de Transporte (Hotran), autorizações para operar rotas específicas.

Adalberto tem um preâmbulo ao fim da tarde, começo de noite de 26 de novembro de 2011, quando acompanha David e Pedro à assinatura do Contrato, na sede da Anac, em Brasília. A hora do lusco-fusco:

– Foi uma daquelas coisas que parecem que havia forças contrárias, como as que já tínhamos vivido. Num dia importante para nós, acho que do voo de certificação, um caminhão alto demais rompeu os fios de eletricidade que iam dar na sede da Azul, na Alameda Surubiju, em Alphaville. A gente nunca vai saber realmente nesses eventos se houve apenas "coincidências" ou tentativas de sabotagem.

Mas o que aconteceu na sede da Anac?

Pedro:

– Ao chegarmos à Anac, a luz no prédio tinha acabado. Ficamos nós três entreolhando um para o outro com cara de "e agora?". Subimos as escadas, procuramos a secretária da Solange Vieira, a presidente. Ela entra na sala, diz, "Não, não, hah! Vocês não sabem!". Quando ela falou "vocês não sabem", ficamos brancos como esse armário aqui de casa! "Nós imprimimos o documento antes de acabar a luz. Agora a doutora Solange está procurando uma sala que tenha uma réstia de luz do dia para revisar o documento final e assinar". A Solange nem nos recebeu. Simplesmente assinou o Contrato. Demos uma lida com uma luzinha qualquer de parede. Descemos as escadas com sorrisos abertos de lado a lado.

Documento em mãos, havia ainda um pequeno atropelo. Prosaico, na verdade, diante do monumental valor histórico daquele momento. Pedro:

– O David ia naquele dia direto de Brasília para Guarulhos e de Guarulhos para os Estados Unidos. Estávamos atrasados. Uma correria... o Adalberto é gordo... Peguei uma mala do David, ele pegou outra... *blublublublublublu...* aquela correria! Passamos pela segurança, o David dava pulos como criança. Deu-me um tchauzão feliz, sumiu no portão de embarque do avião da TAM para Guarulhos.

Vitória importante, mas faltava ainda a autorização do Hotran para a primeira rota a ser explorada pela companhia, Campinas-Salvador. A Azul encaminhou o pedido para o escritório da Anac que ainda estava atendendo a essas questões no antigo prédio do DAC, no Aeroporto Santos Dumont, no Rio de Janeiro.

No dia 4 de dezembro, Adalberto recebeu uma incumbência histórica de David:

– Ele me disse: "você me consegue a aprovação desse voo ou nem precisa voltar do Rio de Janeiro!". Passei o dia inteiro lá na Anac, não arredei pé. Quando foi assim como quatro e meia ou cinco da tarde, liguei: "Estou com a autorização. Pode colocar as vendas no ar".

Terceira vitória. Que acontece em paralelo a uma tarefa comercialmente importante: entre 2 e 5 de dezembro, a realização de um *road show* pelo Brasil, 17 voos de demonstração para autoridades, agentes de viagens, operadores de turismo, imprensa. Campinas, Rio de Janeiro, Vitória, Belo Horizonte, Porto Alegre, Curitiba, Brasília são contemplados com esses voos especiais.

É momento, então, de se preparar para o batismo de fogo: a decolagem dos primeiros voos regulares e o início da operação comercial da companhia. Em princípio, a Azul começaria a voar regularmente em janeiro de 2009, mas ao longo do caminho, a data tinha sido antecipada para dezembro de 2008. Assim, na segunda-feira ensolarada de 15 de dezembro de 2008, decola às 12h27, de Viracopos para Salvador, o Embraer 190 de matrícula PR-AZL *O Rio de Janeiro Continua Azul*, abrindo a história pública da nova empresa aérea brasileira.

Quarta vitória. Conquistada com sobressalto. Adalberto:

– No dia do nosso primeiro voo, o quadro de informática do Aeroporto de Viracopos foi arrombado e sabotado. Haviam cortado o cabo.

O problema é que isso dificultaria a realização do *check in* dos passageiros, exatamente nos dois primeiros voos, o inaugural para Salvador e o segundo abrindo a rota para Porto Alegre pouco tempo depois, ainda naquele 15 de dezembro de 2008. Panda recupera:

– Nosso sistema caiu e, quando fomos ver, haviam puxado a tomada do *main frame* que estava segurando o nosso *check in*, umas duas horas antes do voo. Enquanto o nosso pessoal de informática tentava recuperar o sistema, fizemos o *check in* manualmente.

Felizmente havia apenas dois voos para atender. A sabotagem só atrapalhou um pouco, mas não surtiu o efeito desejado por quem o planejou. Pedro destaca que a sabotagem "só fez aumentar a força da nossa causa". Quem embarcou no voo inaugural nem notou contratempo algum. Panda:

– O Pedro não voou, foram poucos os executivos que subiram no avião. Ele ficou em solo, recebeu todos os clientes, cumprimentando-os na fila de *check in* um a um. Recebeu os agentes de viagens. Participou ativamente.

Ao final daquele dia histórico, Pedro Janot tinha nas mãos uma empresa aérea em funcionamento para administrar. Sua missão a partir daí concentrava-se em duas frentes. De um lado, estava a gestão do dia a dia, para que tudo caminhasse conforme o plano desenhado, preparado e implementado em alta velocidade nos meses precedentes. De outro, encontrava-se a gestão da estratégia de crescimento.

Em breve, a empresa acrescentaria Vitória e Curitiba à malha de rotas, assim como enfrentaria uma decisiva batalha em sua rota de expansão. Essa aconteceria no movediço território da política.

No campo técnico, a Azul vinha obtendo reconhecimento e respeito na esfera governamental. Adalberto pontua:

– Quando terminou o processo de certificação da Azul, a Anac pediu para usar os nossos manuais, os programas de manutenção e todos os documentos de entrega obrigatória nesses casos como padrão e exemplo para a indústria. A equipe que a Azul tinha trabalhando nisso era muito competente. Por isso, a certificação foi tranquila.

Miguel Dau destaca outro episódio relevante:

– A Azul recebeu um pedido da Presidência da República, por meio do Brigadeiro Josely Parente Camelo, encarregado das viagens aéreas presidenciais, para treinar os pilotos da Força Aérea

Brasileira que iriam voar os novos aviões presidenciais fabricados pela Embraer baseados no modelo 190. A FAB estava incomodada de ter de mandar os pilotos para treinar no exterior. O Brigadeiro Josely tinha sido meu companheiro de Força Aérea, servimos juntos na Base Aérea de Natal. Dentro da Azul, algumas pessoas foram contrárias à ideia, pois tínhamos que treinar nossos próprios pilotos, tínhamos poucos instrutores e ainda estávamos conhecendo o avião. Alinhei-me com os instrutores e com a área de operações: isso não atrapalharia a operação da Azul nem entregaríamos um serviço ruim à FAB. Seria uma demonstração da capacidade da Azul, que mal estava nascendo e já era capaz de treinar os pilotos da Presidência da República. Foi um esforço de todos nós. Os pilotos da FAB vieram voar conosco nos aviões da Azul e fazer o treinamento de simulador na base da JetBlue em Orlando, na Flórida, com o plano de treinamento da Azul. A empresa nasceu com essa chancela de excelência.

> A Força Aérea estava renovando a frota dos aviões presidenciais, já que há muitos anos operava, para rotas de médio e curto alcance, os então quase obsoletos Boeing 737-200 configurados em versão especial com a denominação VC 96, popularmente conhecidos como *Sucatinhas*. Em junho de 2008, havia encomendado à Embraer duas aeronaves 190, configuradas para transporte especial, identificadas como VC2, no padrão da FAB. Seriam entregues pelo fabricante à Força Aérea em setembro e dezembro de 2009.

O prestígio crescente nos gabinetes especializados da área técnica do governo não significava necessariamente igual recepção na esfera propriamente política. A administração de governo é feita por pessoas e estas têm suas particularidades, mesmo quando a serviço de uma gestão superior cuja política para um setor está, teoricamente, definida de maneira uniforme para todos os escalões. Executivos da Azul levaram muito chá de cadeira, no início, do Ministro da Defesa Nelson Jobim. Quando eram recebidos, o tempo oferecido era curto.

– Isso era algo muito decepcionante – relembra Pedro. – O mais curioso é que tínhamos uma grande causa, que era usar aviões brasileiros. Navegar em Brasília requer conhecimento. Eu estava desbravando isso. Não me ocorreu, nem ao David, nem ao Adalberto, que poderíamos ter recorrido à Embraer como aliada nisso.

O governo federal não é a única instância política com a qual as aéreas precisam lidar. O jogo é mais complexo, acontecendo também no nível estadual e até municipal, se quisermos ficar apenas no âmbito do Poder Executivo, descartando, por ora, o Poder Legislativo.

Nos primeiros meses de Azul, alguns executivos fundadores chegaram a pensar no Rio de Janeiro como sede da empresa e no Aeroporto Santos Dumont, ao lado das águas da Baía de Guanabara, bem no centro da cidade, como sua principal base operacional. Miguel Dau foi um deles:

– Durante muito tempo – tenho que rir disso – fiquei no ouvido do David, insistindo que a sede da Azul tinha que ser no Rio de Janeiro. Um dia ele apelou: "não aguento mais você dizer que a sede tem de ser o Rio". Havia uma discussão se a sede deveria ser no centro da cidade de São Paulo, em Alphaville ou em Campinas. Quando se definiu que a sede seria em Alphaville, pelo preço absurdo do metro quadrado de aluguel de imóvel em São Paulo e pelo trânsito absurdo, fiquei preocupado. Levantei questões relacionadas ao deslocamento de funcionários de menor poder aquisitivo. Fui voto vencido no Comitê Executivo. Eu pensava no Rio porque a Varig, que tinha sede ao lado do Aeroporto Santos Dumont, estava acabando e a cidade ficaria sem uma única grande empresa aérea lá sediada. Mas o Rio iria entrar num processo de crescimento nos próximos anos e também era a que mais oferecia mão de obra especializada, exatamente em função do término da Varig.

Segunda mais importante cidade em transporte aéreo do país, certamente o Rio de Janeiro merecia atenção especial da Azul, pois entrava no mercado disposta a ser grande. A empresa chegou a desenhar um plano em que previa oferecer voos partindo da cidade para 22 destinos. Batizou seu primeiro avião de *O Rio de Janeiro Continua Azul*, inspirado na linha de abertura da música de Gilberto Gil, *Aquele Abraço*.

O pendor artístico na escolha do nome da aeronave estava aliado a razões igualmente lógicas, aliadas do âmbito poético, mas fora dele. Estabelecer uma base operacional importante no Santos Dumont poderia ser de interesse ao Estado, pensavam seus executivos, pois geraria empregos, dinamizaria negócios, ajudaria a movimentar a economia de uma cidade em plena busca de recuperação de vigor, décadas depois de ter perdido o *status* privilegiado de sede do governo federal.

Reforçava esse eventual papel dinamizador da economia local o fato de a Azul ter se aliado à Embraer num esforço para estimular a GE-Celma a ampliar o centro de revisão e manutenção de turbinas em Petrópolis, a 68 quilômetros da capital fluminense. Em lugar de enviar seus 85 motores da marca General Electric para revisão e manutenção nos Estados Unidos, faria muito mais sentido contratar esses serviços no Brasil. Os Embraer 190 e 195 da empresa são impulsionados por motores GE-CF34-8E. A ampliação significaria também mais empregos e capacitação de mão de obra. O projeto decolou.

Os dirigentes da aérea sabiam de um obstáculo no caminho para expandir sua presença no Rio de Janeiro. Não assustava, pois parecia um fator a ser resolvido simplesmente no âmbito técnico. O que não esperavam é que haveria também um monumental obstáculo político.

Acontece que o Aeroporto Santos Dumont – 3.628.706 passageiros em 2008, décimo maior do país – estava desde 2005 limitado a operações da chamada Ponte Aérea Rio-São Paulo, a voos de empresas regionais com aeronaves de pequeno porte, a táxis aéreos e aviação executiva. A limitação tinha sido determinada pelo DAC por meio da Portaria 187. Não interessava à Azul centrar base no Aeroporto do Galeão – quarto maior do país aquele ano, com 10.443.393 passageiros –, a 20 quilômetros do centro do Rio. Para reivindicar voo de aeronave com mais de 50 assentos, uma empresa teria de estar operando também no Aeroporto de Congonhas em São Paulo – o segundo mais movimentado do país, com 13.679.336 passageiros em 2008 –, o que não acontecia com a Azul. Dificilmente poderia acontecer então, pela falta de *slots* – janelas de tempo – disponíveis no congestionado aeroporto paulista.

O Santos Dumont, ao contrário, tinha períodos ociosos. Os dirigentes da Azul imaginavam que a restrição ao Santos Dumont seria eliminada, mesmo porque a Anac, que substituíra o DAC, manifestava interesse em alterar a decisão normativa da agência antecessora. Outras empresas aéreas menores, como a Ocean Air (que mais tarde seria renomeada Avianca), a Webjet e a Trip pretendiam igualmente começar a operar no aeroporto ou expandir serviços a partir dali. Para a Anac, parecia fator de dinamização da economia abrir espaço para novos operadores no Santos Dumont.

Os dirigentes da Azul procuraram o governador do Rio de Janeiro, Sérgio Cabral, visando a conquistar sua simpatia para o projeto carioca da aérea. Pedro Janot teve um papel fundamental nessa ação, tanto pelo fato de ser o presidente quanto por ter nascido na Cidade Maravilhosa. Em princípio, os executivos entenderam que Cabral havia gostado e que eles tinham conquistado um aliado importante para o projeto. Quando foram uma outra vez ao palácio, prontos para apresentar o plano da companhia para o Rio, o governador os surpreendeu. Havia mudado de ideia. Daria as boas-vindas à empresa, desde que montasse a base de operações no Galeão. De nada adiantaram os esforços de diálogo da equipe da Azul com os profissionais técnicos do governo estadual.

David Neeleman não se queixou da posição do governador. Nada de lamúrias. Expôs com clareza sua posição numa entrevista a Geralda Doca, publicada no jornal O Globo do dia 23 de novembro de 2008, que seria importante junto à opinião pública no que viria a seguir.

— *Se você mora em qualquer lugar do Brasil e quer fazer negócios no Rio, é bem difícil. Faltam muitas ligações diretas, praticamente só a Ponte Aérea, que é a quarta rota mais viajada do mundo porque tem serviço entre os dois aeroportos centrais (Congonhas e Santos Dumont). Se forçamos os passageiros a irem para o Galeão e Guarulhos, você acha que haveria seis mil pessoas viajando todos os dias? De jeito nenhum. O que estão fazendo é impedir o resto do Brasil de usar o Santos Dumont, mas deixando São Paulo usar seu aeroporto. Explicamos isso ao governador Sérgio Cabral.*

Como contestou o argumento de Cabral de que a liberação do Santos Dumont esvaziaria o Galeão?

— *Mas esse dinheiro vai para a União, nada para o Estado. Acho que alguém das outras empresas falou para ele que iriam esvaziar o aeroporto. Não é verdade. Mas se fosse eles, eu diria a mesma coisa, quem quer concorrência?*

O que o Rio perderia sem a base da Azul no Santos Dumont?

— *Perderá R$ 1,4 bilhão em benefícios econômicos que poderíamos gerar em um ano (com 90 voos diários) e nove milhões de passageiros. Entram na conta gastos com hotéis, restaurantes, salários com novos empregados (R$ 100 milhões), ganhos com serviço de manutenção de aeronaves e R$ 15 milhões de impostos sobre combustíveis.*

A Azul fez mais do que a entrevista de David. Oficializou na Anac um pedido para operar a rota Viracopos-Santos Dumont. Baseada na Portaria de 2005, a agência negou o pedido. A empresa respondeu recorrendo à Justiça, justificando que a Anac se encaminhava para revogar a norma que restringia as operações no aeroporto, mas que o processo moroso trazia enormes prejuízos. Em janeiro de 2009, saiu a decisão do Judiciário, contrária à empresa. A resposta da Azul foi abrir nova ação, argumentando que a portaria em vigor não condizia com os propósitos estabelecidos para a Anac na lei de sua criação – 11.182, de setembro de 2005 –, pois uma de suas funções seria assegurar a livre competição pelas empresas aéreas, sem restrições aeroportuárias, desde que as condições técnicas de segurança e capacidade operacional estivessem contempladas.

A situação evoluiu para uma disputa pública entre o governador do Rio e a Anac quando Cabral decidiu ocupar espaço na mídia para trabalhar frontalmente contra a liberação do Santos Dumont. Sua ideia era privilegiar a retomada de desenvolvimento do Galeão, temendo que a liberação do aeroporto central minaria esse objetivo.

O contexto, leitor, é que o Galeão, pista de pouso tornada aeroporto em 1945, modernizado em 1977, transformado no Aeroporto Internacional do Rio de Janeiro – hoje de nome expandido em homenagem a um dos maiores nomes da música popular brasileira, Antonio Carlos Jobim –, tinha se transformado, na década de 1970, no mais importante aeroporto internacional do país. Era o principal portão aéreo no Brasil para entrada do tráfego procedente do exterior, o principal de saída para o tráfego emissivo. Muitas das empresas aéreas estrangeiras tinham o Galeão como seu único destino no Brasil, o que as obrigava a fazer conexões domésticas para o aeroporto de Congonhas em parceria com empresas locais, como a Vasp e a Transbrasil, para o transporte de passageiros do crescentemente importante mercado paulista.

Em janeiro de 1985, porém, foi inaugurado o Aeroporto Internacional de São Paulo, em Guarulhos, que passaria rapidamente ao posto de principal aeroporto do país, especialmente no tráfego internacional. Como se viu há pouco, neste capítulo, em 2008 o Galeão já tinha caído para o posto de quarto mais importante do país em movimento de passageiros, tendo perdido a liderança absoluta para Guarulhos – 20.393.165 de passageiros –, então alçado à posição de portão de entrada líder do Brasil. Muitas empresas aéreas internacionais novas no Brasil tinham escolhido São Paulo como seu único destino no país, enquanto outras diminuíam as frequências para o Galeão, preferindo aumentar voos a partir de Guarulhos.

Em 2008, estava em ascensão um esforço de retomada da importância do Galeão, por meio de projetos de modernização das suas instalações já algo deterioradas, de melhoria de serviços e de aumento de voos por parte das empresas aéreas. Em outubro de 2007, o Brasil tinha sido escolhido pela Fifa para sediar a Copa do Mundo de 2014, evento no qual o Rio teria papel preponderante. A cidade também disputava a realização das Olimpíadas de 2016 com esperança de ser escolhida – como foi em outubro de 2009 – para sediar o maior evento esportivo do planeta. Esses dois megaeventos ofereciam uma oportunidade de revitalização local à cidade em esvaziamento econômico desde a transferência da capital federal para Brasília em 1960. Nesse contexto, pareceu importante ao governo do Rio buscar a revitalização do Galeão.

A estratégia estaria centrada essencialmente no tráfego aéreo internacional, pois o Rio poderia recuperar parte da importância de destaque que já tivera como portão de entrada e saída do país. O tráfego aéreo internacional de um aeroporto não se sustenta sozinho, porém. Precisa do apoio alimentador do tráfego regional dos mercados sob sua área de influência. Em outras palavras, o Galeão precisaria voltar a ser um aeroporto importante também no tráfego doméstico.

Outra questão é que já se vislumbrava a possibilidade de privatização administrativa dos principais aeroportos brasileiros, em 2008, ainda sob a gestão da estatal Infraero. O Galeão estaria provavelmente entre os primeiros, mas, para torná-lo mais atrativo aos investidores, pensava-se que seria fundamental engrossar seu volume de tráfego.

Cabral temia que a abertura do Santos Dumont enfraqueceria essa estratégia, pois as empresas de operação unicamente doméstica, como a Azul, não teriam interesse em estabelecer um volume alto de voos no Galeão, em detrimento da comodidade imbatível que poderiam oferecer aos clientes no Santos Dumont: a estratégica localização no centro da cidade e a pequena distância de Copacabana – bairro emblemático do Rio de Janeiro em todo o mundo –, portão de entrada para a mítica e em expansão Zona Sul.

A briga instalada do governo do Rio *versus* Anac era o enredo principal de uma narrativa em que política e negócios se misturavam, pois, como em qualquer boa novela, havia um segundo enredo, subjacente.

A TAM era a única empresa aérea em condição de responder satisfatoriamente ao desejo do governador em potencializar o Galeão como um grande centro de voos internacionais alimentados por uma importante malha doméstica. Líder do mercado doméstico, única aérea nacional com expressiva malha de rota internacional, a TAM estava numa posição confortável para juntar seus próprios objetivos estratégicos de expansão no mercado carioca em ascensão ao propósito do governo estadual. Ao mesmo tempo, era totalmente conveniente posicionar-se contrária à liberação do Santos Dumont, onde reinava comodamente em companhia da Gol, procurando assim impedir a chegada da Azul, novo concorrente que impunha pelo menos atenção, fosse pelo nome de David Neeleman e seu histórico na aviação, pela robustez do capital inicial ou pelo plano anunciado de rápido crescimento nacional.

Os executivos da Azul desconfiaram que a mudança de posição do governador com relação aos planos da empresa para o Rio se deveu a uma manobra da TAM em se apresentar solidária e compromissada com a ideia de revitalização do Galeão. Adalberto se lembra que inclusive a companhia anunciou pouco depois novos voos internacionais a partir do Galeão.

Para a Anac, a liberação do Santos Dumont não representava nenhum perigo hemorrágico para o aeroporto internacional da cidade. Os mercados seriam distintos.

A disputa pública Anac *versus* governo do Rio e a disputa em surdina Azul *versus* TAM transformaram-se em guerra quando, no dia 3 de março, o Tribunal Regional Federal da Primeira Região deu ganho de causa em segunda instância à ação da nova empresa aérea. A liminar assinada pelo desembargador João Batista Moreira considerou válido o argumento da Azul, ordenando que a Anac revisasse os pedidos da aérea para operar no Santos Dumont. Pela liminar, a agência seria obrigada a acatar pedidos de voos não só para o trecho Viracopos-Santos Dumont, mas também para outros destinos de eventual interesse da companhia, de e para esse mesmo aeroporto.

Logo em seguida, a Anac anunciou que estava revogando a portaria de 2005 que impedia a liberação do aeroporto para outras companhias e rotas que não fossem a da Ponte Aérea.

A resposta da TAM, que se opunha à liberação, foi acatá-la e se preparar para pedir autorização para novos voos. A Gol, que se dissera neutra na polêmica, foi prática: transferiu alguns de seus voos com destino a Belo Horizonte, Brasília e Vitória do Galeão para o Santos Dumont.

A resposta do governador Sérgio Cabral foi declarar à mídia que a Anac estava cometendo "uma ação estrategicamente prejudicial ao Rio de Janeiro", como disse à repórter Simone Cândida do grupo *O Globo*, negando que sua postura contrária à abertura beneficiaria a TAM e a Gol unicamente. Protestou que a medida iria esvaziar o Galeão como aeroporto internacional, torpedeando um esforço de dois anos do governo local para conseguir implementar rotas como Rio-Paris e Rio-Madri.

E anunciou retaliações. Ameaçou aumentar o Imposto sobre Circulação de Mercadorias (ICMS) estadual sobre o combustível de avião cobrado no Santos Dumont de 4 para 18%. Mobilizou seus secretários e sua força política. Associações de moradores de regiões próximas ao aeroporto – Urca, Botafogo, Morro da Viúva – manifestaram-se contra a liberação, uma ou outra mobilizando inclusive protestos em rua. O prefeito Eduardo Paes endossou as críticas; uma matéria de Diana Brito em veículo do grupo *Folha de S. Paulo* reproduzia suas palavras de que a medida fora um "desrespeito com a população da Barra da Tijuca". Medida igualmente forte, o governador declarou à imprensa que a licença ambiental do Santos Dumont estava vencida e que a Infraero poderia ser autuada se não a renovasse.

A resposta da Azul a toda a polêmica e corrida das concorrentes para aproveitar a liberação?

Anunciou que, em 20 de março, iniciaria o voo Viracopos-Santos Dumont, com tarifa inaugural de R$ 39,00. O preço de banana se manteria em abril a R$ 79,00. Em 23 de março, subiria a frequência diária para seis voos, continuando para 12 voos a partir de 2 de abril e 14 a partir do dia 16 daquele mês. Em paralelo, estaria em breve abrindo novos voos de Viracopos para Fortaleza, Manaus, Navegantes, em Santa Catarina, e para o aeroporto do Galeão. A frota subiria em breve para sete aeronaves e, no final do ano, já estaria com 14 aviões em operação, das 40 encomendas firmes e 36 opções de aeronaves Embraer.

Na sexta-feira 20, o clima era tenso. A Secretaria de Estado do Ambiente havia informado à Infraero que, se uma aeronave da Azul pousasse no Santos Dumont, a estatal poderia ser autuada com multa de um milhão de reais e o aeroporto poderia ser interditado. Panda se recorda que havia também uma ameaça de mandato de segurança do governo contra o voo. É então que Pedro toma uma medida emblemática:

– O Pedro foi para o aeroporto, ficou lá em Viracopos de plantão. "Vamos fazer este avião voar! Ah é, não podemos decolar? Aqui é o presidente da companhia a bordo!". Foi o momento que ele começou a exercer a liderança de uma forma bem marcante.

Pedro:

– Estavam a bordo clientes regulares, com bilhetes pagos. Não havia convidados de voo inaugural. Embarquei com o risco do avião não poder pousar ou de pousar, mas não poder desembarcar os passageiros no Santos Dumont. Teríamos de ir para o Galeão. Eu também poderia ser preso. Embarquei com cópia da autorização da Anac, mas não sabíamos se haveria uma liminar do governo do Rio contra os nossos interesses, ao chegarmos ao Santos Dumont.

Para os passageiros foi uma viagem normal, enquanto para Pedro, o único executivo da companhia a bordo, o trajeto de pouco menos de uma hora foi compreensivelmente tenso. Teve nervos para cumprimentar os clientes com o jeito habitual de sempre, como se nada extraordinário acontecesse. Quando a aeronave pousou no Santos Dumont às 18h55, nenhum mandato judicial tinha sido entregue à Infraero. Miguel Dau estava aguardando o avião, pronto para agir caso o pior acontecesse.

Nada ocorreu, exceto um repórter de televisão da Globo que questionou Pedro sobre a polêmica, no desembarque. Hábil, Pedro evitou provocar mais atritos com o governo do Rio:

– Começamos o voo para o Santos Dumont porque temos aqui uma autorização da Anac, ponto.

Admite que foi um alívio não encontrar no desembarque nenhum oficial de Justiça, pois estava especialmente preocupado com o efeito da cena junto aos clientes, se houvesse um ali.

A Azul tinha feito o dever de casa, preparando-se o melhor possível para o que viesse. Miguel Dau:

– Foi uma das operações mais brilhantes da Azul. Corremos riscos sabendo que valiam a pena. Foi uma belíssima batalha, tendo como artífices o David, o Pedro, o Adalberto e a mim. Um dos grandes pilares foi nossa capacidade de mantermos sigilo sobre os projetos e as estratégias. Nada vazava. Mas só foi possível pela cabeça de praia que já havia sido estabelecida em Viracopos.

Batalha ganha, mas não a guerra. Havia ainda a questão ambiental do aeroporto que, no tocante à Azul, tinha a ver com a reclamação dos moradores contra a eventual poluição sonora dos aviões, pelo aumento previsto de voos. Da parte da Infraero, decidiu-se pelo encerramento das operações às 23 horas. A companhia tomou suas próprias providências. Pedro:

– Fizemos um novo desenho de aproximação para pouso para aviões pequenos e grandes. Disciplinamos os pilotos para fazerem essa nova aproximação. E aí consultaram um especialista que constatou que, no aeroporto, fazia menos barulho do que o provocado pelos ônibus que andam nas ruas dessas regiões vizinhas. Do ponto de vista sonoro, o nosso Embraer 190 era menos agressivo que o Airbus A319 da TAM ou que o Boeing 737-700 ou 800 da Gol.

> Os aviões da família 190 e 195 da Embraer, escolhidos pela Azul para compor a frota, tinham sido projetados pelo fabricante dentro de um conceito moderno da indústria aeronáutica de desenharem aeronaves que produzam o menor ruído possível e o mínimo possível de taxas de emissão de monóxido de carbono, resultante da queima de combustível. Esse propósito envolveu também seus fornecedores, como a General Electric, fabricante dos motores CF 34 que

impulsionam esses aviões. Ao avanço tecnológico dos motores, desenvolvidos em conformidade com parâmetros de diminuição de ruídos estabelecidos pela Organização da Aviação Civil Internacional (OACI), entidade da ONU, seguiu-se o aproveitamento de novos materiais de absorção acústica, sistemas leves e silenciosos no avião.

Por serem projetos mais novos que os Airbus e Boeing, os aviões Embraer ofereciam à Azul vantagem tecnológica nesse campo, assim como vários outros pontos vantajosos, em conformidade com o plano estratégico da companhia. Mais leves, são mais econômicos de operação, seu projeto – com quatro portas principais na cabine de passageiros e dois acessos aos porões de carga – possibilita rápido atendimento no solo – 15 minutos para reabastecimento, troca de bagagem e desembarque e embarque de passageiros entre um voo e outro –, agilidade de manutenção – o sistema "AHEAD-PRO" monitora em tempo real o desempenho da aeronave, enviando digitalmente informações à empresa que lhe permite antecipar questões como troca de peças, inspeção preventiva –, além da capacidade ideal, até 118 assentos, na configuração usada pela companhia. No quesito conforto para os passageiros, ofereciam fileiras de quatro assentos, dois de cada lado do corredor, eliminando o assento do meio, típico dos aviões Boeing e Airbus. Isso era possível pelo conceito de fuselagem em bolha dupla que norteou o projeto. A Embraer o explica em seu site como sendo "uma forma derivada da sobreposição vertical de dois ovais", resultando em outros efeitos à sensação de espaço, como as paredes laterais quase verticais e janelas mais amplas do que muitas outras aeronaves, permitindo "a entrada de bastante luz natural".

A frente de batalha junto à opinião pública estava pendendo a favor da Azul e da abertura do Santos Dumont, pelos indícios que Adalberto detectava nas cartas de leitores aos jornais cariocas. No seu cálculo, cerca de 98% das manifestações eram a favor. Havia leitor questionando o aspecto prático da ameaça de Cabral em aumentar o ICMS. "Como o governador conseguiria aumentar o imposto só no Aeroporto Santos Dumont e não no Galeão?", argumentava alguém. "E não percebia que lhe faltava base legal para a briga, pois a decisão de abrir ou não aeroportos é uma prerrogativa do governo federal?", discutia outro.

Foi esse último argumento, e possivelmente a avaliação do desgaste popular, que fizeram Cabral recuar. Ancelmo Góis, em sua coluna em *O Globo*, raciocinava: "Como ficar contra uma empresa como a Azul, que cobra R$ 30,00 pela passagem Rio-Campinas? Como defender algo que, na prática, significa manter o setor nas mãos de uma espécie de duopólio da TAM e da Gol?".

E informava que o governador decidira não criar mais empecilho legal ou administrativo algum contra novos voos no Santos Dumont, pesando na balança, para essa decisão, um relatório de seu secretário da Casa Civil, Régis Fichtner, pontuando que não havia qualquer base jurídica para o governo estadual impedir as ações da Anac.

Março terminava com vitória, mas Pedro tinha ainda um longo caminho de reconciliação. Procurou Eduardo Paes, que seu pai conhecera quando foi vice-reitor da PUC, expondo os argumentos que sustentavam a posição da companhia. O comentário do prefeito sobre o imbróglio: "Que pena que isso aconteceu". E quando mostrou o que Campinas era para a Azul e vice-versa, o quanto o crescimento acelerado da companhia representava de impacto econômico, lamentou: "Pô, perdemos isso!".

– Levei um ano para quebrar o gelo com Cabral, para poder mostrar, depois dessa briga, que o Estado do Rio iria ganhar muito com a nova companhia – rememora Pedro.

– Quem me aproximou do Cabral foi o Eduardo Paes. Não fazia sentido ficarmos brigados com o governo do Rio de Janeiro naquela época e muito menos com a aproximação de 2014 e

2016. Junto com o Secretário de Transportes do Rio, Júlio Lopes, iria relembrar da refrega como coisa do passado, a Azul e o Estado olhando na mesma direção. Mas quando aconteceu, foi um episódio difícil para todos nós, e principalmente para mim que nunca tinha entrado numa dança política dessa.

Os heróis das aventuras épicas que tanto agradam a Pedro enfrentam principalmente os elementos da natureza, a imprevisibilidade do desconhecido. Shackleton testando até o limite máximo a sua própria resiliência, assim como de seus companheiros, no branco sem fim horripilantemente gelado da Antártida. Citado no livro de Caroline, na página 9:

"*Jamais para mim a bandeira abaixada, jamais a última tentativa.*"

Pedro, em outro contexto, em outra medida, vivendo um mesmo padrão de desafios: o duelo contra forças poderosas e desdobramentos imprevisíveis, tendo a responsabilidade de liderar pessoas e equipes, ao mesmo tempo fazendo parceria com outro grande líder, David Neeleman.

– Ele é o pai dessa companhia, não se pode nunca se esquecer disso – comenta Panda. – Todo mundo precisa de um pai a quem recorrer de vez em quando. Recorri muito, desde que entrei aqui. Todas as vezes que o procurei, o vi sempre firme, sem medo, confiante.

David, o grande líder, Pedro, o líder igualmente importante, ocupando o seu próprio espaço e dando sua contribuição específica no caldeirão alquímico de fazer a Azul acontecer.

Mas o que teria significado a abertura de voos no Santos Dumont? Panda:

– Ficou claro, dentro e fora da empresa, que ousadia, inovação e visão de longo prazo eram componentes da companhia. Uma companhia que não ia se contentar em entrar e ficar com o que sobrasse. Ia entrar e ficar com aquilo que ela quisesse. E uma das coisas que queria era entrar no Santos Dumont. Também ficou claro para todo o mundo que era possível pensar diferente. "Ah, esses caras estão voando Viracopos-Rio de Janeiro, mas uma hora vai acabar, não podem dar tão certo assim, Campinas tem um limite." Começamos com cinco voos, agora temos 27 voos por dia partindo de Campinas e de Guarulhos para o Rio, no Santos Dumont e no Galeão.

Foi igualmente importante a companhia começar a voar para o Rio por um fator motivacional, interno. Muita gente da área operacional era carioca, como Miguel Dau, e morava no Rio. O próprio Pedro, lembra-se o leitor, é carioca. Seria um fator de satisfação para muitos da equipe fazer a Azul dar certo no mercado fluminense. E havia outro motivo, ainda mais empolgante. Panda:

– Ficou claro que o nosso David podia encarar dois Golias e vencer.

Depois da vitória, o repouso. Depois da conquista, o júbilo. Todo mundo trocando e-mails na companhia: "É do caramba! Conseguimos!". E David, respondendo a todos com o máximo de celebração que se permitiu:

– *Now let's open Pampulha*.

Certo. "Vamos agora abrir a Pampulha." Abrir operações em outro aeroporto central, dessa vez em Belo Horizonte, e também com resistência do governador local – nessa oportunidade, Aécio Neves – à determinação da Anac, seria outra missão dos dirigentes da Azul no caminho de expansão. Só que dessa vez poderia haver um gosto de *déja vu*, uma batalha que assustava menos, pela experiência recém-adquirida.

Mas assim como na aventura de Shackleton, na rota de Pedro e da Azul, batalha vencida era apenas pausa e, em seguida, impulso para a partida rumo a novos campos de confrontação.

UM LEÃO A CADA CAÇADA

Primeiro ano inteiro de operação plena da Azul, 2009 registrou uma expansão da companhia à velocidade estonteante. Aproveitando a alta temporada de férias para começar os voos no mês de dezembro anterior, tendo como primeiro destino o portão de entrada para o Nordeste que é Salvador, inserindo o Rio de Janeiro na malha de rotas e imprimindo o forte ritmo de aumento de frota que lhe permitia incluir novos destinos, o avanço era célere.

A empresa começa 2009 com quatro aviões na frota, dois Embraer 190 e dois 195. Em fevereiro, receberia no mesmo dia 2 os Embraer 190 *Azul Paulista* e *Céu Azul*. Em março, seria a vez do Embraer 195 *Azulão* e em abril chegaria o *Azul da Cor do Mar*, também um Embraer 195. Em maio, os Embraer 190 *Pássaro Azul* e *Verde Amarelo e Azul* já estariam na frota.

O público foi chegando, rápido. Pedro:

— As primeiras tarifas eram arrasadoras: R$ 59,00, R$ 79,00, R$ 39,00! Provocaram nos consumidores um *frisson* absolutamente louco. Não há nada que tire o consumidor da cadeira como um bom preço. Queríamos gastar pouco com propaganda e, com isso, entregar aos clientes uma coisa verdadeira. Não há nada melhor em propaganda do que o boca a boca, pela sua força testemunhal em círculos de amigos. Queríamos que a experiência de voar do cliente fosse a melhor. O preço era imbatível.

O negócio era botar preço e botar para gemer.

O resultado?

— Foi uma loucura! Tem um gráfico mostrando que, depois da nossa entrada no mercado, a aviação brasileira cresceu durante três ou quatro anos a dois dígitos. As outras companhias foram obrigadas a fazer uma frente, mas estávamos preparados. Nossa tática era fugir delas para destinos onde não conseguiam ir com os aviõezões grandes. Era o elefante tentando pisar com a pata nos camundonguinhos. O elefante podia matar um camundongo, mas tinha 25 camundonguinhos viajando pelo Brasil.

Os concorrentes tiveram, em muitos casos, de correr atrás abrindo praças quase virgens onde a Azul chegava. Cidades de médio porte. Não era o caso de Salvador, mas ali, pela pujança do mercado de turismo, havia espaço para a nova aérea competir.

O crescimento foi avassalador, mas não sem esforço. Além da disputa comercial contra dois gigantes, Pedro entende que houve uma luta contra quase todos, sem exagero e sem paranoia. Da Infraero, que administrava todos os aeroportos brasileiros então e designava os espaços para as empresas aéreas instalarem seus serviços, exceto duas áreas aceitáveis nos aeroportos de Brasília e Porto Alegre e de algumas áreas que estavam ociosas em outros aeroportos, recebeu condições bem desfavoráveis. Considera o caso de Viracopos em particular "uma vergonha". Classifica:

— Parecia urutu cruzeiro que vinha para machucar a gente. Não machucava, mas não entregava. Dizem que urutu cruzeiro é cobra mandada, altamente venenosa.

Por que a oposição?

— Pelo pioneirismo. A Azul estava fazendo algo absolutamente novo. Éramos pioneiros. O pioneiro é o que abre fronteiras. É quem toma flecha e tiro na cara. Num mercado fechado por empresários renomados e um *lobby* muito bem estruturado, eram esses nossos inimigos. Eram os poderes que estávamos enfrentando.

Para responder ao desafio, a tarifa era uma arma estratégica.

– Entramos com esse preço agressivo, brigando com a TAM e a Gol. Elas tinham inflexibilidade tarifária, havia pouca variação. Não justificava você comprar uma tarifa com antecedência nessas companhias, porque o preço era quase igual ao da compra de última hora. Tinha uma briga emocional entre a Gol e a TAM, elas rasgavam tarifa de curto prazo. Não conseguiam encher o avião com antecedência. Quando estava chegando a hora do avião voar, entravam numa batalha tarifária pelo Brasil afora, impedindo que o RASK subisse.

Em aviação comercial, RASK (*Revenue per Available Seat Kilometer*) é o indicador econômico pelo qual a empresa aérea calcula quanto obtém de receita por assento disponível à venda no avião, por quilômetro voado. Dificultar que o RASK subisse parecia contradizer toda a lógica do negócio. Pedro tem uma explicação:

– As duas empresas não ganhavam dinheiro. Obviamente a missão das duas era nos matar. Sabiam quem é o David Neeleman. Sabiam do capital com que ele tinha começado. Por isso, estava dentro da diretoria da Azul o entendimento que tínhamos recebido sentença de morte da TAM e da Gol.

O efeito?

– Era uma força oculta. Foi um combustível, porque nos esmeramos AO MÁXIMO para fazer um produto de preço e qualidade inigualáveis. E aí entrava toda a estratégia do Panda de comunicação, de viagem, de convidar repórteres. E descobrimos também no meio do caminho, falando com os clientes, que muitos sentiam o orgulho patriótico de estarem voando com tanto conforto, segurança e silêncio numa máquina brasileira. A bordo, nas minhas falas, destacava os aviões Embraer da nossa frota e aproveitava para anunciar as tarifas promocionais para os novos destinos.

O crescimento da frota, assim como a introdução rápida na malha de rotas de novas cidades servidas, eram elementos-chave para a expansão da companhia, pois a meta era conquistar o Brasil. A proposta da Azul, desde o início, não se limitava à operação regional nem a nichos de alcance reduzido, mas não era a única tática de expansão.

– Tentamos comprar a Pantanal, o que nos abriria também *slots* no Aeroporto de Congonhas – conta Pedro.

A Pantanal era uma empresa regional que voava com aviões turboélices em mercados secundários, tendo como suas duas principais bases operacionais os aeroportos de Congonhas e de Guarulhos. Dali, servia cidades do interior de São Paulo, Minas Gerais e do Paraná. Fundada em 1993, passava por séria crise financeira exatamente quando a Azul decolava no mercado. No início de 2009, a regional solicitou à Justiça o *status* de recuperação judicial, condição extrema de tentativa de se salvar.

A compra da Pantanal poderia fazer sentido para quem desejava se expandir. Como o transporte aéreo é concessão pública do governo, uma empresa aérea tem como ativos importantes seus direitos de rotas, assim como os bancos de horários a ela reservados nos aeroportos. Congestionado, o mais importante aeroporto central do país, Congonhas, simplesmente não tinha *slots* disponíveis para aéreas novas, recém-chegadas ao mercado. Soava tentador para a Azul valer-se da oportunidade como maneira de fincar um pé em Congonhas, conquistando ao mesmo tempo acesso a destinos para os quais ainda não voava, mas podiam fazer sentido para sua projeção futura de rotas.

O negócio não foi consumado. A Pantanal seria vendida à TAM, desaparecendo como marca no final de 2013, já quando sua compradora também passara por grande transformação societária, fazendo parte do grupo Latam, de capital majoritário pertencente ao grupo empresarial chileno liderado pela LAN, a mais importante companhia aérea do Chile.

A estratégia do crescimento pela compra de concorrente se manteria. Não se tratava de um pensamento estratégico exclusivo da Azul. É importante conhecer o contexto.

A aviação comercial na América Latina cresceu depois da década de 1940, quase sempre apoiada de uma maneira direta pelo Estado. Em alguns países, como Argentina e Chile, o próprio Estado era proprietário de uma companhia que acabava recebendo o *status* de "empresa aérea de bandeira". Eram os casos, respectivamente, da Aerolíneas Argentinas e da LAN Chile. Até o final da década de 1970, quando o negócio da aviação era muito regulamentado, em todo o mundo voos comerciais entre os países dependiam de restritos acordos entre as nações envolvidas. Para haver um voo direto entre o Rio de Janeiro e Paris, por exemplo, era imprescindível um acordo bilateral entre o Brasil e a França, mediante o qual cada país designava uma empresa aérea sua para operar a rota. Essa era a "empresa aérea de bandeira", a que recebia os privilégios do Estado para voar em seu nome para destinos internacionais.

Quando não possuía uma empresa aérea própria, o Estado quase sempre apoiava uma das companhias locais, de capital privado, como a sua "empresa aérea de bandeira" informal. As regras do jogo comercial estabelecidas pelo Estado passavam, na prática, a seguir as preferências e os interesses dessa empresa de bandeira, mesmo que pertencente a capitais privados. Foi o caso da Varig no Brasil, especialmente no regime militar das décadas de 1960 e 1970. Como a aviação comercial é um negócio globalizado e sistêmico, o apoio – velado ou não – do Estado favorecia a empresa de bandeira selecionada tanto no mercado internacional quanto no doméstico.

Depois da desregulamentação da aviação comercial norte-americana no final da década de 1970, evento que influenciaria políticas parecidas em todas as partes do mundo, como vimos antes, o Estado passaria a se afastar da administração direta de empresas aéreas na América Latina, vendendo o controle acionário para a iniciativa privada. Foi assim que a Líneas Aéreas Paraguayas, a LAP, seria vendida para um grupo empresarial equatoriano e depois para a TAM, em 1996. Em Santiago, a LAN Chile seria privatizada, assim como aconteceria em Buenos Aires com a Aerolíneas Argentinas, mas esta última com uma história polêmica e conturbada, voltando posteriormente a ser propriedade estatal.

Na primeira fase dessas privatizações, geralmente o controle acionário era assumido por empresas aéreas estrangeiras, supostamente mais capazes de fazerem, pela experiência, as companhias aéreas locais voarem melhor sem a asa gerencial do Estado. Essas iniciativas não deram certo, com o tempo aconteceriam falências. Foi assim em Lima com a AeroPeru e em Caracas com a Viasa.

Um tempo depois desse período e já chegando à era contemporânea da Azul, o processo histórico que tinha começado lá atrás com a desregulamentação e com as privatizações apresentava um novo cenário da aviação comercial latino-americana. Tinham sobrevivido a esse momento difícil de mudança as empresas aéreas de países com maturidade econômica e de mercado suficientes para garantir a propriedade de suas áreas principais pelo capital local. Onde houve capital local forte, substituindo o controle acionário das áreas locais que tinham passado de mãos estatais para as de operadoras europeias, as empresas se adaptaram e cresceram.

Surgiu então um novo fenômeno, que foi a consolidação dessas grandes empresas sobreviventes em complexos empresariais novos, seja por aquisição ou por aliança.

Em Santiago, espremida por um mercado doméstico relativamente pequeno e já tendo como acionistas majoritários empresários locais da família Cueto, a LAN Chile começou uma agressiva campanha de expansão abrindo filiais ou empresas associadas em mercados como a Argentina, o Peru, o Equador e a Colômbia.

Na Colômbia, a Avianca – a segunda mais antiga empresa aérea em operação no mundo, depois da holandesa KLM – conseguiu uma privatização tardia, com seu controle acionário passando para as mãos do empresário boliviano naturalizado brasileiro e colombiano Germán Efromovich. Quando estabilizou a empresa – e, no Brasil, mudou o nome de sua empresa aérea regional Ocean Air para Avianca –, Efromovich moveu-se estrategicamente nessa corrida de consolidação continental, associando a Avianca à Taca, aérea sediada em El Salvador com presença marcante na América Central, e procurando crescer no restante da América Latina, tanto por meio de operações diretas quanto da formação de filiais, como a Taca Peru.

No Panamá, aproveitando-se de uma bem-sucedida aliança com a Continental Airlines norte-americana, que depois se fundiria com a United Airlines para formar a maior empresa aérea do mundo naquele momento – 5.341 voos diários, 373 cidades no seu mapa de rotas, cerca de 140 milhões de passageiros anuais –, a Copa iria se expandir para todo o continente, a partir de seu centro de conexões na Cidade do Panamá, tornando-se um dos principais atores do quadro que se formava na aviação continental.

E o Brasil, nesse quadro?

Depois do final do regime militar, a política governamental para a aviação comercial foi mudando gradativamente em direção à desregulamentação e à liberação do mercado para a participação de novos atores no jogo principal do negócio. A Varig foi perdendo o privilégio de único operador nacional do mercado internacional, na medida em que Vasp e Transbrasil também foram recebendo autorizações para voos internacionais. Com o tempo, nenhuma das três resistiria às profundas mudanças em curso, saindo do mercado por falência.

Quando a Azul surge no cenário, em 2008, as empresas aéreas dominantes são a TAM, que começara lá atrás como companhia regional e crescera para superar a Varig como líder do setor, e a Gol, lançada em 2001 como a primeira aérea da categoria LCC – *Low Cost Carrier* –, isto é, transportadora aérea de baixo custo, no Brasil. O panorama dessa primeira década do século XXI, porém, em que as consolidações estão acontecendo na América Latina, com reflexos sobre o mercado doméstico brasileiro, exerce pressão sobre ambas. O que faria a Gol: permaneceria voltada ao mercado doméstico apenas ou iria se tornar internacional? E a TAM, a aérea brasileira de maior presença internacional: apostaria na pujança do mercado brasileiro – o maior e mais importante da América Latina – para disputar espaço continental sozinha contra o grupo LAN, a associação Avianca-Taca, a Copa?

A TAM já não tinha mais no comando Rolim Adolfo Amaro, o piloto-empresário que a conduzira de seu modesto início regional para o posto de maior aérea brasileira. Seus herdeiros e família, acionistas majoritários, enfrentavam as dores do crescimento e da profissionalização executiva da companhia, em meio a esse ambiente empresarial doméstico de liberação do setor por parte do governo e internacional de consolidação de grupos no continente.

A empresa precisava encontrar um caminho estratégico para seu futuro, na medida em que o horizonte se mostrava ameaçador. Em 2008, registrara prejuízo líquido de um bilhão e 360 milhões de reais. A empresa acabaria por assinar uma associação – que o mercado entenderia como fusão – com a LAN Chile, ambas formando o Grupo Latam, anunciado em agosto de 2010. Em junho de 2012, a integração operacional se consolidaria.

Para a LAN, que há muito tempo buscava uma maneira de penetrar para valer no maior mercado doméstico do continente, a complexa engenharia financeira, acionária e legal que lhe permitiu aqui chegar por meio da TAM foi um instrumento decisivo na hora certa. A nova companhia controladora passou a ser proprietária do maior grupo de aviação comercial da América Latina, vencendo a corrida de consolidação com a Avianca, a Taca e a Copa. Sob suas asas, estão oito aéreas de transporte misto (passageiros e carga) em sete países, mais quatro transportadoras aéreas exclusivas de carga sediadas em quatro países distintos. Tem uma frota de 310 aviões, serve a 150 cidades em 22 países e está entre os 20 maiores grupos de aviação comercial do mundo.

Assim como a TAM buscava sinergia com a LAN e uma saída para enfrentar a tendência consolidadora no mercado internacional, a Azul buscava sinergia para expandir no mercado doméstico.

Pedro:
– Estávamos atentos à eventual compra de outras empresas aéreas.

Levou-se em conta, então, outra opção.

A Trip Linhas Aéreas tinha sido fundada em 1998 em Campinas, tornando-se com o tempo a maior empresa aérea regional do país e a maior desse segmento em toda a América Latina. Sua frota de 58 aeronaves chegaria a ser a terceira maior do país, e sua malha de rotas, com 93 cidades servidas, das quais 30 em caráter exclusivo, era a maior de todas as empresas aéreas brasileiras.

A empresa era iniciativa do Grupo Caprioli de empresas de transporte rodoviário do interior de São Paulo. Depois, teria como parceiro acionário o Grupo Águia Branca, sediado no Espírito Santo, também do ramo rodoviário e com atuação nacional, assim como na Argentina. Teria ainda como parceira acionária, numa certa fase, a empresa controladora das regionais americanas SkyWest e Atlantic Southeast (depois renomeada ExpressJet), o maior grupo de aviação regional do mundo, com frota de cerca de 760 aviões, aproximadamente 4.100 voos diários e cerca de 58 milhões de passageiros anuais.

Uma empresa aérea regional classicamente serve mercados secundários e cidades menores, unindo-as entre elas e fazendo ligações com os grandes centros distribuidores de tráfego, os *hubs*. Normalmente, opera aviões de menor porte.

No caso da Trip, o cavalo de batalha da frota era o turboélice ATR em diversas versões, com assentos variando entre 45 e 68. Seu avião maior era o jato Embraer 190. O mapa de rotas cobria todo o país, de Parintins e Altamira na Região Norte a Rio Verde e Rondonópolis no Centro-Oeste, de Vitória da Conquista e Fernando de Noronha no Nordeste a Araxá e Macaé na Região Sudeste, assim como Bauru também na Sudeste, Maringá e Joinville na Sul. Suas bases de distribuição de tráfego estavam no Aeroporto da Pampulha em Belo Horizonte, no Santos Dumont no Rio de Janeiro, no Aeroporto de Guarulhos em São Paulo, além de Cuiabá, Curitiba e Manaus.

O potencial de sinergia fazia sentido para a Azul. Pedro fez a aproximação:

– Eu tentava conversar com o Zé Mário sobre eventuais alianças. "Pô, Zé Mário, vamos trabalhar juntos, apesar de sermos pequenininhos". Mas o Zé Mário tinha um bom relacionamento com a TAM, não queria papo conosco. Chegamos a ter reuniões das equipes operacionais para falarmos de uma possível complementação operacional, mesmo porque a Trip estava comprando os seus primeiros jatos da Embraer. A Trip e a TAM chegaram a ter acordo para que uma venda acontecesse, mas a TAM considerou a Trip muito ambiciosa em suas metas e nos valores que apresentava.

Durante um tempo, a aproximação foi apenas esse ensaio de acordos operacionais.

– Mas isso não foi à frente. Então, eu almoçava com o Zé Mário, a gente se encontrava em eventos profissionais, mas nada acontecia.

José Mário Caprioli era o presidente executivo da Trip.

Depois de um grande hiato sem progresso, um diálogo frutífero aconteceria e as duas empresas partiriam para a fusão, anunciada publicamente em 2012. Pedro não participaria de boa parte das negociações para isso, entre fevereiro e maio daquele ano, por um motivo dramático que o leitor conhecerá no próximo capítulo.

O negócio chegou em boa hora. Completando a boa sorte da Azul, coincidiu, de após a fusão, a presidente Dilma Rousseff lançar um programa de incentivo ao desenvolvimento da aviação regional.

Qual era, para Pedro, o ponto frágil da Trip? E o que a fusão trouxe?

— A Trip não tinha um *hub* parrudo como o nosso, em Viracopos. Essa era a diferença fundamental entre o nosso projeto e o deles. O que aconteceu? Depois da fusão, o tamanho da Azul e da Trip em Belo Horizonte, onde já operava com sucesso, é igual ao da TAM e da Gol. Agora, juntos, somos fortes em Campinas, fortes em Confins, fortes no Santos Dumont, fracos em Guarulhos, zero em Congonhas, fortes em Campo Grande, que é o eixo do Centro-Oeste. Nossos aviões são do tamanho perfeito para o Oeste e, por Campo Grande, estamos no focinho do Brasil, enquanto os concorrentes têm de servir a região a partir de Brasília.

Sinergias obtidas?

— Sinergias de operação, de custos e de mercado.

Se a TAM e a Gol reagissem no mercado regional, não seria fácil para os concorrentes, estima Pedro:

— Mesmo que resolvessem comprar aviões ATR, teriam turboélices para encher aviões de 180 lugares. Eu tenho ATR de 70 lugares para encher aviões de 100 lugares. O jogo é outro.

Dos concorrentes, Pedro vê a Gol na situação mais frágil de todas no mercado, por falta de produto, serviço, preço, marca e pontualidade. Além disso, voa as mesmas rotas de seu concorrente direto, a TAM. Já a situação desta entende como melhor, uma vez que a entrada dos chilenos e a criação da Latam seguraram a fragilidade financeira que vinha apresentando.

Voltando no tempo para acompanharmos juntos o desenvolvimento histórico da Azul, depois da consolidação de Viracopos como principal base de operações da companhia, o passo seguinte foi consolidar o Aeroporto de Confins, em Belo Horizonte, como o segundo *hub* mais importante. Pedro:

– Dali poderíamos chegar mais facilmente e com melhor tarifa ao Norte e Nordeste do país.

Geograficamente, poderia fazer sentido explorar Goiânia como esse segundo *hub*. A apenas 209 quilômetros e a 25 minutos de voo de Brasília, ao norte, a cidade poderia ser uma alternativa que permitisse à empresa evitar o congestionado aeroporto da capital federal, ponto estratégico de distribuição de voos entre o Sul e o Sudeste, de um lado, o Norte e o Nordeste, de outro, para as demais empresas aéreas. Além disso, Goiânia poderia ser um ponto de distribuição de voos para o Centro-Oeste. A Azul chegou a cogitar a possibilidade, mas não foi adiante.

– Goiânia não tinha pátio, não tinha espaço, não tinha balcões para *check in*, não tinha infraestrutura, não tinha nada – explica Pedro. – Poderia fazer um puta sentido, mas as obras de modernização do aeroporto estavam paradas, embargadas na Justiça por causa de falcatruas.

Daí a escolha de Belo Horizonte:

– Além da infraestrutura melhor e da ociosidade no Aeroporto de Confins, o governo de Minas Gerais tinha diretrizes muito bem delineadas. Também cumpriu o que prometeu para a gente: fazer a Linha Verde ligando o aeroporto à cidade. Além disso, a via expressa daria acesso ao novo centro administrativo do governo estadual, que, de fato, eles montaram. Também já tinham o projeto do aeroporto-indústria pronto, com as leis todas para você fazer o desembaraço de alfândega, mais o projeto de transformar uma área de Lagoa Santa em centro educacional e de treinamento para jovens, com a formação de mecânicos. Eles queriam que as companhias se relacionassem com esse projeto. Então, esses caras são pedras quentes.

Havia uma outra pedra no sapato, porém. Fria, incômoda:

– A Infraero não correspondia em nada. Tentamos usar o terminal da aviação executiva, mas a pista de acesso iria precisar de uma curva de cimento para dar passagem aos aviões.

A obra não foi feita. Mesmo assim, a Azul cresceria para se tornar o segundo maior operador nos aeroportos de Belo Horizonte – Confins, a 40 quilômetros da cidade, e Pampulha, aeroporto central –, em número de voos.

A estratégia para o restante do país abrangeria a formação de *minihubs* que receberiam e redistribuiriam os passageiros. Este seria o papel do Aeroporto Santos Dumont e de Campo Grande, por exemplo, assim como Porto Alegre. Já Brasília seria *minihub* mais reduzido ainda. Pedro explica:

– Competir com os monstros é bobagem. Tem horas que a TAM e a Gol têm 17 aviões no chão, em Brasília. Nós temos 12 voos por dia lá. A briga seria muito dura, custaria muito dinheiro para a gente. Mesmo que o aeroporto cresça e se expanda, como estão dispostos a fazer os novos administradores que assumiram após a privatização, não vale a pena.

O plano previa a manutenção de Viracopos como o grande *hub* da Azul com mais de 140 voos diários e *minihubs* com média de 30 voos diários estrategicamente distribuídos ao longo do país. A redistribuição do tráfego de passageiros estava pensada para os aviões do tamanho certo que a Azul queria:

– Nossa missão era oferecer mais frequências de voo do que qualquer outra companhia. E o que pode dar maior frequência é o minihub, ao contrário de um hub gigante, como o da US Airways em Charlotte. Os nossos Embraer poderiam permitir a alguém sair de manhã de uma cidade maior, voar para um minihub, dali fazer conexão num ATR nosso para uma cidade menor e, no fim do dia, fazer todo o trajeto de volta, indo dormir em casa. O hub gigante é de operação complexa, pode ficar muito distante do destino final do cliente.

> O Aeroporto Charlotte Douglas International em Charlotte, na Carolina do Norte, é o principal hub da US Airways, com 649 voos diários da empresa, em média, quando escrevo este original em outubro de 2013. Sexta maior companhia aérea dos Estados Unidos, a US Airways está aguardando aprovação dos órgãos competentes para fusão com a American Airlines, processo que daria formação à maior empresa aérea do mundo, com 6.700 voos diários para 336 destinos em 56 países e mais de cem mil funcionários.

Na Azul, a fase de expansão estava se consolidando velozmente por meio de crescimento próprio, com a chegada de novos aviões à frota, início de operações em um número cada vez maior de cidades, estabelecimento da rede de hubs e integração das rotas da Trip. No entanto, ainda haveria dores de cabeça na área política do negócio, antes da fusão com a Trip:
– Teve uma proposta de desconto de ICMS para quem servisse cinco cidades na Bahia – relembra Pedro. – O preço do combustível de aviões representa uma participação importante no custo de uma empresa aérea. Assim, pegamos o decreto, falamos "vamos voar para aqui, aqui, aqui, aqui e aqui no dia X".

Pedro bate forte um dedo sobre um papel na mesa, como se estivesse apontando as cidades no mapa baiano.

– Chegamos à Secretaria da Fazenda, falamos: "estamos alinhados ao decreto, nós vamos voar. Queremos que nos deem um documento que nos garanta o desconto e que possamos apresentar à Petrobrás". Aí começou uma conversa de "ah, vamos ver, quem sabe, espera aí".

O efeito?

– Começou um imbróglio. Eu saía de uma reunião autorizado; na reunião seguinte, saía desautorizado. Aí eu perguntava: "por que a Trip pode e eu não posso, se estou voando para o mesmo número de cidades?". Eu já tinha até combinado com o governo estadual que haveria festa completa, com banda de música e tudo, na inauguração do voo para Paulo Afonso. Finalmente colocamos a Secretaria da Fazenda e a Secretaria de Desenvolvimento num canto do ringue. Essas duas áreas do governo da Bahia não estavam afinadas. Quer dizer, foi uma banana atômica, pois achavam que a TAM e a Gol não se enquadrariam no decreto, porque, se isso acontecesse, iam perder muita receita. Achavam que só a Trip faria isso, com seu serviço regional. Tiveram que mudar o decreto.

O episódio da Bahia não foi o último dentre as dificuldades no campo político. Ainda houve alguns obstáculos com a Infraero:

– Chegou um determinado momento em Viracopos em que já tínhamos o dobro do movimento da TAM em voos, mas tínhamos só a metade das posições de *check in*. E a Infraero não tinha ferramentas legais, dentro do acordo, no contrato, para fazer a TAM e a Gol devolverem as posições de *check in* ociosas. Inacreditável o que vivemos!

As instituições podem ter lá seus empecilhos de gestão. As normas da Infraero Brasil podiam atrapalhar, mas as instituições são feitas por gente. E assim, em cada aeroporto, a boa vontade de pessoas da Infraero local resolvia um problema ou outro, ainda que parcialmente. Talvez a Azul não conseguisse todas as posições de *check in* que precisasse, mas conseguia uma, pelos menos.

Em Viracopos, o problema era mais grave, por ser a base central. Parecia ridículo, a Pedro, que não houvesse dispositivo nos contratos para obrigar os contratantes com posições ociosas a dividi-las com outros operadores. A Azul estava disposta a compartilhar espaços, mas não adiantou.

– Só conseguimos crescer quando expandiram o aeroporto e moveram a Gol para outro lado do terminal. Aí nos colocaram no espaço que a Gol tinha usado. Também nos repassaram algumas posições de *check in*. Nessa altura, era inequívoca nossa presença forte em Viracopos. Já tínhamos 140 voos por dia, contra três ou quatro deles. Aí ninguém tinha como argumentar.

A ineficiência da Infraero era alarmante, na concepção de Pedro:

– A primeira vez que faltou luz no aeroporto, foram ligar o gerador de reserva, o gerador estava com óleo diesel velho! Tinham esquecido de trocar o diesel, que precisa ser renovado mensalmente.

Outro episódio considerado vergonhoso por Pedro foi a questão do espaço para manutenção dos aviões em Viracopos. A Azul solicitou à Infraero, três anos antes da privatização do aeroporto, uma área de 60 mil metros quadrados para fazer hangaragem. O tempo passou, nada foi resolvido. Só após a tomada de posse dos novos administradores, no final de 2012, é que o assunto teve andamento. De qualquer modo, as taxas de aluguel que pagará deverão ser superiores aos da TAM e da Gol, que se valem de acordos antigos, assinados ainda no tempo da Infraero.

Ah, caro leitor, prezada leitora. Esses episódios ilustram as dores e os preços que, no mundo real, desafiam ideias novas quando descem do plano dos sonhos para a concretização efetiva entre os mortais. Parece inevitável que a natureza da nossa sociedade moderna e dos negócios, como parte dela, exige luta, tensão, esforço, embate, se queremos transformar projetos em realidade. Como reconhece a sabedoria popular, não há vitória sem esforço, nem glória sem suor.

Há momentos de prazer e de êxtase também. Felizmente.

Na linha do tempo, a Azul e Pedro Janot chegam ao último trimestre de 2011 com as dores mais fortes do parto empresarial deixadas para trás. Já são quase três anos desde o nascimento da companhia.

As conquistas são evidentes. Em 2010, é eleita pela revista especializada *Avião Revue* a empresa aérea brasileira de melhor identidade corporativa; pela revista norte-americana *Advertising Age*, especializada em publicidade e propaganda, é identificada como uma das 30 marcas de maior prestígio no mundo. Em 2011, a promoção britânica Skytrax World Airlines Awards a premia como a melhor aérea *low cost* da América do Sul; a publicação norte-americana *Fast Company* a festeja como a empresa mais inovadora do Brasil e uma das 50 mais inovadoras do mundo.

As vitórias podem ser celebradas. O respeito e o reconhecimento do mercado são sólidos, a marca tem presença que se destaca, os números atestam o sucesso.

Um oásis de êxito. Um brinde de mérito.

Mas quer a natureza das coisas que o dinamismo de tudo neste mundo seja cíclico. E que mais do que suor, às vezes, o destino nos roube, no caminho, uma lágrima.

UM DIA NA VIDA

O domingo 13 de novembro de 2011 despontou no horizonte de Pedro Janot como um promissor oásis de descanso em meio a uma pesada agenda de trabalho. Era parte do feriadão de 15 de novembro, Proclamação da República, na terça-feira.

Havia pouco mais de três anos e quatro meses do início de sua saga na Azul. Encontrava-se na fase de consolidação da companhia, presidindo-a em meio à batalha de mercado para ser a melhor empresa aérea do país, a mais pontual, a mais rentável. Na sexta feira, 11 de novembro, o oásis se aproximava, mas não parecia estar reservado exclusivamente ao lazer. Aurora Vezzelli, assistente da diretoria que você conheceu anteriormente no livro, caro leitor, lembra-se perfeitamente:

– No final do dia, a última coisa que o Pedro me pediu foi que providenciasse cópias dos custos de telefonia da empresa. Queria a relação de todos os que usavam telefones celulares. Disse-me que iria para o sítio dele em Joanópolis, mas aproveitaria para trabalhar nisso. Como iria ficar fora no feriado prolongado, acelerou tudo porque o tempo era curto. Informou o endereço onde estaria e deu os números de telefones pelos quais ele poderia ser encontrado, pedindo para que eu repassasse para todo mundo.

O ritmo de trabalho intenso e que não diminuía, desde julho de 2008, era motivo de preocupação para Débora Janot:

– Eu estava vendo que a coisa estava ficando fora do nosso controle e dizia: "Pedro, você tem que diminuir esse ritmo alucinante. Você não tem mais tempo para nada, nem ninguém".

Faltavam férias também, que Pedro não tirava desde sempre, na Azul. O casal tinha aproveitado a entrega do primeiro ATR, em outubro, para um rápido passeio de carro de cinco dias pelo sul da França. Mas fora pouco. Nessa viagem, Pedro e Débora conversaram longamente com Panda sobre essa questão da importância de férias para todos os diretores e fundadores da companhia, mas nada caminhara muito depois disso.

Havia um plano, é verdade. De uma viagem anterior na sua época de Pão de Açúcar, Pedro tinha voltado maravilhado com a Patagônia. Havia resolvido, então, que, em fevereiro de 2012, iria sair de Santiago do Chile numa moto KTM 900, sozinho, indo encontrar-se com Débora e os dois filhos do casal, Marcelo e Maria Cândida, ambos adultos, na cidadezinha argentina de El Calafate. Dali, todos seguiriam para Ushuaia, no extremo sul da Patagônia. Mas Pedro iria de moto – novamente sozinho –, pelo pior trecho, mas que oferecia trilhas mais próximas às montanhas, usufruindo assim das incríveis paisagens que a jornada lhe proporcionaria.

Naquele feriadão de novembro, o assunto das férias iria estar em pauta novamente. Débora:

– No dia a dia, não havia tempo. Ele chegava em casa, na hora de dormir, exausto. Então iríamos aproveitar os quatro dias de feriado para conversarmos sobre isso. Tinha uma coisa que mexia comigo. Pela primeira vez, em 27 anos de casados, eu estava dando um freio nele. Via o Pedro cansado, engordando, o colesterol subindo, a pressão oscilando. Falei o que senti: "Para. Para porque a coisa não está bem".

Um outro fator complicava um pouco as coisas. Anos antes, em outra aventura de cruzar a pé a Chapada Diamantina numa caminhada de uns 120 quilômetros, Pedro sofrera um rompimento do ligamento cruzado anterior que o levaria à cirurgia do joelho direito. Precisou da cirurgia na medida em que o aumento das dores no local, a impossibilidade de praticar ginástica e o peso que ganhava com a vida sedentária e refeições nem sempre saudáveis tornaram a situação crítica. Naquele novembro, já se sentia um pouco melhor. Podia fazer caminhadas leves, podia pedalar uma bicicleta. E tinha uma situação favorável no final de semana.

Pedro levou a família para o sítio que comprara em Joanópolis, a 115 quilômetros a noroeste de São Paulo. Um lugar aprazível, nos contrafortes da Serra da Mantiqueira, cercado por uma das maiores reservas de mata nativa do Estado de São Paulo, clima agradável com média anual de 16°C, cachoeiras e riachos na região, tornando o local um pequeno paraíso de contato com a Natureza. Um sonho que Pedro acalentara por muito tempo e que finalmente havia conseguido realizar.

No domingo, Débora saiu para uma caminhada num pequeno grupo que incluía também o filho Marcelo, a namorada do rapaz, Fernanda, a filha, Maria Cândida, e uma amiga dela, Nathalia. Estava preparada para os carrapichos vestida toda de preto, uma calça de lona e botas Timberland, cabelo preso.

Pedro combinou um passeio de bicicleta com Marcelo na parte da tarde. Pela manhã, tinha combinado um passeio a cavalo. Semanas antes, havia recebido de um amigo um cavalo para experimentar. Se gostasse, ficaria com o animal. Fariam uma barganha, como aquelas de antigamente entre amigos, coisa tipo "uma bola de futebol por dez galinhas". Estava acostumado a cavalgar todo tipo de cavalo e usar diferentes selas desde muito jovem, ensinado pelo tio Mauro, personagem que você vai conhecer em capítulo adiante, neste livro. O companheiro de cavalgada seria Celso Nogueira, prefeito de Joanópolis, que morava ali perto do sítio. Na semana anterior, ambos já haviam feito uma cavalgada, a primeira em que Pedro montou o mesmo cavalo do dia 13, enquanto Celso tinha montado seu campolina arisco que o jogou ao solo perto do sítio. Por pouco não se machucou feio.

O parceiro saiu de camisa verde de manga comprida e chapéu, Pedro de camisa xadrez, chapéu, calça jeans:

– Resolvemos sair para visitar uns amigos na direção de São Francisco Xavier. Eu queria comprar umas selas de cavalo, mas então decidi que não compraria nenhuma antes de aprender sobre elas. Como o Celso tinha um paiol com várias, decidi experimentar, para conhecer. Troquei de sela umas cinco vezes, talvez. Para trocar cinco vezes de sela, você tem que subir e descer do cavalo cinco vezes. Foi o que fiz. Nenhum problema. Depois, fomos até a fazenda de um amigo. Apeei do cavalo. Fomos lá, conversamos, tomamos um café, subi no cavalo de novo, fomos para a fazenda de outro amigo. Apeei. Tomei meio copinho de cerveja, desses de botequim. E experimentei um dedinho de cana, uma prova de uma cachaça rara que tinha lá. E uma linguicinha frita. Não mais do que isso.

Pedro tinha combinado de almoçar cedo, em casa. Não queria se atrasar tampouco para o passeio de bicicleta com Marcelo.

– Saí da fazenda, em direção à minha casa, um pouquinho à frente do Celso. Aí vi que a barbela – a corrente que passa por debaixo da beiçola e se prende ao freio – do meu cavalo estava solta. Apeei do cavalo, que ficou parado, mansinho. Acertei a barbela dele.

Celso continua:

– A Débora tinha passado lá em casa, conversado com a Márcia, minha esposa. Tínhamos combinado de almoçarmos todos juntos na casa deles. Estávamos indo para lá, depois de visitarmos outro amigo, o Naldo Cardozo. Eu estava cavalgando dessa vez uma égua branca muito mansinha. Aí o cavalo do Pedro, um manga-larga marchador, também branco, começou a balançar a cabeça. Ele desceu do cavalo. Fiquei atravessado de frente, na estradinha, montado na minha égua branca, eu aqui e ele ali. O Pedro pôs a barbelinha de volta. Aí ele pôs o pé esquerdo no estribo, colocou a mão no arreio, subiu o corpo. Passou direto pela sela! Desceu retinho do outro lado. Caiu de cabeça!

Toma fôlego. Continua, perplexo com a cena:

– Não pôs a mão, não tentou segurar para não cair, não fez nada! Nada! E o cavalo não pulou, não andou, não fez nada!

O cavalo parado. Do jeito que subiu de um lado, mergulhou de cabeça do outro. A única explicação lógica, para mim, é que ele teve um apagão. Afundou a cabeça um tantinho assim no chão, que ali a estradinha é de terra arenosa e estava um pouco úmida. Saiu um chumaço de cabelo. Ficou caído de boca pra baixo. Só eu e a cachorrinha dele, a boxer Zara que nos acompanhava, vimos isso.

Pedro:

– Passei a perna no cavalo e caí do outro lado. De cabeça pra baixo.

Celso:

– Desci da égua. O Pedro falou: "quebrei o pescoço!". E apagou. Virei ele de boca pra cima. O Pedro não mexeu, ficou imóvel no chão, não fazia nada. Eu dei uns gritos para o Naldo, que a casa dele ficava a uns 500 metros. Mas numa estradinha de terra... na roça... no meio do mato... não escutava. A cachorrinha ficou deitada, olhando. O cavalo dele saiu dali, foi embora sozinho para o sítio do dono, também próximo do local.

Celso montou a égua, foi em busca do amigo que visitara há pouco:

– Naldo, me ajuda! O Pedro caiu do cavalo.

– Como, caiu?

– Caiu do cavalo, ali na frente!

Os dois foram na perua Toyota preta de Naldo para o local.

– Quando o Naldo viu, falou, "morreu!".

– Puxa vida, não pode ter acontecido isso! Você tem água no carro?

– Tem uma garrafinha.

– O Naldo me deu a garrafinha. Despejei água nos olhos do Pedro, tirei areia dali, tirei do nariz, tirei da boca dele.

– Olha, tá vivo! Tá mexendo o olho!

– O Naldo tinha percebido que o Pedro tinha mexido um olho por dentro, mesmo estando fechado.

– Vamos levar para a Santa Casa!

– Não vamos mexer, não! Deixa ele quietinho do jeito que está.

Não põe a mão, não! Eu vou lá na sua casa de novo, vou telefonar para a Santa Casa mandar a ambulância. E vou ligar para a Márcia.

Márcia saiu no fusquinha amarelo 1979 do casal, procurando Débora. Mesmo sem saber regular o banco do automóvel, mesmo sem saber usar a marcha ré. Desencontraram.

Celso insistiu no telefone, tentando explicar à Santa Casa como chegar ao local do acidente, numa estradinha rural sem placa, sem nome, sem referência, sem que os funcionários conhecessem Naldo ou qualquer outro morador da região...

Enquanto isso, o cavalo chegou sozinho ao sítio do dono. O caseiro, estranhando ver o cavalo sem cavaleiro, foi atrás do caseiro de Pedro, Fábio de Souza Gonçalves, o Fabinho. Mas aquele não foi o único fato estranho do dia. De manhã, já tinha acontecido outra situação. Débora:

– Quando saí para a caminhada, o Fabinho me disse: "dona Débora, eu estou preocupado com o seu Pedro sair nesse cavalo hoje". Retruquei: "Mas porque você está preocupado? Na semana passada, ele andou nesse mesmo cavalo". E ele, "não, mas estou preocupado. A que horas ele vai voltar?".

Ao terminar a caminhada, Débora encontrou Fábio ainda preocupado, dizendo que Pedro não havia voltado. Não deu bola, mas, ao entrar em casa, a caseira Rose, esposa de Fábio, estava muito tensa.

– Contou que o Celso tinha ligado, avisando que o Pedro tinha caído do cavalo. Imediatamente eu raciocinei: "bom, se caiu do cavalo e não o estão trazendo aqui, alguma coisa séria aconteceu". Do jeito que eu estava, sem me trocar, saí para encontrar o Pedro. Pedi ao Marcelo para vir comigo e que apenas trocasse a camisa, pois estava muito suado.

O local do acidente estava a uns sete quilômetros do sítio. O acesso era difícil, a estrada ruim. Fazia muito calor. Era algo entre meio dia e uma hora da tarde quando Débora e Marcelo chegaram. Celso:

– Chegou a Débora no Land Rover deles, chegou a Márcia no fusquinha. Eu e Naldo ali, o Pedro deitado, inconsciente. Quando começou a voltar do desmaio, pediu água, mas falava assim, "aga, aga, aga"... com muita dificuldade. Peguei água da garrafa, que ainda tinha um pinguinho, mas não dei para ele beber, não. Só molhei a boca dele. Vi que saía sangue da boca e aí... puxa vida... pensei, "arrebentou tudo na boca!". Mas não; é que, na queda, cortou a língua. Inchou.

Débora teve uma experiência diferente. Conseguiu entender que o marido dizia estar com uma pressão muito grande no peito. Não conseguia respirar direito. Ouviu: "não estou sentindo as pernas, não estou sentindo nada!". Entendeu também que pedia para procurar imediatamente Miguel Dau, que ele resolveria tudo. "Liga para o Miguel!"

Débora:

– Olhei para ele firme e disse: "Pedro, eu vou buscar ajuda!".

Quis o destino que, naquela circunstância dramática, Pedro contasse com uma providencial intervenção favorável, em meio a tantos fatores contrários. Um de seus vizinhos de sítio era o médico neurocirurgião Mário Pena Dias, do Grupo de Cirurgia Vertebral da Faculdade de Medicina do Hospital das Clínicas, em São Paulo. Mas, ali, seu ponto de refúgio nos fins de semana, o doutor Mário estava noutro papel:

– Sou criador de gado leiteiro Jersey. Eu estava tratando de um animal em anemia profunda por carrapatos, no curral, quando minha filha Maria Luísa, também médica, veio me dizer que recebera um telefonema da Débora, avisando que o Pedro tinha caído de um cavalo. Não sabia das condições do Pedro, mas que não estava bem.

Quando chegou ao local em sua camioneta Mitsubishi L 200 Triton, ainda de chapéu, bota, sujo de excremento de gado, direto do curral onde estava fazendo transfusão de sangue no animal doente, acompanhado do filho Francisco, Mário já encontrou a ambulância da Santa Casa de Joanópolis. O problema é que Pedro, alto, grande, pesando 115 quilos, não cabia na minúscula ambulância Fiat Fiorino. Pedro desmaiava e acordava, desmaiava e acordava. E brigava com Celso:

– Porra, eu quero levantar o pescoço, Celso!

– Não se mexe, Pedro!

– Eu queria tomar pé da situação, saber o que estava acontecendo. Lembro-me que me colocaram numa padiola onde cabia metade do Pedro nela... Aí acabaram me levando para o meu carro, onde eu caberia exatamente, deitado na diagonal. No Land Rover, você pode abaixar todos os bancos.

Mário orientou a acomodação de Pedro no carro dos Janot, ordenando para não mobilizarem o pescoço, enquanto Celso diz ter ouvido do médico uma explicação confortadora.

– O doutor Mário disse: "primeiro foi Deus e depois foi você que salvou a vida dele. Porque se você o transportasse, ele morria. Se desse água para beber, ele morria". O problema era engolir água e engasgar. Eu nunca tinha lidado com isso antes. Tinha 62 anos na época, mas nunca tinha lidado com isso. O Naldo me pedindo para levar o Pedro para a Santa Casa, eu não deixava levar. Fiquei aguardando chegar socorro. Não sei se foi instinto ou se foi Deus que avisou.

Ao examinar Pedro rapidamente na maca, Mário deduziu de imediato a gravidade do caso pela falta de movimentos. Estava claro que tinha ocorrido um traumatismo raquimedular. Estava muito agitado, confuso mentalmente, falando frases desconexas.

– Na classificação que a gente usa, de zero a cinco, ele apresentava sensibilidade zero, força zero. Alternava agitação com sonolência. Isso era outra questão que me ocorria, se havia concomitante alguma lesão cerebral.

Débora assumiu o volante, Mário sentou-se do lado, no assento do passageiro, passando a orientar tanto a Débora na direção quanto a auxiliar de enfermagem na parte traseira, para que segurasse Pedro, evitando principalmente movimentos do pescoço. A motorista teria de tomar cuidado com curvas fechadas, evitar os muitos buracos e pedras da estrada de terra. Nove quilômetros de agonia. E mais 18 quilômetros em asfalto de curvas tortuosas até a Santa Casa de Joanópolis. Débora:

– O Pedro começou a reclamar de dor. O Mário olhou para mim e disse "eu quero um helicóptero para tirar ele daqui o mais rápido possível, porque o caso é grave!". O tempo começou a fechar. Mandei o Marcelo de volta para casa para ir arrumar tudo, depois ir me encontrar no hospital. E de lá a gente ia ver o que ia acontecer.

A pequena comitiva também composta pelos filhos de Mário Pena no outro carro, junto com Maria Cândida, Celso e Márcia no fusquinha, chegou à Santa Casa de Joanópolis debaixo de chuvisco leve, o tempo ameaçando fechar mais.

– Eu não sabia o que havia acontecido, na realidade –, reelabora Mário. – Se era uma fratura da coluna cervical apenas, se era uma fratura da coluna cervical mais uma hérnia de disco comprimindo a medula. Sabia que havia uma lesão grave na medula, mas não sabia se era uma secção da medula, se era uma edema de medula, se havia acontecido uma isquemia mais o edema na medula. Eu não tinha esse parâmetro.

Sabia que o trauma tinha sido em algum ponto entre as vértebras cervicais C3 e C5, no alto da coluna. Pelo canal interno das 33 vértebras que formam a coluna do corpo humano passa a medula, responsável pela transmissão de todos os impulsos elétricos que saem do cérebro comandando os órgãos e músculos do corpo e voltam trazendo sinais de retroalimentação para o cérebro. Um trauma violento na coluna pode afetar a medula. A coluna lesionada interrompe ou dificulta o fluxo elétrico entre o cérebro e o restante do corpo. Alguma coisa pode parar de funcionar. A pessoa pode ficar paraplégica, tetraplégica. Apesar da vasta experiência do doutor Mário, 35 anos de neurocirurgia e, desde 1990, superespecializado em cirurgia de coluna cervical no Hospital das Clínicas, faltavam-lhe ali condições para detalhar o caso do paciente. Ao chegarem à Santa Casa de Joanópolis, Pedro foi acomodado numa ambulância maior ali estacionada, onde Mário começou a dar os primeiros socorros típicos de traumatismos raquimedulares:

– Um atendimento padrão dentro das condições que tínhamos – explica. As primeiras 24 a 48 horas de traumas raquimedulares são as mais importantes. É quando existe o choque medular. Você precisa fazer alguma coisa para que o paciente fique o mais confortável possível e para que, se tiver de atuar cirurgicamente, você tenha as melhores condições para ele, não só no sentido de sobrevida, mas principalmente de qualidade de vida. Prescrevi a medicação, corticoterapia pesada que se usa nessas ocasiões para diminuir o trauma na medula.

Pedro:

– Cheguei na Santa Casa, começaram a tirar minha roupa. O Mário me deu cortisona. Depois daquele sacolejo todo, mesmo imobilizado eu estava sentindo muita dor. Era incontrolável. Parecia que as mãos e os pés estavam se fundindo, como metal. E eu disse: "porra, Mário – falei assim mesmo com ele, tentando dar uma engrossada –, me apaga que eu estou sentindo muita dor!". E ele: "não vou apagar, segura firme, e só para lembrar uma coisa, presidente: o presidente aqui agora sou eu!".

Mas por que Mário não cedeu ao apelo de Pedro, sedando-o?

– Porque eu não sabia o nível da lesão. Eu não tinha uma tomografia ou uma ressonância, nada para determinar se havia uma concussão cerebral concomitante, o que é muito comum em casos como o dele, de mergulho de cabeça. É muito frequente a pessoa ir mergulhar em lagoa nos fins de semana, não sabe que a lagoa é rasa, bate a cabeça no fundo. Isso pode provocar um hematoma ou mesmo uma contusão cerebral que gera edema, provoca sonolência. E você, se vai dar um sedativo a mais, vai somar à sonolência. Não sabe mais em que nível o paciente está.

Pausa. Completa:

– Normalmente se seda o paciente quando está num ambiente hospitalar e você tem um controle exato do que está ocorrendo, seja por meio de exames clínicos mais exatos, seja por exames radiológicos. Quando eu transferisse esse paciente, o Pedro, para o colega do helicóptero, eu não teria condições de informá-lo corretamente em que nível estava essa consciência. O colega poderia perguntar: "mas e agora, o que está acontecendo? Será que vou precisar entubá-lo?". E você veja, a entubação em paciente acidentado num trauma raquimedular alto é complicada. O anestesista precisa ter uma prática muito grande nessa situação, porque o movimento de extensão do pescoço para passar o tubo pode provocar uma piora no quadro de lesão da pessoa.

Cuidar de Pedro com o tratamento inicial naquelas condições limitadas era apenas o primeiro passo do processo de socorro que Mário Pena estava comandando. Tinha de ajudar a decidir, em seguida, para onde o encaminhar na fundamental etapa seguinte.

— A Débora sugeriu que eu fosse tratar do Pedro em São Paulo, mas achei que não teria condição, pelo estado físico em que me encontrava, vindo de um curral, sujo daquele jeito. Também gosto muito do Pedro, tenho uma amizade grande. Acho que nesses momentos você precisa ser atendido por um profissional mais distante emocionalmente. Tentei localizar um médico amigo meu no Hospital Sírio-Libanês, o doutor Mário Augusto Taricco, que tinha sido meu chefe no Hospital das Clínicas. O doutor Erasmo, da equipe dele, dispôs-se a receber o Pedro.

A corrida contra o relógio era dramática. Débora:

— Graças a Deus que o Mário estava lá dando os primeiros socorros. Ele já estava com a sequência do atendimento toda na cabeça, naturalmente. Já tinha administrado a cortisona em alta dose e sabia que o Pedro tinha de chegar a um hospital em São Paulo a tempo, pois sabia como essa coisa toda evolui.

Já havia destino, o Hospital Sírio-Libanês. Só que surgiu um problema: não havia vaga.

Nathalia, a amiga de Maria Cândida, filha do doutor Wladimir Alfer, médico do Hospital Albert Einstein, em São Paulo, colocou Débora em contato com o pai:

– O Wladimir primeiro notificou ao urologista do Pedro, doutor William Nahas, depois ligou para o presidente do Sírio, amigo dele. Conseguiu a vaga. O William contatou de imediato o doutor Félix Pahl, da equipe do doutor Taricco: "Félix, estou com um paciente meu que sofreu esse acidente, onde você está?"; "Estou num churrasco, em casa"; "Ah, meu chapa, veste uma roupa e vai para o Sírio, porque esse cara vai precisar de você".

A opção pelo Sírio-Libanês ganhou um aval moral: também amiga da família Janot, Beth Calux, ex-esposa do doutor Wladimir, instrumentadora cirúrgica, assegurou a Débora que os médicos cujos nomes estavam sendo apresentados a ela naquele momento como os profissionais que cuidariam de Pedro na emergência eram altamente recomendáveis.

Superado o obstáculo da falta de vaga, outra questão a resolver: transportar o paciente para São Paulo. Débora e Maria Luísa colocaram-se em contato com o convênio de Pedro, a Amil, mas ali também surgiu um problema. A empresa demorou a se definir pelo envio de um helicóptero, devido ao mau tempo no local onde a aeronave estava baseada.

Pelo sim, pelo não, enquanto o impasse era enfrentado nos bastidores, Celso Nogueira dirigiu-se para resolver outra questão. Joanópolis é uma cidade pequena, 12.000 habitantes em todo o município. Só havia um local para o pouso de um helicóptero à menor distância possível da Santa Casa: o principal campo de futebol da cidade.

Acontece que naquele domingo havia um jogo de várzea importante, o Roma local enfrentando um time de São Paulo cujo nome Celso, tempos depois daquela tarde dramática, conversando com este autor numa antessala de hospital onde sua esposa Márcia está internada em estado grave, não consegue lembrar. Não teve dúvida: dirigiu-se ao campo para conversar com o juiz, preparando terreno para interromper o jogo quando a aeronave chegasse.

Só que não havia helicóptero.

Outros personagens dessa história precisavam ser mobilizados, e não apenas para ajudar na questão do transporte, pois o acidente com o presidente da Azul trazia implicações imprevisíveis para a companhia. Miguel Dau:

– Eu estava no Rio de Janeiro naquele domingo, na casa de minha mãe, como normalmente faço todos os domingos. É quando eu tenho oportunidade de ver minha mãe, meus irmãos, meus filhos. O almoço tinha acabado de acontecer, faltavam dois ou três minutos para as três da tarde, quando tocou o telefone e eu vi no visor o nome Pedro Janot.

Prossegue:

– Oi, Pedro!

– Não, é Débora!

Naquela fração de segundo, mesmo antes de Débora prosseguir, Miguel teve a nítida sensação de que algo de ruim acontecera. Ele também tinha o telefone e o nome de Débora identificados no seu celular. Estranhou ela estar usando o telefone do marido.

– Não queira uma explicação que não vou conseguir para lhe dar – diz a este autor. – Mas deu-me uma sensação de que vinha má notícia. Estou acostumado a ter má notícia ao longo de toda a minha vida profissional, desde acidente com mortes a estouro de pneu, atraso de voo, o diabo. Falei: "o que foi Débora?".

– Pedro sofreu um acidente de cavalo! Preciso removê-lo daqui agora!

– Onde você está?

– Em Joanópolis, na Santa Casa. Vou para o campo de futebol.

– Essa é a melhor área para pousar um helicóptero?

– É.

– A partir de agora, use o mínimo este telefone. E a partir de agora, estou assumindo controle de toda a operação.

Fábio Barros é o tipo do sujeito que sabe viver sob pressão. Carioca com jeito de mineiro tranquilo, está acostumado a fazer a rara mistura fina entre serenidade e adrenalina a mil, diante das surpresas do dia. Gerente sênior do Centro de Controle Operacional da Azul, quando é ouvido por este autor em março de 2013, tem 227 profissionais sob seu comando. "Não posso reclamar de mesmice", comenta. "Quando chego para trabalhar, têm situações bem inusitadas. Hoje mesmo havia oito bases fechadas." Não é qualquer problema que ameaça apavorá-lo. "Gente, não criem pânico onde não tem" e "emergência tem de ser tratada assim quando realmente é uma emergência" poderiam ser facilmente considerados seus lemas.

No dia do acidente de Pedro Janot, estava saindo de seu apartamento no Leme para ir almoçar com amigos em Ipanema, no Rio de Janeiro, quando o celular tocou no corredor, segundos antes de apertar o botão de chamada do elevador. Era Miguel Dau com a notícia.

– A gente precisa fazer o resgate aéreo do Pedro. Estamos tendo dificuldade com a Amil. Vou lhe passar o telefone da esposa dele. Ligue para ela.

Débora atendeu, passando o telefone para Marcelo que informou que Matheus Martins, o corretor de seguros que atende a Azul, estava se inteirando da situação, tentando resolver o impasse com a Amil. Mas não havia tempo a perder, então Fábio informou que iria contatar outros fornecedores de serviço de resgate.

Uma particularidade curiosa da indústria do transporte aéreo é que, embora as empresas disputem mercado a tapa na área comercial, no setor operacional e de segurança coexiste às vezes uma camaradagem pelo bem comum. Enquanto as áreas de marketing digladiam-se umas às outras, tentando surpreender o concorrente com iniciativas arrasadoras, as de segurança dialogam e aprendem mutuamente. Por baixo da rivalidade institucional, os profissionais do setor nutrem um silencioso respeito mútuo. Entendem-se. Formam uma discreta irmandade de pares centrados em propósitos transcendentes ao nível meramente mercantil do negócio.

Fábio havia se tornado amigo de Paulo Henrique Fontes, profissional que desempenhava na Gol função similar à sua. Lembrou-se que Paulo saíra da concorrente e estava gerenciando a área operacional da Global Aviation, especializada em aviação executiva, em São Paulo.

Deu meia-volta, entrou no apartamento e enquanto ligava seu *laptop* Dell para procurar no Google Maps as coordenadas do campo de futebol de Joanópolis, desencavou os telefones da Global, já ciente de que, em seguida, teria de cancelar o almoço com os amigos, sem poder dar muita explicação. Discrição é também a alma do seu negócio.

– Paulinho, nosso presidente sofreu um acidente e eu preciso de um helicóptero UTI. Você tem como me conseguir isso ou como me indicar alguém?

– Fábio, temos um que foi homologado para a Fórmula 1. Me passe as coordenadas que já vou acionar o piloto. Em meia hora, ele vai estar no hangar pronto para decolar.

Enquanto dava retorno a Miguel Dau, avisando também de uma incerteza em função de possíveis condições meteorológicas adversas, Fábio buscava no computador boletins de tempo nas áreas do trajeto de voo. Não há uma rede de cobertura precisa das condições, para os helicópteros, explica. Sabe-se como estão as condições no ponto de partida e no ponto de chegada, mas não se têm informações precisas do tempo em rota. Cabe ao piloto e sua empresa considerarem as condições diretamente. É o contrário da aviação comercial, que navega por setores do espaço aéreo completamente cobertos pela Redemet, a Rede de Meteorologia do Comando da Aeronáutica. Faltava a Fábio conhecimento técnico detalhado para avaliar a situação, do ponto de vista meteorológico. Para decidir a contratação do helicóptero, ele precisava contar com alguém conhecido. Podia confiar na avaliação de Paulo. Se ele, em nome da Global, desse retorno totalmente afirmativo, Fábio não teria por que vacilar.

Minutos depois, a coordenadora de operações da Global, Malu Mariatti, assegurou a Fábio que as condições meteorológicas no heliporto Helicidade, perto da Ponte do Jaguaré, ao lado da Marginal de Pinheiros, onde estava o helicóptero em São Paulo, eram suficientes para a decolagem e que, em rota, o piloto faria os desvios necessários. Foi momento então de dar a boa nova para Marcelo: o voo de resgate aconteceria dali a pouco.

Mal suspirou, porém, um novo desafio se apresentou. A Global ligou novamente, tanto para obter informações do destino para o qual levaria Pedro – só então Fábio saberia que já havia um esquema montado com o Sírio – quanto para informar que o helicóptero só teria condição de transportar Pedro e a tripulação de resgate.

– Fiquei então preocupado com a família, pensando em como a Débora, o Marcelo e a Maria Cândida sairiam lá de Joanópolis para São Paulo. Pensei "vou tentar outro helicóptero, com a Global ou outro operador". Liguei para a Débora e ela estava então muito emotiva: "espere um minuto só, eu não tô..." e percebi que estava chorando, sem condição de falar. Passou-me o telefone ao Marcelo. Vi logo que Deus deu a ele muita serenidade para tratar do assunto.

Recupera:

– Marcelo, o helicóptero vai transportar seu pai sem problema nenhum, mas é pequeno, não vai dar para trazer outras pessoas. Quero saber agora como vou trazer vocês.

– Esquece isso, Fábio. Eu vou com a minha mãe no carro.

– Mas vocês estão em controle emocional para dirigir esse tempo todo?

– Pode ficar tranquilo quanto a isso.

Na sede operacional da Global no aeroporto de Congonhas, Malu tomou a primeira providência para viabilizar a remoção de

Pedro. Chamou o coordenador médico, doutor Rodrigo Nicasio Santa Cruz, que, naquele momento, almoçava com a família no Shopping Ibirapuera, em São Paulo, para que se inteirasse do caso e tomasse a decisão se, do ponto de vista clínico, autorizava o transporte ou não. É responsabilidade de Rodrigo avaliar cada situação, definindo se o paciente tem condição de ser transportado. Conhecido o quadro clínico, cabe-lhe informar as especificações da missão para a equipe médica de transporte – um médico e um enfermeiro –, enquanto a coordenação de voo convoca piloto e equipe de suporte para o preparo da aeronave.

Quando soube do doutor Mário Pena o diagnóstico inicial de Pedro, entendeu a natureza da missão:

– Juntando a altura e peso do paciente à situação de queda de cavalo, você tem aí potencialmente uma lesão grave que pode precisar de uma intervenção cirúrgica em pouco tempo. Toda a operação foi tratada com extrema urgência, pelo paciente estar sem recursos, com muita dor e sem mobilidade. O potencial de gravidade poderia até virar óbito. Nossa missão era chegar ao paciente o mais rapidamente possível, tomar as medidas necessárias para mantê-lo vivo, estável e confortável e levá-lo para um centro de referência para o tratamento definitivo.

O jovem comandante Daniel Grandino, apenas oito anos de profissão, mas imerso em aviação desde garoto, filho de pai também aviador, estava em casa com a noiva perto do *campus* principal da Universidade de São Paulo quando recebeu o chamado de Malu para a missão aeromédica. De sua casa ao Helicidade, do mesmo lado da Marginal de Pinheiros, foi um pulo de apenas dez minutos de carro.

Já encontrou ali a tripulação médica a postos – o doutor Daniel Santos e o enfermeiro Antônio Carlos Barros Santos, 15 anos de profissão, a maior parte dos quais trabalhando em remoção aérea – e o helicóptero Esquilo B, prefixo PT-HYB, quase pronto para a decolagem. Inteirou-se dos detalhes da missão, pediu abastecimento de 70% de combustível, enquanto o Esquilo era transformado de helicóptero de transporte executivo em ambulância aérea.

Nessas ocasiões, os assentos são removidos e, em seu lugar, são instalados kits médicos e equipamentos. Entram uma maca para o embarque do paciente, dois balões de oxigênio, monitor cardíaco, o que mais for necessário conforme a condição da pessoa. Se é um caso de traumatismo, entram também materiais sobressalentes, prancha, colar cervical. O espaço ali dentro é apertado. Mal cabem a tripulação, o paciente e os equipamentos médicos.

Levou-se uns 40 minutos para se preparar a aeronave. A tripulação médica tinha em mãos alguns dados básicos do paciente – nome, peso, sexo, idade –, mas não tinha ideia de quem se tratava. Daniel:

– Fazia calor. Tinha chuvas espalhadas, havia névoa, pouca visibilidade. Perguntaram, para confirmar: "você acha que dá para decolar?". Falei: "ah, dá para decolar. Agora, não sei se vou chegar lá. Se no meio do caminho houver mau tempo, eu volto".

Daniel nada sabia do paciente. Tinha apenas o destino e as coordenadas geográficas do campo de futebol.

– Decolei, fui por trás do Pico do Jaraguá e região de Caieiras. O tempo estava bem ruim por lá. Não estava chovendo, mas a visibilidade era bem restrita. Reduzi a velocidade, fui devagarzinho. Passei por aquela névoa e, depois de Mairiporã, abriu o tempo. No que fomos pousar em Joanópolis, vi que estava vindo chuva forte. A *cebezada* estava chegando.

O Esquilo HYB só voa visual, não tem instrumentos para o chamado voo cego. Se o piloto não tem visibilidade, não dá para voar. Já as nuvens *cumulo nimbus* – os CBs, no jargão aeronáutico – representam ameaça, pois são densas, atingem grande altitude e estão associadas a fenômenos como raios, trovões, chuvas, trovoadas, granizo.

No chão, Celso Nogueira tinha convencido o juiz a interromper o jogo no campo de futebol bem na entrada da cidade.

A torcida, acomodada no barranco que fazia vez de arquibancada, não gostou.

Quando Daniel pousou o helicóptero, depois de dar duas voltas sobre o campo e os jogadores finalmente abandonarem a bola por um tempo, a ambulância ainda não havia chegado ao local.

– Começou a chegar gente – lembra Antônio Carlos – "tira essa lata velha daí! Vocês são loucos, estão atrapalhando o jogo da gente!".

Só quando chegou a ambulância, uns cinco minutos depois, entenderam que estava acontecendo algo grave. Então silenciaram, mas a curiosidade continuou. Cercaram a ambulância. A dupla médica colocou-se em trabalho, seguindo o protocolo certo para esses casos. Antônio Carlos:

– A ambulância era pequena. Aí olhei para o paciente grande, forte, pensei: "nossa, vou ter que fazer um monte de coisa com ele aqui!". O paciente veio com o atendimento básico, com o colar cervical e uma prancha. Estava consciente, mas apático. Junto com o médico ajustei o colar dele, coloquei fralda, porque ele estava sem veste. A gente fez o protocolo avançado, que inclui acesso venoso. Como o terreno é muito acidentado, ele chegou na ambulância deslocado na prancha.

Como tinha muita gente em volta da ambulância, fecharam as portas, mas o calor aumentou, atrapalhando o trabalho. Pediram para o pessoal se afastar. Foram uns 40 minutos de atendimento. E depois mais 20 para embarcar Pedro no helicóptero. Essa é a fase mais delicada do transporte aeromédico em helicóptero. Na aviação comercial, o pouso e a decolagem são os momentos mais delicados. No aeromédico, o embarque e o desembarque do paciente com segurança.

Transferido para a prancha do Esquilo, Pedro, grande e pesado, foi um desafio extra para a tripulação. Pediram a ajuda dos torcedores para conseguirem levá-lo até a aeronave. Lá dentro, alto e comprido, quase não coube. Daniel ajudou a acomodar os pés sob o painel de comando. No outro extremo do corpo, tinham de tomar cuidado com a cabeça, ferida no tombo, ornada por um curativo.

Pedro só se lembra de duas coisas desse voo:

– O helicóptero saiu no último pedaço de céu aberto. No trajeto, o coturno do enfermeiro ficava aqui, perto da minha cara.

A tripulação lembra-se de outras coisas. Daniel e Antônio Carlos sentiram Pedro calmo, mas um pouco transtornado, como se não entendesse o que tinha acontecido. Dizem que ele disse: "Bicho, só quis subir no cavalo! Fui subir no cavalo! Eu sei andar a cavalo! Nunca tinha me acontecido isso!".

Daniel voou de volta contornando trechos que poderiam ser desconfortáveis para o paciente, evitando nuvens e turbulência:

– Passando por Santa Isabel, vi a chuva. Pensei, São Paulo deve estar fechado também, mas passei as paredes de chuva, que ficaram para trás. Vi São Paulo.

O Esquilo pousou no heliponto no teto do Hospital Sírio-Libanês, no coração moderno de São Paulo, na região da Avenida Paulista, às 18h01. As últimas luzes do dia cinzento sumiam preguiçosas no horizonte.

Um dos mais importantes e modernos complexos hospitalares do país, o primeiro a instalar uma Unidade de Terapia Intensiva (UTI) no Brasil, nascido de um movimento assistencialista liderado por Adma Jafet à frente de senhoras da comunidade de imigrantes sírio-libaneses a partir de 1921, o Sírio-Libanês tem seu principal hospital formado por quatro blocos cercados por um triângulo constituído pela rua que leva o nome da fundadora, a Avenida Nove de Julho e a Rua Barata Ribeiro. O heliponto fica no décimo segundo andar do bloco C.

Em virtude do procedimento nessas operações, só uma pessoa estranha ao corpo médico de emergência poderia estar no heliponto à chegada do helicóptero que trazia Pedro Janot. Seria Maurício Pontes, gerente de crises e assistência humanitária da Azul.

Por uma dessas situações coincidentemente significativas da vida, Maurício tinha passado, em setembro e outubro daquele mesmo 2011, quatro semanas frequentando muito o Sírio-Libanês, por uma emergência médica de seu filho pequeno, Henrique, acometido de um mal de difícil diagnóstico e nome estranho: púrpura de Henoch-Schölein.

O garoto já estava felizmente bem, visitando com o pai e com a mãe, Luciana, uma exposição de jogos eletrônicos no Museu da Imagem e do Som (MIS) em São Paulo, na tarde daquele 13 de novembro, quando tocou o Nextel de Maurício. Era Miguel Dau. Pelos gestos do chefe da família, Luciana e Henrique logo entenderam que alguma coisa iria acabar com o passeio de domingo.

– Vou precisar de você, Maurício. Não poupe esforços, não poupe recursos, não poupe nada. Estou indo para o Santos Dumont. Vou pegar o primeiro voo para Congonhas.

De início, parecia que a remoção de Pedro seria para o Hospital Albert Einstein. Maurício lembrou-se que tinha lá uma ex--colega de trabalho da área de comunicação na Azul, Camila Abranches, o que seria providencial. Quando veio a confirmação de que o traslado seria para o Sírio, Maurício interpretou o fato como uma boa coincidência, pelo razoável nível de familiaridade que já tinha do hospital.

Já a caminho do Sírio, direto do MIS, na Avenida Europa, começou uma série de ações importantes acionando o gerenciamento da crise que chegava às suas mãos:

– Modulei o rádio Nextel com o gerente de segurança da Azul, comandante Augusto Nunes, e com minha coordenadora, Malu Gomes, pedindo-lhe que ficasse de prontidão, tomando uma série de providências. Enviamos uma mensagem de e-mail aos executivos da companhia avisando que tinha acontecido um acidente com o Pedro, pedindo que se dirigissem à sala de crises, na empresa, onde eles receberiam informações. Propositalmente não coloquei a que hospital ele iria. Eu como gerente de crise e em comum acordo com o Miguel, que naquele momento se tornava naturalmente o diretor da emergência, decidi que o local onde eu seria mais necessário, até por estar mais próximo do que qualquer um, seria no hospital.

Ao chegar ao Sírio, Maurício identificou-se como o gerente de crise de uma companhia que ele não podia revelar naquele momento, e cujo presidente chegaria de helicóptero ao hospital nas próximas horas, vítima de um acidente. Precisava que o ajudassem a compor uma série de ambientes e protocolos.

A primeira providência foi ligar para Camila Abranches, pedindo-a para aproximá-lo da assessoria de imprensa do Sírio. O sigilo sobre o assunto era fundamental naquele momento, assim como era primordial também na relação com a área de hospitalidade do hospital. Educado, mas assertivo, conduzindo a situação com o caráter de urgência e cautela que a emergência demandava, usando a palavra "presidente" algumas vezes – "preciso falar em lugar privado com a pessoa de nível mais elevado no hospital neste momento" –, Maurício gerou involuntariamente uma reação de alguém do setor que até aliviaria por um momento o estado de prontidão:

– É verdade que é a presidente Dilma que está chegando?

Maurício pediu à assessoria de imprensa que mantivesse em sigilo o nome do Pedro por uma série de razões, mas especialmente para preservar a privacidade da família. Ao médico que se apresentou como responsável pelo hospital naquele domingo, pediu uma sala dotada de tomadas para computador e acesso *wireless* à internet, além de uma linha fixa de telefone. Deram uma sala no térreo, mas depois transferiram Maurício para outra, melhor instalada, no corredor que dava acesso à UTI do hospital.

– Ali coloquei meu *notebook* já aberto e meu *iPad*, enquanto modulava com o Miguel no rádio, interagindo o tempo todo. Preocupei-me em contatar alguns membros da diretoria da Azul. Queria evitar alguma coisa que atrapalhasse o encaminhamento das coisas, pois eu já tinha uma sala de crise ali no hospital, o Miguel estava vindo e o Fábio coordenava a remoção de helicóptero com segurança. Pedi uma sala de apoio para a família, com água e alimentos, onde pudesse ficar aguardando em privacidade.

Por onde anda, mesmo em dia de folga, normalmente Maurício leva uma mochila, onde tem uma muda de roupa, iPad, *notebook*, três celulares.

Organizada a estrutura inicial, o próximo passo foi acertar com o médico responsável que Maurício iria ao heliponto receber Pedro. Já tinha o horário estimado de chegada do helicóptero, por meio dos contatos frequentes com Fábio, enquanto Miguel estava incomunicável, voando pela TAM do Rio de Janeiro para São Paulo.

Para surpresa de Maurício, começaram a chegar ao hospital pessoas que iriam ser de grande auxílio. Johannes Castellano, o diretor de recursos humanos, com a esposa, Aurora, o diretor jurídico, Renato Covello, Paulo Nascimento, que englobava a área comercial e tecnologia da informação, e outros executivos.

– Nossa ideia era que ninguém viesse ao hospital – coloca Maurício –, mas as propriedades emergentes das crises sempre vão acontecer. O ímpeto natural de qualquer pessoa, principalmente quando existe algum grau de afinidade com a vítima, é se dirigir imediatamente ao hospital. O carinho que as pessoas sentiam pelo Pedro preponderava sobre a crise corporativa.

Enquanto isso, membros do grupo de crise da Azul se instalavam na sala reservada para momentos assim – a sala de situação, como preferem chamar – na empresa. Vice-presidentes como o de Finanças, John Rodgerson, o de Pessoas, Jason Ward, e o diretor financeiro, Alex Malfitani.

Como parte dos integrantes do grupo estava na empresa e parte no hospital, isso provocou uma certa frustração de quem ficou na companhia. Foi uma circunstância imprevisível e imponderável, gerando um certo conflito de governança que iria terminar com a chegada de Miguel Dau, mais tarde, assumindo de maneira unilateral decisões vigorosas que sua posição de diretor de emergência lhe permitia. A presença de Covello no hospital, por outro lado, seria providencial, pois, na necessidade de se assinar qualquer autorização emergencial, na ausência da família de Pedro, Renato poderia fazê-lo.

Na hora de subir ao heliponto, Maurício, reconhecendo-se um mero gerente, havendo diretores presentes, informou que só havia lugar para um representante da Azul, colocando a decisão da escolha na mão dos executivos. Todos, especialmente Johannes, foram enfáticos em delegar a tarefa ao próprio Maurício.

Assim que chegou ao heliponto, já avistando a aproximação do helicóptero com suas luzes de navegação acesas, Miguel informou que já tinha desembarcado em Congonhas e estava a caminho, de táxi. Maurício:

– Na minha mente, talvez motivado pelos filmes da guerra do Vietnã, a ideia era que os helicópteros não cortam o motor, quando desembarcam pacientes de transporte aeromédico, pois vão partir imediatamente para outra missão. Não era nada disso, foi uma fantasia que criei. O helicóptero pousou e cortou o motor. Aí ficou um silêncio sepulcral.

Pausa.

– Logo que o rotor parou de rodar, o pessoal do Sírio se aproximou com a maca, os médicos começaram a entrevistar o Pedro. Entregaram-me a carteira de identidade, uma medalhinha e outros pertences dele. Tive uma conversa com um dos socorristas para saber da situação. Chamou-me a atenção que o Pedro estava em grave perigo, mas isso não era perceptível a olhos não sensíveis. Ele não me pareceu vulnerável. Aí o Pedro me reconheceu e me falou uma coisa que me levou à história do meu filho: "Maurício, fica comigo, cara! Até minha família chegar, você não sai de perto de mim. Fica do meu lado o tempo todo!".

Exatamente como tinha se deslocado atrás de seu filho na maca, semanas antes, Maurício teve a preocupação de se posicionar es-

trategicamente enquanto descem para a UTI, sabendo que Pedro não podia se movimentar e não o via. Foi falando o tempo todo:
– Pedro, tô aqui contigo, tô aqui contigo!

Enquanto os médicos continuavam a levantar o quadro de Pedro, o impacto do teste dos reflexos foi grande:
– Os médicos o espetavam, mas, a partir de um certo ponto do corpo, começando no tórax, ele não sentia nada. Aquilo começou a configurar na minha cabeça um pensamento: "Acho que nós temos uma situação realmente muito grave aqui". Nessa altura, você entra numa área de sombra terrível, porque, assim como os aviadores não o fazem para o passageiro com clareza na hora da emergência, os médicos não dão expectativa.

Foi então que, em seguida, os médicos informaram que iriam preparar Pedro para uma cirurgia na qual iriam descomprimir a medula, pedindo a Maurício para se afastar. Mas ele teria ainda uma incumbência:
– O Pedro me pediu para ligar para o doutor Alfredo Salim Helito, médico clínico que o havia atendido recentemente em exames de rotina, para que fosse ao hospital.

O olhar, para Maurício, era de alguém assustado, sem saber o que lhe iria acontecer, mas em um nível muito menor do que a maioria de nós teria, na sua avaliação. O olhar, considera, mantinha uma ternura que lhe é peculiar.

Logo em seguida, Miguel chegou, atualizando-se com o estado da crise, enquanto outros executivos faziam suas próprias gestões. Maurício era o elo entre tudo. A crise tinha uma face pessoal. Questões prementes sondavam todos. Maurício:
– O que vai acontecer com nosso amigo Pedro? Há risco de morte? Há risco de tetraplegia? Há risco de paraplegia?

Mas havia também uma crise corporativa de governança envolvendo os coadjuvantes da história, na angústia de espera do que aconteceria com o protagonista, Pedro, na sala de cirurgia:
– Acontece uma grande cisma quanto à maneira como a empresa deveria se portar, pautando-se pela transparência que

costumava ter com seus funcionários. Já havia uma relação áspera entre a sala de situação em Alphaville e o núcleo estabelecido espontaneamente no hospital. Acho que havia um ressentimento por entenderem na sala de situação que a crise tinha de ser administrada por um protocolo mais cartesiano. Por que tem gente nos dois locais? Por que mandaram gente para lá se não tinha nenhuma atividade para eles? Por que foi gente para o hospital? Essa é a visão de quem não teve contato com a gestão da complexidade, onde as propriedades emergentes não podem ser previstas, nem combatidas. E tiram a gente da zona de conforto.

Houve, então, uma grande discussão entre os dois grupos, sobre mandar ou não um comunicado a todos os funcionários.

– Era consenso, no grupo presente no Sírio, assim como com Fábio Abud, representante da área de comunicação, que não haveria nenhum ganho em se transmitir uma notícia como aquela. Não tínhamos informação suficiente para enviar. Pedro corria ainda risco de morte. Não sabíamos de que maneira ele sairia da cirurgia. A única coisa que iríamos conseguir, transmitindo aquela informação na noite de um domingo, no meio de um feriado prolongado, era transmitir angústia e sofrimento. As pessoas iriam pensar: "e agora, será que o Pedro vai voltar, vão escolher um novo presidente, a companhia vai mudar, será que eu vou ser demitido?".

Acima de tudo, queriam preservar a privacidade de Pedro e da família:

– Não queríamos as pessoas invadindo o hospital, nem entupindo os celulares de ligações. Tínhamos também preocupação com relação ao público externo. Que ilações fariam no mercado? Que tipo de uso fariam dessa informação em relação ao Pedro, aos executivos, à empresa? Não havia nenhum sentido em mandar qualquer comunicação naquela hora, a não ser manter uma regra cartesiana de transparência. Não estávamos abrindo mão da transparência, que é uma característica da Azul. Nem havia nenhum indício de vazamento. Mandaríamos na primeira hora no primeiro dia útil.

O clima esquentou. Muito:

– Aconteceu uma discussão bastante agressiva entre um dos vice-presidentes na sala de situação em Alphaville e o diretor de crise, Miguel Dau. Até Miguel fechar o assunto: "A decisão está tomada! A informação não vai sair e pronto!". Vozes alteradas, claro. Uma crise não é um ambiente democrático.

Pode não ser, mas um hospital tem regras. Quando Débora e Marcelo chegaram ao Sírio, foram levados para uma sala, onde os médicos os atualizaram. Ela conta:

– O Salim disse que tinham feito ressonância e tomografia, que Pedro tivera, sim, uma lesão medular e que, na queda, havia cuspido um disco. Deveriam fazer uma cirurgia de hérnia de disco, implantariam uma placa com quatro parafusos. Discutiam se deveriam operar de imediato ou se deveriam esperar um pouco. Precisavam de autorização. Decidi que a hora era aquela.

Marcelo foi igualmente incisivo:

– O diagnóstico, quando chegamos, foi de que um disco tinha explodido na medula. Na vértebra C3, se você tem uma lesão completa, sua função pulmonar acaba, não consegue respirar. Você morre. Minha mãe estava mexida, mas a cabeça para a frente, porque ela sempre foi assim. Aí disse para eles que isso de perguntar se podiam operar não era pergunta. Tinham que operar.

Marcelo deu a notícia para os executivos de que a cirurgia iria acontecer. Miguel Dau pegou-o pelo braço:

– Seguinte, estamos juntos nessa aí! Segura a barra, proteja sua mãe, sua irmã, aconteça o que acontecer. Você é o homem da família agora!

Marcelo completaria 21 anos quatro dias depois.

Débora já tinha acatado o doutor Salim:

– Ele me disse que o Pedro não estava aguentando de dor, era uma dor neurológica muito forte. Que iam ter que o sedar, não adiantaria eu ficar mais ali. Que eu fosse para casa e que, quando ele acordasse, que eu estivesse ali de volta, na UTI. Anestesiaram o Pedro por volta das 11 da noite. E eu fui para casa. Voltei às 5h30.

A cirurgia durou mais do que o previsto.

Na alta madrugada, Maurício e os demais receberam a notícia aliviadora de que a intervenção tinha sido um sucesso absoluto. Que ajudava o fato de Pedro ser uma pessoa saudável, mas a desvantagem era o fato de ser muito grande e pesado.

Entendeu a consequência daquele domingo em que uma vida encontrou um súbito momento de ruptura:

– A estrada de reconstrução seria muito mais longa do que a de uma pessoa de compleição franzina. A grande dificuldade é que tínhamos um gigante para levantar de novo.

A DELICADA FRAGILIDADE DE VIVER

Muito tempo depois daquele domingo de novembro de 2011, Maurício Pontes está refletindo sobre o que ocorreu, de novo no saguão de entrada do Sírio-Libanês, conversando com este escritor. A camiseta preta está salpicada de emblemas coloridos de automobilismo. Renault. Red Bull. Pirelli. O raciocínio rápido e a fala profusa para contar sua memória daquele dia também o fazem refletir, buscando sentidos para aquilo tudo.

Pode parecer paradoxal, mas o fato é que a estampa externa, juvenil, e os gestos de homem prático voltado para a ação combinam-se com a maturidade de quem atravessa a superfície para encontrar significados ocultos nos acontecimentos.

– O pai de Panda, o falecido jornalista Joelmir Beting, tinha uma frase que eu adoro. A frase diz que ninguém pode ser grande em nada se não for antes um grande ser humano. Você não pode ser um grande presidente, como o Pedro é, se não for um grande ser humano.

As reflexões de Maurício começaram em paralelo à urgência de atendimento da crise.

– Conversamos muito, eu e o Johannes, em vários momentos. Essas conversas foram todas muito úteis para mim, porque o Johannes consegue manter uma serenidade quase divina. Ele ajudava a construir em mim uma paz que me dava forças para continuar agindo e fazendo tudo aquilo que eu achava importante fazer. A postura dele nos momentos agudos revelava que ele era um homem totalmente voltado para a equação do drama, e não preocupado com vaidades. Ele era uma das três pessoas ali que entendem bem de uma crise, por dentro. Assim como o

Miguel Dau – pela ótica militar, mas sem perder o ponto de vista humanitário – e eu próprio, por dever de ofício.

Num dia futuro, Pedro iria dizer "obrigado, cara, foi bom ter um gerente de crises perto de mim", provocando uma resposta de Maurício que resultava do entendimento cristalino daquele episódio:

– Pedro, você não tinha um gerente de crises atrás de sua maca. Você tinha um pai.

Os laços afetivos alimentavam no ambiente a alternância dinâmica de papéis que tinham conotação simbólica fortemente emocional. O líder, o rei, o pai era também filho. O liderado, subalterno, era também pai, irmão, aliado. O filho de repente recebia sobre os ombros uma incumbência moral que o colocava no limiar de uma transformação profunda. Momentos de ruptura de barreiras. Momentos extremos de conexão pelo elo comum dos dramas humanos que nos tornam iguais. Momentos de transição.

Momentos de zelo profissional. O doutor José Erasmo Dal'Col Lúcio, oito anos de profissão, foi o mais jovem integrante da equipe de três cirurgiões que atendeu Pedro Janot. Os outros dois, Mário Augusto Taricco e Félix Hendrik Pahl, são profissionais veteranos, com especialização no exterior. Os três são parte da DFVNeuro, grupo especializado em neurologia e neurocirurgia que presta salvaguarda ao Sírio-Libanês. Outro integrante do grupo, Eduardo Arnaldo Silva Vellutini, foi acionado para o caso de Pedro para compor a equipe de cirurgiões, mas como estava viajando, não pôde atender. Erasmo era o profissional à disposição. Foi o primeiro a chegar ao hospital.

Recebe este autor no seu consultório nas imediações do Sírio. O sotaque soa levemente nordestino, mas ele é, de fato, capixaba:

— O Pedro teve uma mielopatia cervical compressiva. Fui recebê-lo no heliponto, junto com o plantonista do pronto-socorro do Sírio. Eu o vi com face de assustado, o que era normal naquela condição, mas estava consciente. Reclamava de dor no braço direito, movimentava um pouco a perna esquerda. O exame neurológico dele remetia para uma lesão cervical. Para surpresa nossa, a ressonância mostrou que tinha, na verdade, uma hérnia traumática cervical. Ele deveria ter uma alteração prévia, uma degeneração na coluna. Com o impacto do acidente, teve uma herniação de um disco cervical entre a terceira e a quarta vértebra. Isso causou a compressão aguda na medula.

Implicações?

— O fator compressivo causa uma interrupção ou bloqueio parcial da chegada de sangue ali, provocando uma isquemia medular. Quando se tem isso, você tem de resolver logo. Não há nenhum exame que avalia se a medula inteira está comprometida ou não. Ela pode estar traumatizada e se recuperar, como pode estar totalmente comprometida e não recuperar nada. A indicação é descomprimir a medula do paciente. Foi o que nós fizemos.

A cirurgia começou por volta das duas horas da manhã de segunda-feira, 14 de novembro. Terminou em algum momento entre quatro e cinco da manhã. Erasmo:

— A gente usou uma técnica convencional de cirurgia, que é uma descompressão pela frente. A gente acessa o disco e a hérnia pela parte anterior da coluna, com entrada do material cirúrgico pela abertura lateral direita do pescoço. Você abre a pele, vai separando as camadas de músculo, a traqueia e o esôfago do outro lado, e acessa bem de frente a coluna. A hérnia traumática normalmente tem uma lesão de ligamentos que ajudam na sustentação da coluna. Então, além de retirar esse disco que estava comprimindo a medula dele, a gente fez uma fixação com uma placa de titânio muito fina entre as vértebras que estavam comprometidas, com parafusos na parte de cima e de baixo. No lugar do núcleo do disco e da porção herniada, que retiramos, colocamos uma peça que mantém a altura entre as vértebras. Se você não faz isso, há o perigo de uma vértebra cair sobre outra ou escorregar para a frente ou para trás, causando futuramente uma outra lesão na medula.

A partir do momento em que os médicos acessaram o disco herniado, a cirurgia seguiu com o auxílio de microscópio, para a equipe retirar tudo o que precisasse sem causar um trauma maior, pois os espaços na coluna cervical são pequenos. Retirar as partes lesionadas do disco, substituindo-as por prótese, era decisivo, mas não suficiente para garantir a Pedro uma solução definitiva do problema.

– Além da compressão, houve o trauma agudo que a medula recebeu por conta do acidente. No choque medular, a alteração neurológica é muito acentuada, porque, além do choque local, você tem um processo inflamatório. A medula é uma caixinha de surpresas. Tem paciente que tem déficit muito pequeno, mas não se recupera nada. E tem paciente com déficit muito importante, mas que se recupera além do que a gente imagina que aconteceria.

Apesar da patologia de Pedro ser considerada simples, uma hérnia cervical, tinha uma compressão e uma alteração muito importante do quadro neurológico. Erasmo sabia então que a jornada de recuperação seria uma incógnita. Iria melhorar? Iria ficar alguma sequela?

– Eu não sei. O tempo é que mostra ao cirurgião a recuperação do paciente.

As implicações neurológicas para Pedro?

– A mais grave seria não conseguir andar, pela perda de controle do cérebro com relação aos membros. Nessa condição, o paciente perde força e equilíbrio. Menos graves seriam comprometimentos diferentes da força muscular, alteração de sensibilidade nos braços e nas pernas, perda de controle do esfíncter anal e do esfíncter vesical, perda de controle vasomotor, já que o sistema nervoso exerce controle sobre as artérias e as veias.

Quando a pessoa perde isso, pode ter mais edemas. Pela falta de movimento, o retorno de sangue das veias para o coração fica dificultado, podendo haver risco de trombose. Pelo nível da hérnia de Pedro, ele tinha comprometimento dos quatro membros, uma tetraparesia. Tinha movimentos muito discretos no braço direito e na perna esquerda, o que demonstrava que ainda passava estímulo pela medula.

A tetraparesia é a incapacidade parcial de a pessoa realizar movimentos com todos os membros. Já a tetraplegia é a incapacidade total de realizá-los.

Concluída a cirurgia com êxito, começaria a recuperação, entrando em campo a equipe de fisiatria do hospital. Erasmo passaria o bastão, junto com indicações específicas. A ordem era manter o tônus muscular de braços e pernas para que os músculos estivessem bons quando os nervos relacionados voltassem a funcionar. O problema é que você não pode trabalhar diretamente com o nervo.

– Quando você trabalha de uma forma indireta, com movimentos passivos, você está dando estímulo. O sistema nervoso funciona por diferenças de estímulos. É como uma corrente elétrica cérebro-medula-nervos: onde tem uma lesão, é um curto-circuito. Então, você tenta, com estímulo na periferia, melhorar a transmissão do impulso pelo curto-circuito. É preciso, ao mesmo tempo, desinflamar, cicatrizar localmente para o nervo achar o caminho dele e, então, o paciente melhorar. Pedro tomou uma dose alta de corticoides de imediato e por 24 horas, na tentativa de diminuir a inflamação ao redor da lesão.

Contudo, o corpo humano não é uma máquina, e os medicamentos são produtos de uma ciência que não é exata. A recuperação de Pedro começaria com uma luta para ajustar os medicamentos que melhor combatessem a dor. Erasmo explica:

– Existe um reflexo normal entre o músculo e a medula. A integridade do sistema nervoso faz o cérebro mandar um estímulo elétrico para a medula e inibe um reflexo do músculo, mantendo a musculatura contraída. Então a gente consegue fazer um movimento normal. Quando você tem uma lesão medular, perde esse controle do cérebro. A musculatura tem períodos de espasmos, fica mais rígida, hipertônica. O Pedro começou a ter crises recorrentes disso, principalmente à noite. Não passava o dia muito bem. Não conseguia relaxar à noite. No dia seguinte, estava pior, não conseguia fazer a reabilitação. Passamos muito tempo para chegarmos a uma dose de medicação em que a hipertonia não interviesse mais no sono e na reabilitação dele.

O lado bom da dor é que a hipertonia dá ao corpo, paradoxalmente, uma condição para se recuperar. Se a musculatura da sua perna está flácida, você não consegue andar. Se está rígida, você já tem um fator favorável. A condição hipertônica também sinaliza algo positivo: algum tipo de conexão elétrica está acontecendo entre o cérebro e o músculo. Há esperança.

Para que a esperança ilumine seu caminho na hora escura do desespero, você precisa se apegar a algo conhecido. Foi por isso que Pedro pediu o doutor Alfredo Salim Helito no Sírio-Libanês, clínico-geral que conhecera no mês anterior, ao fazer um *check up* de saúde. Salim atendeu prontamente:

– Cheguei ao hospital, deparei-me com o Pedro, fiquei chocado. Ele estava transtornado, mas queria ver alguém que conhecesse. Não estava entendendo o que estava acontecendo. De colar cervical, sem movimentos. Convidou-me para assumir o comando do caso. Comecei a convocar as pessoas da equipe médica. Ele: "Salim, posso ficar tranquilo, você está tomando as providências?".

Mais tarde, enquanto o atendimento de emergência avançava, cogitou-se levar Pedro aos Estados Unidos. David se encontrava lá e, avisado, enquanto tomava providências para vir ao Brasil de imediato, ofereceu total apoio, inclusive a ideia da remoção a algum hospital de ponta norte-americano. Pensou-se num hospital em Atlanta, onde são tratados atletas do violento futebol de estilo americano, famoso pelos traumas – ortopédicos e cerebrais inclusive –, noutro superespecializado em traumatismos de Miami, mais um próximo a Nova York.

Salim foi contra desde o início, assegurando a excelência do socorro que Pedro recebia no Brasil, além da vantagem, a favor do paciente, em contar aqui com o diferencial do atendimento muito mais humanizado e da presença dos familiares. De fato, dias depois, o relatório médico detalhado remetido a um dos hospitais norte-americanos voltou com uma mensagem que apaziguou de vez os favoráveis à remoção internacional. "Não faríamos nada diferente do que vocês já fizeram."

Pedro estava em boas mãos, cercado de gente que o apoiava com carinho, mas teria que encarar o inevitável. Sua hora mais amarga era dele e somente dele. Ninguém poderia carregar sua cruz nem enfrentar em seu lugar o calvário que tinha pela frente.

– Acordei na UTI após a cirurgia e as primeiras noites foram um terror. Queria coçar o nariz, mas estava preso, não conseguia. Passava o dia grogue, a noite acordado. Sentia frio, sentia calor. Fechei o olho, não queria abrir. Não queria falar com ninguém. Estava apavorado com a situação financeira da família, eu naquele estado. E aquele negócio de todo mundo botando a mão em você, limpando você. Na primeira noite em que comecei a sair das drogas pesadas, olhei para minha mão retinha, sem movimento. Aí eu chorei e falei: "Débora, eu quero eutanásia! Porque não quero levar a família à falência com este troço!".

Débora quis apagar aquele momento escuro:

– Eu disse: "olhe, Pedro, isso que você está falando não tem sentido. Lembra-se que ontem o médico tocou no seu pé e o dedo mexeu?". Não tinha mexido, mas tinha dado alguma coisa. Era melhor que nada.

Nas três primeiras noites, Débora nem conseguia dormir.

– O tempo inteiro estavam jogando cortisona nele. E mais os outros remédios que tomava. Entrava em delírio, tinha alucinações. O prognóstico era ainda muito obscuro. Quando iam fazer limpeza nele, eu saía da UTI, dava um pulinho lá fora, sem noção nenhuma do tempo. Putz, que horas são? E me perguntava: "e agora, como vou fazer, o que vai vir?". Até que vi que não podia antever nada. Então, o que eu tinha era de administrar a coisa da forma que viesse. Eram tantas as variáveis!

Felizmente, um colchão de segurança se formou:

– A Azul fez um círculo tão grande em torno de nós que foi uma coisa que nos deu um conforto muito grande. A preocupação que tinham é que ninguém soubesse que o Pedro estava ali no hospital. O Miguel foi uma peça-chave, o Johannes foi incansável com todas as providências relativas ao seguro de saúde, a Aurora ajudou muito. Então eu fiquei assim, em uma bolha. Lá em casa, a amiga da Maria Cândida fez companhia para ela. Minha mãe veio, meu cunhado Tiago, os amigos fazendo uma verdadeira vigília pelo Pedro. Então, eu pude ficar no hospital um mês inteiro, o Marcelo revezando comigo.

Pedro se deparava com dificuldades que poderiam parecer prosaicas para qualquer um de nós, em condição normal. Lembra-se:

– Débora, não me larga sozinho porque não consigo apertar o botão vermelho! O botão de chamada da enfermagem. Era agonizante! Eu olhava para o botão que estava do lado, não conseguia acessá-lo.

Marcelo lembra-se de outras coisas:

– Você reclamava comigo: "Não consigo mover minhas mãos, meus pés. Me descobre!". Não sentia. Então você queria ver se as mãos estavam ali, se os pés estavam ali.

Pedro estava inchado por causa dos medicamentos, chegou a 145 quilos. Sentia-se um monstro. Então aconteceram duas visitas marcantes. A primeira foi do doutor Mário Pena.

– Ele esperou as coisas esfriarem, depois que reclamei muito de como me encontrava. Ele tem pouca paciência, foi direto ao ponto: "Escute aqui! Tem duas coisas para você saber. A primeira: você é o responsável pela sua cura. Não delegue isto a médico, não delegue a fisioterapeuta, a nenhuma religião. Não delegue a nada. Você é o dono da sua cura! A segunda: não tenha medo de procurar um psiquiatra para lhe ajudar".

A segunda visita foi de David Neeleman.

— Ele chegou e disse: "Pedro, a Azul o está esperando. Você vai se recuperar e nós o estamos esperando. Não se preocupe com nada". Foi muito carinhoso e bondoso mesmo. Falou que ele e os investidores não mediriam esforços, nem dinheiro, para oferecer o melhor possível para mim, mesmo o tratamento nos Estados Unidos. Aquilo foi de um grande alento, porque eu estava preocupado com a estrutura financeira da minha família. Isso estava me deixando sufocado. Vi que não precisava me preocupar, a Azul não iria me mandar embora.

Foram sete dias de UTI, ao final dos quais, sentindo-se menos grogue, Pedro já estava "assumindo controle" de sua situação, como gosta de dizer. Já estava usando seu jeito irreverente para brincar com a equipe de enfermagem.

— De despedida, os meninos da UTI me deram de presente um banho de chuveiro de verdade. Até então eu só tomava banho de cama. Juntaram-se para me pegar, pesado como eu estava, e me deram um banho de água quente e sabonete.

Foram mais algumas semanas em quarto na área de tratamento semi-intensivo até ser liberado para casa em 21 de dezembro. Pedro já estava mexendo a ponta do pé esquerdo e algumas outras partes do corpo, mas haveria uma desagradável recaída, mal chegasse em casa. Débora:

— No dia 23, ele começou a reclamar, "estou enjoado". Bom, o Pedro recusar comida... não pode! Tem alguma coisa errada! Foi piorando. No dia 31, descobrimos que ele estava com uma bactéria *Pseudomonas*, uma infecção perigosíssima. Velhinhos morrem dessa infecção.

Salim Helito explica que foi causada pelo excesso de passagem da sonda vesical de alívio utilizada para esvaziar a bexiga. "Os germes ficam no corpo como flora bacteriana normal", diz. "Quando as pessoas tomam muito antibiótico, ficam mais sensíveis."

Foi mais um mês para debelar a infecção, Pedro medicado em casa. Em fevereiro de 2012, começaria a fisioterapia de recuperação, em casa também, pois, na sua condição, sujeito a múltiplas infecções, como poderia ser atendido num centro de reabilitação? Teria de ser em casa mesmo, as condições domésticas ajustadas para atendê-lo, inclusive com a cadeira de rodas robótica, daquelas que sobem escadas, típicas de uso em aeroportos e na aviação comercial. Débora:

– A carga da fisioterapia era leve, sobrava muito tempo. Então Pedro começou a fazer reuniões em casa com os vice-presidentes da Azul, com os demais diretores. O David ia em casa a cada 15 dias, o Miguel estava lá com frequência. E não era só trabalho. Quem queria só visitar, também ia. E ele paralisado, sentadinho naquela poltrona dele da sala, mas você sentia que era um esforço muito grande. Ele estava ainda lotado de medicamentos, esses para cortar os espasmos que sentia.

A essa altura, a grande novidade da Azul era a negociação em curso para a compra da Trip. Pedro queria ser parte ativa, por isso decidiu voltar a trabalhar.

– A ida do pessoal lá em casa para reuniões, às vezes até para falar de coisas com as quais eu tinha perdido contato, alimentou-me de forças. Pensei: "tenho que voltar rápido". Aí reuni todos os médicos, enfermeiros e fisioterapeutas em casa, num sábado de março, para que discutissem a melhor estratégia para minha recuperação. Informei que queria ir trabalhar. Então voltei ao escritório na última semana de abril e passei a trabalhar lá três vezes por semana.

De cadeira de rodas, Pedro chegou a ir a Brasília duas vezes, em missão da Azul, mas aos poucos teve de cair na real:

– Era um esforço enorme. Fui vendo que não fazia sentido, com todas as limitações que eu tinha. Então fui conversar com David: "estou dando tudo o que posso, mas não consigo acompanhar mais a companhia, nem a nova companhia que está surgindo da fusão".

Pausa. Toma fôlego:

– Chegamos num acordo para eu parar de trabalhar dia primeiro de setembro. Combinou-se uma remuneração até uma determinada data e então eu me tornaria membro do conselho de administração, com foco especial em gente. Recebi missões especiais para a área de recursos humanos. Eu tinha voltado para a vida da Azul, mas não deu mais. O que fazer?

Pedro decidiu em primeiro lugar descansar. E depois intensificar a fisioterapia. Mas não se arrepende:

– Eu tinha que viver o que vivi. Imagina se eu não voltasse para a Azul? Jamais teria bebido daquela água novamente. Não teria vivido o dia em que perguntei ao David e aos vice-presidentes: "Estarei voltando dia 22 de abril, alguma objeção?". Todos se entreolharam como se dissessem: "claro, óbvio, volte!".

Havia razões afetivas, emocionais, para desejar voltar ao trabalho na Azul. E uma delas, que emocionou muito a Pedro, foi a manifestação dos funcionários da empresa, muita gente enviando relatos, orando, rezando, oferecendo conforto espiritual.

O carinho com Pedro começava na cúpula, em seus aliados de gestão. Iria depois banhar todos os níveis hierárquicos da companhia.

Miguel Dau fica com os olhos marejados quando se recorda do acidente. Johannes Castellano teve um nó na garganta ao vê-lo pela primeira vez, no hospital, deduzindo que a situação era mais séria do que poderia imaginar, mas traz à memória uma passagem agora revista com humor:

– Quando estavam levando o Pedro para a área de exames, no hospital, ele me chamou. Abaixei-me ao lado da maca em movimento, botei o ouvido na boca dele. Ele disse, "Johannes, cuida direito para esses caras não abusarem do custo do plano do seguro, hein? Acompanhe essa conta, hein, cara!". Fiquei chocado que ele se preocupasse com a companhia naquele momento. Tínhamos um bom plano, um bom seguro, estávamos preparados. Não precisávamos nos preocupar com isso.

O carinho extravasava para com a família. Daí a preocupação fundamental em evitar que a notícia chegasse à imprensa.

– Isso poderia virar um monte de notícias sensacionalistas, trazendo tristeza para a família e assédio da imprensa. A gente não sabia realmente se aconteceria, mas não queríamos pagar para ver. Achávamos que se segurássemos a notícia por alguns dias e saísse naturalmente, aos poucos, quando alguém descobrisse já seria notícia velha, quando então dificilmente iriam querer explorar aquilo de alguma maneira.

Na quarta-feira, 16 de novembro de 2011, a empresa comunicou o acidente aos funcionários. Foi um comunicado discreto:

– Não dava a dimensão da gravidade do problema. Nós nos beneficiamos da falta de um prognóstico mais seguro. Não falamos da falta de mobilidade, esse tipo de coisa, mas deixamos claro que era sério. Criamos um endereço de e-mail – falecomopedro@voeazul.com.br – para que as pessoas mandassem mensagens. Mandaram milhares de mensagens. O pessoal mandou foto, e-mail, bilhete, carta, cartões. Fizemos questão de fazer isso ir chegando às mãos do Pedro.

Funcionários de todo o Brasil, de diferentes áreas da empresa, enviavam mensagens. Trechos de algumas:

> Sou o azultech que vc sempre encontrava nas aeronaves durante a tarde e à noite aqui em VCP, e sempre brincava comigo dizendo se eu dormia em casa, ahaha. Estou muito feliz por estar se recuperando. Sempre que o encontrava nas aeronaves vc perguntava se minha família estava bem e se eu também. Adalberto.

> Peço a Deus que sua saúde seja reestabelecida rapidamente e que esteja conosco com seu jeitão simples que sempre admirei por nunca ter visto nada igual num presidente. Saiba que está nas minhas orações e acredito que nas de muitas pessoas. Guilherme Soares da Silva.

Jamais nenhuma situação adversa e nenhum imprevisto vai apagar a sua luz. Estou orando muito por você! Da apaixonada tripulante pelos valores desta companhia e pelo ambiente Azul.
Danielle Christine Santana da Silva.

Me conta que história é essa de cair do cavalo???... O seu negócio é avião!!! E aliás pode tratar de dar um jeito de voltar ao trabalho pois aqui tem uma legião de mais de quatro mil pessoas que dependem de você... Sugiro um "tratamento
com ataque", o que acha??? Rsrsrs.
Maurício Oliveira e Família GIG.

Não sabia que somos companheiros de time, mas também de acidentes. Também estou no estaleiro, por conta de uma lesão na cervical há cinco dias, amigo. Vamos sair juntos dessa. E comemoraremos também juntos, Pedrão!
Sandro Moreno.

Quando você chega ao limite de toda luz que conhece e está a ponto de dar um passo na escuridão... FÉ é saber que uma dessas coisas vai acontecer: vai haver chão ou você vai ser ensinado a voar.
Lucíola Siqueira.

Nunca pensei que iria dizer isto, mas confesso que também sentimos a falta daquele micro violino que o senhor sempre traz para tocar para seus diretores...
Ocimar Lima Jr.

Assim que fui contratado pela empresa, lembro que na apresentação no auditório o senhor também tinha sofrido um acidente e estava de muletas. Fiquei muito impressionado com sua garra e energia. Pude constatar que o senhor é um presidente muito diferente, pois tem um espírito jovem, guerreiro e vibrante e isso nos contagia.
Luis Alves da Silva.

> Sinto falta de seus e-mails impossíveis de interpretação, pelos puxões de orelhas com relação ao atendimento do grupo e com as gordinhas rsrsrsrs. Um beijo de um funcionário/tripulante/amigo/colega, sei lá o que você me considera, mas que aprendeu a gostar muito de você. Alexandre Pupe.

Em resposta a essas demonstrações de apreço, em janeiro de 2012, Pedro gravou um vídeo que foi distribuído pelo sistema interno de comunicação da Azul. Ninguém poderia esperar que um de seus efeitos seria causar um impacto tão surpreendente na vida de alguém, como no caso de Teresa Flávia Flores[1].

Moça de olhar e gestos meigos, Teresa trabalha em serviços administrativos na Azul. Mãe de duas crianças pequenas, tinha começado a trabalhar em aviação em outra empresa aérea, numa cidade do Nordeste. A vontade de uma experiência profissional mais promissora num lugar de valores mais liberais e tratamento igualitário para a mulher no campo do trabalho a fez mudar-se para São Paulo em julho de 2011, abraçando a oportunidade que a nova empresa aérea representava.

O frio paulistano foi apenas o primeiro e mais leve problema que enfrentou. A babá de suas filhas não suportou o clima, deixando-a sozinha para equilibrar a vida profissional com o cuidar de uma menina de seis anos e outra de um. No trabalho, tudo ia bem, mas, na intimidade doméstica, a saudade de mãeinha, do mano e da mana no Nordeste, a dificuldade de adaptação social em São Paulo e a solidão começaram a cobrar pedágio.

A isso, somou-se uma profunda desilusão amorosa. Teresa tinha um companheiro que planejara vir com ela para São Paulo e constituírem, juntos, uma família. De fato, ele conseguiu transferência na outra empresa aérea onde trabalhava, mas aqui aca-

---

[1] Nome fictício de pessoa real, adotado para preservar sua privacidade.

bou revelando uma traição amorosa absolutamente imperdoável para Teresa:

– Comecei a adoecer, ficava muito gripada. Tinha fortes dores no corpo. Tinha crises de amígdalas. Aí comecei a pirar, a achar que minha vida era uma droga, que eu era um fracasso, que eu tinha feito uma péssima escolha em vir para São Paulo. Por tabela, minha mãe e minha irmã também diziam isso: "volte prá cá, larga tudo aí, vem embora". Eu não queria. Seria uma derrota. Pegar minhas pirralhas, voltar para o Nordeste, curtir minha depressão lá.

A situação ficaria ainda pior. Teresa começou a beber ao sair do trabalho tarde da noite. Seu turno começaria no dia seguinte na hora do almoço, ela tinha tempo para curar a ressaca antes de ir novamente para o trabalho. Não se envolvia com ninguém, cortava qualquer tentativa de paquera. Só bebia. E chorava. Em momentos de muita carência, tinha uma recaída. Procurava o ex-namorado.

– Era o que mais me frustrava, porque, no outro dia, eu me sentia pior ainda. Achava-me uma fracassada por estar procurando uma pessoa que me tinha feito tanto mal.

Foi então que Teresa começou a fazer planos para morrer. Foi preparando a mãe, sem revelar a ideia que se instalava na cabeça. Puxava papos estranhos de como ficaria a guarda de suas filhas, se algo acontecesse com ela. A mãe perguntava: "mas o que foi que houve, aconteceu alguma coisa, você está doente?". E ela: "não, mãe, mas a gente nunca sabe". Também foi articulando como ficaria a pensão das meninas.

E uma tarde de algumas folhas ao vento quando conversamos na capelinha da antiga sede da aérea, a Azulville, em abril de 2013. O espaço é modesto, há quatro bancos rústicos de madeira, uma parede de vidro que dá visão para o pequeno bosque ali adiante, após o córrego, onde estão as árvores de onde saem as folhas. Um Cristo crucificado, imagens de São Judas, de Padre Cícero, Nossa Senhora Aparecida e outros seres do panteão de santos católicos estão sobre uma espécie de púlpito de vidro. Assim como uma Bíblia ilustrada aberta na página 704, livro de Jeremias, capítulo 13, "O jarro quebrado".

Teresa chora, comovida e tocada, quando se lembra da conversa que teve com a filha mais velha. O escritor lhe oferece um lenço. "Está dobradinho assim, mas está limpo." Espera, calmo. Sente a delicadeza fina do momento.

– Eu disse que se a mamãe por acaso faltasse um dia, elas iriam ficar bem, porque a mamãe estaria no céu olhando por elas.

Depois de dois ou três meses, Teresa considerou que seu plano estava quase pronto. Já tinha programado a proteção para as filhas. Não estava devendo nada a ninguém, não deixaria dívida para a família. Decidiu, então, como e onde se mataria.

A depressão aumentou ainda mais quando a ideia de ir passar o Ano Novo de 2012 no Nordeste com toda a família, quando teria folga no trabalho, frustrou-se de repente. Ela e as filhas pegaram catapora. Tiveram de ficar de molho, em casa, na sua primeira passagem de ano em São Paulo.

Depois de curada da catapora, de volta ao trabalho, mas decidida a seguir adiante com seu plano nefasto, abre o computador. Devia ser final de janeiro ou começo de fevereiro. Não se recorda direito. Havia uma mensagem em vídeo de Pedro Janot para todos os funcionários.

– Coloquei o fone de ouvido. Sentado em cadeira de rodas, Pedro falava que estava bem, que estava muito feliz, recuperando-se. Agradecia todas as mensagens de carinho que tinha recebido no período em que estava no hospital, agradecia as orações de todos. Dizia que iria voltar, ainda com limitações, mas começaria a atender os diretores uma vez por semana. Fiquei feliz, achei bacana. Aí ele falou...

Teresa engasga, emocionada, chora de novo. Recompõe-se.

– ... Falou que gostaria de abraçar... cada um dos tripulantes da Azul que rezaram por ele. "Só que..." e ele fez um gesto, assim, "não consigo abraçar porque ainda não consigo movimentar meus braços direito. Mas, ó, estou tentando! Sintam-se abraçados."

Chora.

– Aquele movimento que ele fez... aquele esforço em querer levantar os braços, sabe, em querer abraçar cada um... aquilo me... eu desabei em choro, assim, na frente do meu computador... Tive vergonha de mim! Fiquei me perguntando como eu, tendo perna, braço, tendo tudo... como eu podia querer morrer... quando uma pessoa que tinha tudo e sofreu um acidente que tirou dele o que mais a gente preserva que é a nossa autonomia, a nossa liberdade de ir e vir... e mesmo assim, tendo perdido aquela liberdade, ele não estava desistindo da vida! Ele não estava desistindo de recomeçar, de querer as pessoas perto dele, de querer abraçar as pessoas. Enquanto eu, com meus movimentos, andando, dirigindo, planejava me matar...

Foi um dia terrível.

– Fiquei com horror de mim. Senti nojo de mim. Senti-me o pior ser humano do mundo. Saí de lá desesperada, chorando muito. Vim aqui para a capela, que era um lugar para onde eu sempre vinha. E chorei, chorei, chorei! Me ajoelhei. Pedi perdão a Deus. Pedi perdão pelo que eu tinha pensado fazer comigo. Como eu tinha passado tanto tempo planejando uma coisa horrível dessa??!!

O olhar meigo de Teresa brilha, marejado, ao se recordar, na capela. Sopra uma brisa suave. O silêncio está elétrico da emoção que banha o ambiente modesto. A cruz vazada, os santos, a Bíblia aberta, tudo faz testemunho ao momento sublime. Um ser humano se confessa verdadeiro diante de seu arrependimento, de si mesmo, de seu espelho quebrado, de sua pequenez, de sua grandeza. Sua hora de fel. Sua hora de fé.

Quando se acalmou, Teresa procurou o serviço de assistência social da Azul. Estava de aparência péssima, os olhos inchados de choro. Não deu detalhes de nada, disse apenas que estava mal, que precisava de ajuda.

Foi encaminhada a um dos médicos da Azul, em cujo consultório Teresa desabou de novo em choro. Dali, foi de volta ao serviço de assistência social, que já tinha lhe agendado uma consulta com um psiquiatra.

Teresa foi medicada, com o tempo ficou bem. Emagreceu 10 quilos. Gostou, pois se via gorda. Parou de beber.

Então, chegou um dia do Chega Mais, o encontro de executivos-padrinhos com grupos de funcionários da Azul. Teresa – que só tinha visto Pedro pessoalmente uma vez antes, quando ela passava pelo estacionamento com uma pizza para o lanche com os colegas e Pedro brincou, perguntando onde era o jantar, pois iria comer com eles – foi até o auditório de Azulville.

– Pedro estava muito brincalhão, ainda fazendo força para os movimentos nos braços. Quando terminou a palestra, colocou-se à disposição para que qualquer tripulante fosse lá falar com ele, fazer alguma pergunta direta. Fiquei no meu cantinho, morrendo de vergonha, mas sentindo vontade de ir lá dizer o quanto ele tinha sido importante para mim. Estava receosa. Afinal, ele era o presidente da empresa, eu era apenas peão.

Resolveu agir.

– Aí tomei coragem, entrei na fila. Quando chegou minha vez, eu não conseguia falar, com vergonha que as pessoas atrás de mim me ouvissem. Então, eu me abaixei ao lado da cadeira de rodas dele.

No banco de madeira da capela, é como se abaixasse de novo.

– E contei que aquele vídeo que ele tinha postado tinha salvo minha vida! Contei o quanto senti de vergonha de querer desistir da vida quando ele estava ali, brigando por ela!

Inspira, vai em frente:

– Acabou que nos emocionamos. Chorei. Ele chorou também. Falou da vontade de viver que tinha. Falou dos irmãos dele, de quando era criança. Falou que sempre procurava ver o lado bom das coisas, desde pequeno. Ele tinha me resgatado, mesmo sem saber.

"A vida vale a pena", Pedro se lembra de ter dito a Teresa, naquele dia. Ambos tinham experimentado, por caminhos diferentes, o contato limítrofe com a vulnerabilidade da vida. Ambos tinham sido jogados, pela dor, ao confronto brutal com as limitações da nossa grandeza. Somos fortes e frágeis, mas não são nossas polaridades extremas, nossa força e nossa fraqueza, que nos tornam, de fato, humanos?

Se você pergunta a Johannes Castellano qual o momento memorável de Pedro Janot que lhe vem à cabeça de todas as situações que viveu com ele na Azul, não espere nenhuma cena das inúmeras histórias corporativas das quais são atores reais por direito e mérito. Tampouco aguarde um instantâneo do dia do hospital. Receba, em seu lugar, isto:

– Algumas semanas antes do acidente, eu estava numa reunião com o Pedro quando tocou o telefone. Era o tio dele, Mauro, lembrando da data. Era o aniversário do nascimento ou da morte da mãe dele, não me recordo direito. Percebi ele tocado profundamente. Desligou o telefone, disse, "puxa vida, Johannes, quando minha mãe morreu, eu era um garoto de 10 anos. Eu tenho tanto carinho e amor por ela até hoje!". Naquele momento, uma lágrima escapou-lhe do olho.

Completa:

– Ali vi a grandiosidade do Pedro. Porque não tinha perdido a ternura, mesmo com a grandeza que a empresa vinha adquirindo e o *status* que ele vinha adquirindo junto, saindo em capa de revista, sendo assediado por jornalistas. Pensei, puxa vida, que coisa gostosa de ter! O legado ficou. Pedro tem memórias especiais da mãe dele que certamente o ajudaram a tomar boas decisões na vida.

ESPELHO NA LADEIRA DA MEMÓRIA

A perda da mãe aos 10 anos de idade criaria um vazio difícil de preencher na alma do menino Pedro Barcellos Janot Marinho. Primogênito do casal Nelson Janot Marinho e Dila Maria Barcellos, vivia, então, os efeitos de uma família em desestruturação.

Um dos mistérios da vida é que acontecimentos traumáticos ajudam a forjar quem nos tornamos, mas a alquimia complexa e criativa da existência não nos determina com certeza o rumo que as coisas tomarão. Diante do caos, podemos crescer, superar obstáculos, fortalecer fibra. Ou podemos nos afundar no pântano do nosso próprio sofrimento, incapazes de dar um sentido ao fogo da dor emocional que nos queima por dentro.

O primeiro sentimento do menino foi solidão.

– Eu ficava só, quando a dor vinha. Você cria uma casca intransponível para as pessoas não entrarem. Mas meu pai, um dia vendo-me muito triste, disse: "filho, as pessoas não gostam de quem é triste". Aí criei outra coisa. Tornei-me um cara aberto, mas permitia pouco que as pessoas penetrassem no meu mundo.

A mistura rara entre a abertura para o mundo e o recolhimento interior caminhava pela sensibilidade para com o outro, um dos legados mais importantes de Dila. Ficou registrado em poemas que escrevia na intimidade de suas inquietações existenciais, recuperados muito tempo depois pelo irmão Mauro Barcellos Filho. Um deles:

MARIA
Maria,
menina ainda,
quebrou a perna brincando.

Pedro,
menino ainda,
chorou de tristeza,
morreu-lhe o paizinho.

E dessa tristeza infantil
nasceu no jardim,
sem espinho,
uma rosa.

Mauro se tornaria mais do que um tio. Sua vida cruzaria com os caminhos de Pedro em diversas ocasiões, seus papéis com relação ao garoto mudando à medida que o relacionamento se estreitava. Seria com o tempo amigo, confidente, uma espécie de avô, irmão mais velho, quase pai. Sua futura esposa, Maria Cristina Ferraz, também absorveria a presença de Pedro, tratando-o como aos próprios filhos do casal, Ana Luísa, Gustavo e Fernanda.

A relação é "multifacetada", considera Mauro. Começou com ele já adulto, 20 ou 21 anos, Pedro ainda criança revelando uma outra face mais fácil de notar do que a sensibilidade. Acontecia nos momentos em que a irmã pedia socorro com relação ao filho, garoto levado da breca:

– "Pelo amor de Deus, tira esse moleque daqui!". Eu pegava o Pedro, saía com ele ensinando um monte de molecagem. Parava na farmácia, mandava ele gritar para o farmacêutico: "Seu Sacaneta!". E aí a gente saía correndo...

Quando o pai se casou de novo, aconteceu uma incompatibilidade entre o garoto e a nova esposa de Nelson, Rose. O mal-estar teria um desfecho. Mauro:

– É como aquela história da cestinha do Moisés: botaram o Pedro no rio, disseram: "Vai!". Saiu da casa dele, foi morar num colégio interno em Petrópolis, depois na casa do meu pai, que era viúvo.

O garoto passaria os anos de crescimento morando em condições sempre provisórias. Além do colégio e da casa do avô materno, iria morar um tempo na casa da avó paterna e, finalmente, na casa de Mauro e Cristina, de onde sairia para se casar com Débora.

Lá atrás, no tempo, foi pelo afeto em direção ao outro que a alma ferida do menino Pedro buscaria alívio para a dor.

– Tornei-me responsável pelos meus irmãos. Quando o do meio tinha judô, mas não queria ir, eu tinha que pegá-lo pelo colarinho e o levava. Durante o dia, meu pai estava trabalhando, não tinha como. A casa ficava por conta de uma empregada e eu liderava os meninos. Punha no ônibus, levava para a escola.

O cuidar do outro e a sensibilidade para perceber a afetividade das pessoas se estenderia para além do circuito familiar. Ricardo Carvalho, que se tornaria um dos melhores parceiros das futuras aventuras adolescentes de Pedro, conservando até hoje, empresário, o porte de sujeito magro, ombros largos, jeito despojado de quem curtiu muito os prazeres da vida de mar, recupera um exemplo:

– Passamos uma semana acampando na Ilha Grande. Lá tinha um cara, o Peter da Macaca, grandão, bruto. Quando lhe dava a mão, quase quebrava a sua. Aí o Pedro chegou, e falou: "pô, o Peter é um cara maravilhoso! Você viu que ele nos convidou para o almoço deste domingo?". Saímos da barraca, atravessamos uma trilha, fomos lá almoçar. Comi a comida dele, lambi os beiços. Fiquei nisso. O Pedro, não. Criou uma relação fraternal com o Peter.

O garoto cresceria "extremamente sedutor, além de muito bonito", lembra-se Débora. Na primeira fase do namoro entre os dois, chamava-lhe também a atenção como cuidava atentamente dos irmãos. De Tiago, cinco anos mais novo, mas especialmente de André, três anos mais jovem, às voltas com seus óculos de fundo de garrafa para miopia e estrabismo.

Falador, porte privilegiado, era sedutor para as meninas, admirado pelos meninos. Crescia como figura extremamente popular.

Quando o namoro juvenil com Débora acabou, por força da mudança para Petrópolis, o garoto se tornaria o principal galã do grupo de amigos com o qual se enturmara, e que continuaria a frequentar nos fins de semana. Até reencontrá-la e decidir se casar, foram 42 namoradas, um número que, no futuro, teria a fleuma de levantar para atender a uma curiosidade insistente da filha Maria Cândida.

Enquanto a emoção o afastava do pai, de um lado, pelo crescimento da dificuldade de relacionamento entre os dois, de outro o aproximava mais das pessoas, ajudando-o a vencer barreiras. Engenheiro em função executiva, administrando a difícil tarefa de criar três filhos e, ao mesmo tempo, reorganizar sua vida amorosa, com nova companheira – com quem iria ter duas filhas, Janine e Joana –, Nelson tinha muito a resolver. A simpatia e a facilidade para se relacionar com os mais diversos tipos de pessoas supriria em Pedro essa carência.

Tornou-se amigo na escola de gente cuja família frequentava o seleto Iate Clube do Rio de Janeiro, entre eles os irmãos Ricardo e Roberto Carvalho. A amizade lhe abriria as portas para descobrir no esporte náutico um excelente caminho de desenvolvimento pessoal. Não tinha dinheiro suficiente, mas podia entrar como sócio atleta, referendado pela família dos amigos. Ali também faria amizade com Gabriela Kastrup, hoje arquiteta, e, ao longo da vida, amiga fiel, praticamente irmã, integrante de um círculo cuja amizade Pedro nunca deixou de cultivar, às vezes reunindo todos via a intermediação da própria. Os pais de Gabriela assumiram igualmente uma asa protetora sobre o jovem cativante. Conta:

– Meu pai Sérgio acabou considerando o Pedro meio que filho dele. Pedia para ver os boletins de colégio, essas coisas. Minha mãe, Regina Helena, também completava essa coisa de núcleo familiar, sabendo que o Pedro estava numa fase muito confusa com relação a pai e mãe.

Participaria da turma também José Augusto Dias, o Guruga, sócio atleta como Pedro e que cresceria no esporte a ponto de disputar duas Olimpíadas, tornando-se, no futuro, coordenador da Escola de Desportos Náuticos do Iate.

Guruga, Gabriela e Ricardo Carvalho se reúnem com este escritor em um dia de final de verão em março de 2013, puxando a memória dessa longa amizade no cenário sugestivo de barcos, mastros, velas e guindastes do Iate Clube na Enseada de Botafogo, o Pão de Açúcar logo ali à direita, emoldurando a paisagem dourada pelo sol.

Pedro:

— Um dia, o Ricardo e o Roberto ganharam do avô um barco da classe Pinguim. "Ah, vamos velejar?", "Vamos!". Mas eu não sabia. Não tinha escolinha, não tinha professor, não tinha nada. A gente botava o barco dentro d'água, andava uns 10 metros, capotava. Era muito engraçado. Aí fomos formando uma corriola muito divertida em cima da dificuldade de aprender a velejar.

Os meninos acabariam por encontrar um professor espontâneo em Bob Nick, uns sete anos mais velho que Pedro. Aos poucos, os garotos iriam fazer pequenas disputas com Bob, velejando nas proximidades do Iate Clube, até começarem a vencê-lo. Isso foi lhes dando confiança de que tinham algum talento não apenas para velejar, em si, mas também para competir.

O entusiasmo pela vela foi servindo a Pedro para o desenvolvimento de habilidades que até então não experimentara. Aproveitando uma oportunidade, muitos da turma compraram barcos Pinguim. Com a ajuda do avô materno, Pedro pôde também comprar o seu, mas teve de se contentar com um barco de segunda mão que exigia reparos. Foi ótimo:

— Chamei meu barco de Simplorius. Pintei cor de abóbora, uma cor bem escalafobética, com a ajuda do meu amigo Nando Campos, que trouxe um latão de tinta. Parecia o barquinho da Gás Brás. Mas era lindo, de madeira de cedro, com o detalhamento de construção que era uma paixão. Nando seria meu primeiro proeiro. A classe Pinguim era extremamente técnica. Permitia muitas regulagens no barco. Aí você mexia com a plaina, mexia com formão, com lixa, com tinta. Você furava, cortava, remendava, vedava. Aliviava o mastro, a retranca, tudo para tornar o barco mais leve, mais veloz, inovador.

Ter o próprio barco impulsionou de vez a vontade de competir:

– Eu era um gigante com a altura que tinha, cresci muito rápido. Então eu corria com o Pinel, que era baixinho, pequenininho. Eu ficava timoneando, lá atrás, e o Pinel ficava como meu proeiro, lá na frente, para a gente ter a tripulação mais leve possível. Aí comecei a ganhar vários campeonatos.

Eram disputas ainda domésticas, no âmbito do Iate Clube. As ambições cresceram. Acontece que a Pinguim tinha limitações. Cada classe de esporte náutico é mais adequada para um biótipo humano específico. Pedro estava ficando muito grande para a Pinguim.

Guruga, um sujeito baixo e atarracado, de braços musculosos trabalhados pelos seus muitos anos de marinharia, pontua:

– Surgiu a classe Laser, que se tornou um grande equipamento para o Pedro. Ele ganhou o campeonato brasileiro júnior. Isso era o máximo, na época.

Dono de um barco da categoria, presente do pai, do tio Mauro e do avô materno, Pedro foi se descobrindo realmente competitivo, junto com o prazer e a exigência que isso transporta:

– A Laser trouxe um conceito de equidade. Os barcos eram iguais, as velas iguais, os mastros iguais. Eram barcos para uma única pessoa. Ao contrário da Pinguim, onde as diferenças de equipamentos falavam alto, na Laser a diferença estava no timoneiro. O que contava, na regata, era sua capacidade de correr riscos, na largada e depois. Você não podia queimar a largada, não podia bater no outro barco, que ficava a um metro do seu. E tinha de considerar a maré, que estava num certo ponto, a temperatura da água, o tipo de onda, o tipo de vento, o movimento dos adversários, a melhor posição do corpo para escorar o barco. Aí você ficava pendurado, fazendo força pra burro, tomando decisões. Tinha de tocar o barco com velocidade, tinha de ter capacidade analítica e resistência física.

Pedro gerenciava os riscos preferindo diminuí-los com uma postura conservadora. Olhando para trás, se vê como Emerson Fittipaldi na Fórmula 1, nosso primeiro campeão mundial da categoria, que ganhava poucas corridas, mas, no final do campeonato, tinha uma regularidade notável. Pela soma dos pontos, faturava. "Eu não encabeçava as regatas", comenta Pedro, "mas sempre estava ali em segundo lugar, terceiro, quarto." Arremata: "Era que nem bigode, estava sempre nas bocadas".

Ganhou, de fato, dois campeonatos brasileiros da categoria júnior. E aprendia observando as próprias deficiências, absorvendo ensinamentos dos mais experientes. A determinação e o foco em objetivos incorporavam-se como qualidades pessoais. Ricardo:

– Quando chamei o Pedrão para o Pinguim, era meio gordinho, não sabia velejar. Teve até dificuldade para entrar no barco no cais, a primeira vez. Nunca mais saiu da vela... Quando comprou aquele barco velho, foi a maior diversão botar o barco legal. Ele ficou amarradão e levou a sério. Quando vieram os Lasers, a gente treinou para caramba juntos para aquele campeonato brasileiro lá em Salvador, mas aí, no final das contas, não fui correr o campeonato porque resolvi ir para Punta del Este passar o carnaval lá...

Risadas gerais...

– A gente treinou muito. A gente fazia contravento até a boia do *Madalena*, um navio que afundou frente à Praia de Copacabana, depois voltava no través planando, bombeando, o cacete...

E completa, para enfatizar seu ponto da determinação:

– Veio um campeão mundial de Laser, Peter Commette, dar umas palestras aqui no Rio. Pedrão sentou na primeira fila, anotava tudo, comprou livro, leu. Ou seja, a perseverança dele vem desde essa época. No começo, ele não levava muito jeito para velejar, não. O que aconteceu? Emagreceu, ficou forte, velejando, foi campeão da categoria na segunda vez que houve campeonato no Brasil, aquele de Salvador, oitavo lugar geral.

Oitavo lugar competindo com velejadores mais velhos e mais experientes. Gente famosa no meio, como Gastão Brum, Cláudio Bieckark, Manfred Kaufmann, Claus Cordes. Um motivo de orgulho.

A vela também lhe daria a oportunidade de conhecer um dos seus heróis, mais solitário do que ele, talvez, um modelo de referência tão importante na alquimia de formação de sua personalidade como são as representações arquetípicas de coragem e aventura nobre para todo garoto.

Frente a Angra dos Reis, no litoral fluminense, a Enseada Saco do Céu era a residência de um casal famoso no circuito náutico. Iatista, jornalista especializada, Carmem Ballot formava com o marido francês, o fotógrafo Henri Ballot, uma dupla notável de anfitriões para iatistas de todo o mundo em passagem por aquele pedaço de paraíso marítimo nesta Terra.

Foi ali que Pedro teve o privilégio de conhecer a figura já mítica de Eric Tabarly, considerado um dos maiores iatistas de todos os tempos, herói nacional da França, vencedor até então de um número inigualável de regatas, projetista e construtor de seus próprios barcos, inventor de novidades tecnológicas para eles. Eric era considerado um líder tranquilo, comandando tripulações em grandes travessias, quando não um confiante navegante solitário, cruzando com determinação grandes mares. Gigante na água, tímido na terra, tinha uma personalidade intrigante. Era ótimo contador de histórias, autor de livros, conferencista, um selo de garantia de qualidade aos produtos náuticos aos quais associava seu nome.

– O Eric era baixinho, talvez um metro e sessenta de altura – calcula Pedro –, mas era um cara impressionante. Estava lá o velho marinheiro, o cabelo cortado curtinho, a barba mal feita, as mãos grossas. Impressionava o desprendimento dele de sair rumo ao desconhecido, de enfrentar as coisas sem grande segurança. Foi o brilho que acendeu de vez minha vontade de enfrentar o desconhecido, de você colocar a proa no mar e sair, sabendo que tem de se adaptar às condições que podem mudar a cada minuto. São muitos os dados que chegam. Você bota o barco no vento, sente como vibra, sente o cheiro da água. Escuta o casco ranger. Quando o barco sai da baía e entra no oceano, bate na água e ela borbulha, é porque está cheia de oxigênio. Então você sabe que está entrando em água limpa. E água limpa pode ser a maré entrando. E isso lhe traz um tipo de mar, um tipo de onda, um tipo de corrente. São muitas variáveis. Você tem de ler os elementos da natureza. E decidir.

Como lidar com tudo isso, na hora do "vamos ver", tomando decisões que o conduzem para porto seguro ou para a tempestade, talvez para o desastre? Não é a análise cartesiana, racional, que vai dar conta do recado. Por isso, a intuição. Por isso, a emoção.

Campeão brasileiro júnior, Pedro ganhou o direito de ir à França participar do Campeonato Mundial Júnior, em agosto de 1978. Não foi bem do ponto de vista da competição, tirou o 18º lugar entre 22 concorrentes. Os organizadores deram a todos um mesmo tipo de barco, da categoria Europa, um equipamento pequeno, incompatível com o seu tamanho e os seus já 87 quilos de puro músculo aos 17 anos de idade. A calmaria do vento também atrapalhou. Mas foi a glória. O Campeonato teve sede na *École Nationale de Voile et des Sports Nautiques* – Escola Nacional de Vela e Desportes Náuticos – francesa, em Saint Pierre Quiberon, região da Bretanha, a mesma onde nasceu Eric Tabarly, na costa atlântica. Pedro:

– Os franceses observavam que eu largava na frente, mas depois era engolido pelos outros concorrentes, por causa do peso e do vento fraco. Nas horas vagas, a gente botava um pega de Laser, então viam que eu velejava bem. Aí um dos instrutores da Escola, Stephen Fleury, fez-me uma proposta de trabalhar com eles, passando o verão francês lá. Pagavam o equivalente a 500 dólares por mês, teria quarto, refeição, roupa lavada. Falei, "legal, fechou!".

Quando o campeonato terminou, Pedro começou a viver o dia a dia da escola. Já falava francês bem, tinha tido uma ótima professora em Teresinha Saad, no Rio. Estava no céu.

– A vida era simples, divertida pra burro.

Achou que se abria um caminho profissional promissor, iria se tornar um homem de vela. Mas então, depois de um mês, Pedro teve que dar a notícia ao pai, pelo telefone. Nelson fechou o tempo, sem rodeios:

– Se você não voltar para fazer vestibular, eu lhe deserdo!

Pedro voltou, ficou vários meses morando numa república de estudantes em Petrópolis, sem falar com o pai, preparando-se para o vestibular em engenharia

Terminou assim, de súbito, sua carreira no mar. Ficariam para trás, armazenados para sempre na memória, momentos de puro humor juvenil. Ricardo:

– A história que o Pedro mais gostava era a do Barbosão. Quando acampamos na Ilha Grande, o Peter nos contou. Tinha um presidiário lá na ilha, esse tal de Barbosão. Era um cara pancadão, mesmo. Um dia, ele fugiu. Chegou na casa de alguém, o primeiro que encontrou pela frente foi o caseiro, que devia ter quase uns 80 anos de idade. O Barbosão não fazia uma relação sexual há muito tempo... Pegou o caseiro... o coitado precisou de uns 18 pontos no hospital... E aí o Pedrão não parou mais: "Olha o Barbosão aí! O Barbosão vai chegar, cuidado aí!", era "Barbosão prá lá, Barbosão prá cá"...

Mas já tinha dois focos direcionadores de sua vida, ainda muito jovem, precoce. Guruga conheceu logo um deles:

– O Pedro fez uma opção. Quando entrou na Mesbla, falou: "vou ganhar dinheiro, vou ser alguém na vida". Preferiu a vida profissional. E foi crescendo, crescendo, crescendo. Quando entrou para ser o cara da Richards, já foi uma galgada profissional fantástica. Quando saiu de lá para ser o presidente da Zara, já sabia tudo do mercado de varejo de roupa. Aquilo foi uma coisa avassaladora. A gente que estava aqui de fora olhando, dizia: "o Pedro é o cara!".

O outro foco, o próprio Pedro apresenta:

– Eu queria construir uma família e que fosse diferente da minha história. Sempre fui muito responsável pelos meus atos. Antes de qualquer coisa, eu tinha um compromisso comigo. Sou um macho alfa. Tinha o compromisso de construir uma família da maneira que eu entendia que devia ser. De ser fiel à minha esposa, companheiro, provedor.

Encontrou em Débora a parceira certa, pois ela também, de personalidade forte, sabia desde cedo que objetivos tinha na vida. Foi se formando uma parceria de diálogo e construção sobre uma base de muita amizade, entendimento que sempre houvera entre ambos e prazer mútuo na companhia um do outro. Débora queria também estabilidade emocional. Encontrou, mas precisou trabalhar um pouquinho por ela.

– A Débora me tinha na ponta da faca. Eu tinha uma personalidade explosiva, muito autoritária. Era de família. Meu avô deu uma porrada na cara de um juiz, uma vez. Meu tio bateu um dia na cara de um cliente. Teve um dia que eu dei um ataque, nem me lembro a razão. A Débora subiu na cama, botou o dedo na minha cara, falou: "se repetir isto comigo, nunca mais vai me ver!"

Débora:

– Aí! Você foi amansado, com certeza! Pela vida.

Cristina, a tia, reconhece o papel marcante de Débora na vida de Pedro:

– Ele casou com uma mulher igual a ele: movida a sonhos. Criaram uma coisa completamente integrada.

Mauro completa:

– Ela participa do sonho, mas o arruma. Porque ela tem esse lado onírico, mas não perde a noção da realidade. Ela olha reto, faz tudo reto, caminha reto. Corrigiu, no Pedro, as imperfeições, e que todo ser humano tem.

A vida profissional também iria se definir precocemente. Após servir o Exército e passar por um breve período de estágio numa indústria têxtil, Pedro iria estrear a carreira executiva assumindo a posição de comprador na então imponente Mesbla, em janeiro de 1981. Uma das primeiras – fundada em 1912 – e maiores lojas de departamentos do país, na década de 1980 sua rede chegava a 180 pontos de vendas, muitos dos quais ocupavam áreas imensas – quase sempre superiores a três mil metros quadrados – e se destacavam pela imponência, no cenário visual das cidades onde se instalava país afora. Sua principal loja e sede na Rua do Passeio, em pleno centro do Rio, transformara-se em ícone visual da cidade, o famoso relógio da chamada Torre Mesbla, incorporada definitivamente à paisagem urbana carioca. Vendia praticamente de tudo, de botões a vestuário, passando por máquinas e equipamentos, inclusive automóveis e até aviões.

Exatamente em 1981, porém, começaria um longo declínio, perdendo naquele ano o posto de líder inconteste do mercado de varejo, descendo para o terceiro lugar. Tinha de se modernizar, preparar-se para a concorrência de peso que pela primeira vez teria de enfrentar, representada, por exemplo, pela chegada ao país do grupo Carrefour. Sua trajetória tinha direção diametralmente oposta à do jovem Pedro Janot, que ali permaneceria até dezembro de 1985, quase 14 anos antes da falência da Mesbla.

– A companhia estava passando de um sistema descentralizado de compras para um centralizado, com o advento da computação. Os *mainframes* ocupavam andares inteiros da sede. Fiz parte de um grupo de *trainees* que criou esse departamento centralizado e depois assumiu postos lá. Eu era menino ainda, e como comprador com grande autonomia, já negociava diretamente com fornecedores preços, prazos e condições. Com isso, a Mesbla ganhou velocidade, respondendo à demanda do consumidor, que passava a exigir cada vez mais novidades.

Mainframe é um computador de grande porte. Pedro aprendia fazendo e observando:

– Intuitivamente achei que a companhia estava indo por um mau caminho, em gestão. Via às vezes o presidente tomar o elevador só para ele, ao chegar para o trabalho. Numa determinada época, tive uma indisposição conceitual com uma das minhas gerentes de compras. Resolvi sair.

A essa altura, Pedro já tinha se convencido que seu caminho de formação nada teria a ver com a engenharia. Desistiu do curso, depois de quatro anos, prestando então vestibular para Administração de Empresas. O estímulo do novo ambiente acadêmico o fazia estar atento ao atribulado cenário econômico da época, caracterizado por altas taxas de inflação e flutuações de mercado gigantescas. Por isso, suspeitava que as decisões estratégicas da companhia não se direcionavam a um bom rumo.

Apesar do ambiente, mantinha um bom humor. Fazia das suas, junto com outro comprador, Ricardo Primo:

– Na hora do almoço, quando não tínhamos fornecedores presentes, ou no fim do dia, quando todos já tinham saído, íamos à sessão de maiô e biquíni, cada um vestia um, enfiava por cima do terno. Fazíamos um desfile rapidinho pelo salão...

Procurou outro rumo:

– O Eduardo Novais, o Periquito, era muito meu amigo e estava nas Lojas Americanas. Liguei: "Peri, tô querendo sair daqui. Quero trabalhar com vocês".

José Paulo Amaral, presidente dessa igualmente tradicional rede varejista, fundada em Niterói em 1929, ofereceu-lhe o cargo de gerente de marketing, experiência nova que lhe expandiria o aprendizado de executivo em ascensão. Pedro:

– Eu fazia a ligação entre a área de compras e a área de propaganda, para que a produção dos tabloides impressos – de promoção de produtos –, que estavam se revelando muito eficazes, acontecesse no tempo certo. Também ajudava na negociação com os fornecedores e contabilizava os ganhos recebidos, para isso não se perder dentro da venda. Era muito comum você comprar um milhão de copos e o cara o beneficiar com cem mil copos a troco de verba de propaganda. Isso tinha de ser contabilizado.

A maior lição desse breve período de um ano?

– Vi toda a diretoria sentada na mesma sala, com as mesas muito próximas, gerando um dinamismo de gestão. Entendi a velocidade disso. As áreas de compras ficavam todas em grandes salões, o que era para mim uma nova forma de fazer as coisas.

Apesar do aprendizado e das ótimas taxas de crescimento da companhia, com a abertura acelerada de novas lojas, surgia também uma insatisfação:

– Eu olhava para aquilo tudo e me dizia: "eu sou um rabo de elefante nesta grande estrutura aqui. Para ser cabeça de elefante, vai levar muito tempo".

Os deuses do olimpo dos negócios devem então ter conspirado a favor do jovem executivo ambicioso, colocando-lhe nas mãos a oportunidade de participar de uma empresa onde ele poderia ser "cabeça de formiga" em lugar de "rabo de elefante". Acontece que, em 1983, o controle acionário das Lojas Americanas tinha sido adquirido pelo banco de investimentos Garantia, do qual um dos três sócios era Carlos Alberto Sicupira, o Beto. Por sua vez, Beto iria fazer negócio com um jovem empreendedor carioca, abrindo-se assim uma triangulação de interesses que sedimentaria a próxima página profissional da história de Pedro Janot.

Na década de 1970, o ex-campeão mundial de pesca submarina e rato de praia Ricardo Dias da Cruz Ferreira, também estilista, tinha criado a grife de roupas masculinas Richards. As criações de Ricardo Charuto, como é conhecido nos círculos íntimos, conquistaram mercado pelo estilo esportivo clássico, inspirado em motivos tropicais e mediterrâneos. Elegância e descontração, suas marcas traduziam desde o começo uma proposta de estilo de viver. Combinavam-se o despojamento das roupas de pescadores que o haviam inspirado no sul da Europa, a tradição inglesa de roupas masculinas aristocráticas e a descontração carioca.

Tudo tinha começado com uma improvisada produção de camisetas em silkscreen, iniciativa em família, até Ricardo procurar seu próprio caminho e lançar a grife, tendo a participação ativa de sua primeira esposa, Sandra Graham.

Quando Pedro entrou no barco, a Richards tinha quatro lojas e já era uma história de sucesso empresarial. Seu papel inicial, como gerente de compras, estava associado à proposta empresarial de expansão que visava a transformar a marca numa espécie de Ralph Lauren brasileira, referência à rede norte-americana criada pelo estilista de mesmo nome que se caracteriza pelas roupas esportivas e elegantes, famosas a partir da primeira linha de produtos da grife, as camisas Polo.

Era janeiro de 1987.

– Entrei para implementar controles de estoque, de vendas, gestão. Tinha tudo por fazer. Ricardo e Sandra eram muito criativos e intuitivos, sabiam claramente o que queriam fazer da companhia, mas tinham 10 anos de liquidação guardada. Não faziam liquidação para não queimar a marca. A companhia estava muito focada na criação, pouco na administração. Era uma luta da minha parte trazer os sonhadores e ligá-los no fio terra. O mundo real tem timing, tem custos. Tínhamos grandes indisciplinas de sistemas e processos. A criação mandava na gestão.

Pedro galgaria espaços na companhia, assumindo a área financeira, o posto de diretor comercial e a posição, na prática, de principal executivo, após os donos. Tinha um ótimo suporte administrativo no contador da empresa, Sidney Martins.

– Era um case espetacular de muitas coisas boas, mas a Richards vendia muito pouco por metro quadrado, na minha opinião. Podia vender mais.

Apaixonado pelo projeto, amigo pessoal de Ricardo e de sua segunda esposa, Verônica, amoroso para com as pessoas da companhia, Pedro passaria pouco mais de dez anos na Richards, o tênue conflito subjacente entre criação e gestão sempre presente, mas administrável. Foi uma década de grandes momentos.

– Grandes aventureiros iam dar palestras nas nossas lojas de *shoppings*, faziam exposições. Elas espelhavam as mudanças da época, eram uma coisa viva, como no livro de Faith Popcorn. Veio Dico Tostes trabalhar na nossa área de marketing, um cara bacanérrimo.

Referência ao livro da autora, O Relatório Popcorn, que você conheceu no capítulo Granizo e tempestades, leitor.

O saldo dessa fase?

– A Richards foi a minha grande escola, porque numa empresa pequena, você rala o peito no marisco. Você cuida de tudo.

E enfrenta com maior agilidade, talvez, as vicissitudes de um cenário econômico imprevisível, eventualmente louco, como foi o horrendo episódio do famigerado Plano Collor. Um dia após tomar posse como Presidente da República, o primeiro eleito pelo voto direto depois do regime militar das décadas anteriores, Fernando Collor de Mello, anunciou em 16 de março de 1990, a implementação de sua receita de combate à inflação, desenhada pela sua Ministra da Fazenda, Zélia Cardoso de Mello. O centro explosivo do plano consistiu no bloqueio, por 18 meses, do saldo de contas correntes e investimentos superiores a 50 mil cruzados novos, substituindo também essa moeda vigente pela nova, o cruzeiro, e eliminando três zeros no valor da moeda.

– Liguei para o Ricardo: "estou descendo de Petrópolis para o Rio, vou encontrá-lo na companhia às sete horas!". Chegamos lá, olhamos para a cara um do outro, como dois cachorros na proa de canoa. Sabe como é? Cachorro na proa de canoa fica durinho, olhando rigidamente para a frente. Então, o Ricardo foi um mestre. Ele tinha 42 anos, eu 27. Vi como ele, enquanto empresário, racionalizou a saída desse momento difícil. Por sorte, não tínhamos feito nossa liquidação. A Zélia não confiscou nosso dinheiro, porque estava em estoque. Aí pegamos tudo quanto era pano parado e começamos a fazer caixa. O Ricardo me ensinou muito. Eu estava afogado naquele oceano de informações dos jornais, enquanto ele foi muito frio, decidiu com maestria. O meu envolvimento nesse momento, o vestir a camisa, revelou o que eu já vinha demonstrando desde a Mesbla: eu me entregava, abraçava o trabalho como se fosse dono.

Empresário, mesmo, Pedro tinha tentado ser uma única vez, quando, junto com Débora e um outro sócio, sonharam em estabelecer um açougue de carnes nobres em Petrópolis. Até começaram. O contraponto infeliz, porém, entre um bom planejamento e um sócio desonesto fizeram-no ver que seu caminho preferencial teria de ser mesmo o de executivo.

– Eu tinha 20 lojas da Richards sob meu comando. Pensava como dono. Qualquer bola que quicasse na minha frente, eu metia o pé, delegava, resolvia. Aprendi muito também sobre pessoas. Ricardo era muito orientado a pessoas. Ele falava toda hora: "as pessoas reagem a estímulos positivos". Ele tinha funcionários que o acompanhavam há anos, porque tratava muito bem a todos, da costureira ao diretor.

As discussões internas em torno de qualidade eram também muito frutíferas. "Qualidade é uma atitude, não um processo", era o mantra reinante. "Qualidade anda no fio da navalha, ou você tem ou não tem", era a frase favorita de Pedro.

– Quando chegávamos à fábrica terceirizada de um fornecedor – com o crescimento, tivemos que expandir para além do nosso ateliê próprio –, qual era o primeiro lugar que visitávamos?

Este escritor arrisca um palpite. Qual você arriscaria, leitor?

A resposta de Pedro:

– O banheiro das pessoas do chão de fábrica. Como você quer fazer um trabalho de qualidade, se o banheiro das pessoas que trabalham para você é uma nojeira?

Ricardo Charuto, Beto Sicupira, José Paulo Amaral foram, nessa época, importantes mentores na formação do jovem em ascensão que ainda tinha o que aprender:

– Uma vez, ganhamos uma causa jurídica contra um *shopping center*. Eu estava louco para esfregar o resultado no cara do *shop-*

ping. O Ricardo disse: "preste atenção, nós não vamos fazer nada, porque não quero criar um inimigo em hipótese alguma; um homem humilhado faz tudo para matá-lo a qualquer preço, até levá-lo à falência".

O aprendizado passava pela delicada procura contínua da harmonia estética.

– Éramos estetas o tempo todo, discutíamos onde estava o equilíbrio. Porque a estética, sim, anda no fio da navalha. Qual é o limite entre o que é *over*, um pouco demais, e o que está aquém da estética? Discutíamos sempre. O ambiente era esteta, inebriante, uma atmosfera maravilhosa. Era a nossa vida.

Vendendo, mais do que produtos, um estilo de viver, havia implicitamente no credo da Richards uma exigência de coerência pessoal. Como se vestia Pedro?

– Quando morava em Petrópolis, ia trabalhar vestindo um *top sider*, uma calça cáqui, uma camisa. Tudo tinha um caimento, uma forma de colocar, uma forma de andar amassado, uma altura de bainha. Quando fui morar no Rio, trabalhava de bermuda, sandália, camisa, chapéu de palha. Ia pedalando da minha casa na Lagoa até a Richards no Leblon.

A fase de Pedro na vela também o ajudava a compreender Charuto e suas ideias:

– Havia um abismo cultural muito grande entre como o Ricardo encarava a qualidade, a estética, a relação com os fornecedores e a minha experiência anterior nas Lojas Americanas e na Mesbla. Ricardo tratava os fornecedores como parceiros. Nossas parcerias tinham que ser muito bem amarradas sempre, porque até um fornecedor atender a qualidade que queríamos, havia um longo caminho. Era melhor ter menos fornecedores, e fortes, do que muitos sem qualidade.

Algum aprendizado importante relativo ao consumidor?

– Aprendi a criar valor nos produtos e serviços que vendo. Por exemplo, o caso da calça *chino*. Tínhamos concorrentes, mas a nossa calça *chino* tinha valor agregado: qualidade e estilo de produto, um belo *visual merchandising*, o invólucro espetacular que era a loja e mais um serviço de qualidade no atendimento. Dávamos desconto de 10%. A percepção do valor do produto crescia enormemente. Conseguimos, assim, girar essa calça numa proporção que compensava a perda de margem. Além disso, a calça *chino* era porta de entrada para a loja. O cara entrava, levava uma camiseta, levava outro produto.

Saldo?

– Foi o maior aprendizado na Richards: criar valor. A marca atestava qualidade. Se você quisesse fazer uma linha de bolsas de couro, sapatos, seria um sucesso, pois a marca era algo em que todo o mundo via qualidade, estilo e valor agregado.

Pedro levaria esse aprendizado adiante, aplicando-o em outras experiências, pois chegou um dia em que, apesar de todo o ambiente estimulante na Richards, sentiu que não tinha mais como crescer ali. O número de lojas tinha subido para quase 40, o sistema de franquia estava sendo instalado. Era hora de dar a notícia a Ricardo com peso no coração, completar a instalação do programa de franquias e seguir adiante.

– Senti que tinha chegado ao topo do conhecimento. Tinha feito um MBA e começava a ter embates conceituais com o Ricardo. Dei meu currículo a um professor meu no curso, Jorge Garcia, um mexicano superdivertido. É o único cara que conheço que come alface, mas tem o colesterol alto. *Puta que pariu, Pedrón, yo puedo comer alface hasta todo el día y el puto de mi colesterol está siempre alto!*[1]

O currículo chegou às mãos da Russell Reynolds, empresa de recrutamento que atendia a um cliente pronto a desembarcar no Brasil em 1998, em meio a uma fase de grande expansão internacional, depois de consolidar presença no seu país de origem.

---

1   Mesclando português e espanhol:
– *Puta que pariu, Pedrão, posso comer alface o dia inteiro, mas o puto do meu colesterol está sempre alto!*

Maior grupo têxtil da Espanha, com fabricação e lojas próprias de vestuário, a Inditex crescia a partir de sua sede em Arteijo, cidade ao lado de La Coruña, na Galícia, costa noroeste espanhola, um pouco acima de Portugal, para se tornar com o tempo provavelmente o maior do mundo dessa categoria, com 1.721 lojas em 87 países no final de 2012. Seu fundador, Amancio Ortega Gaona, fora bem-sucedido na criação de uma marca e grande magazine que seria o aríete avançado da expansão do grupo, transportadora do conceito de *fast fashion*. Trata-se da produção rápida e contínua de novidades em coleções compactas de peças, repondo em velocidade os produtos que caem na graça do consumidor, retirando igualmente com rapidez os produtos encalhados. A marca era a Zara, à procura de oportunidades na América do Sul, onde já despontava o Brasil como um provável país emergente no mercado global, graças à inflação dominada pelo Plano Real desde 1994 que abria terreno para o desenvolvimento de um mercado à altura do seu potencial.

A empresa queria um executivo para comandar sua instalação no Brasil. Pedro parecia um candidato de perfil natural, dada sua passagem pela Richards, onde ajudara a empresa à expansão magnífica que obtivera em 11 anos, liderando a parte operacional do crescimento em diálogo com um dono criativo. Tinha, portanto, experiência de *start up*, praticamente, de dar partida a uma companhia nova, de trabalhar com dono de personalidade forte e genialidade criativa, e de atuar no mercado numa companhia do varejo têxtil à altura da Zara. A Russell o procurou. Depois de algumas hesitações, orientado por seu grande amigo José Rio Branco, mestre das negociações no mundo corporativo, deixou de lado a bermuda, vestiu um paletó Richards, colocou um relógio Rolex no braço, disse que ganhava três vezes mais do que realmente ganhava e embarcou para São Paulo para uma entrevista com Fátima Zorzato, a principal *headhunter* da Russell.

Apesar do sucesso da conversa com Fátima e com o executivo da Zara que acompanhava a entrevista, Jaime García, seguido de uma viagem-relâmpago para uma entrevista com diretores da companhia em La Coruña, a hesitação continuava. Fátima destampou o poço do medo represado:

– O Pedro estava superbem, obrigado, na Richards, como diretor comercial estatutário, mas o ajudei a identificar que poderia ter uma outra vida. A Zara era a oportunidade de pegar um start up, ter um relacionamento internacional, assinar a autoria da instalação da empresa no Brasil, entrar num negócio chique, ter um cargo mais alto. Passaria a cuidar de gente, de linha, de marketing, de finanças, de estratégia, de importação, de tudo. Seria o gerente-geral. Só que teria de se adaptar a uma empresa austera. Você viaja de classe econômica, numa empresa austera... Tinha o problema dele caber no assento, com aquele tamanho todo... Pensei... Pronto!... Quando eu disser a ele, vai desistir! Mas não desistiu. Meu papel foi mostrar que os riscos eram pequenos, porque o alinhamento e o potencial que tinha eram evidentes.

Pedro resolveu enfrentar o desafio não menos relevante – para um executivo carioca – de abandonar o Rio, pois o trabalho de implantação da Zara no Brasil seria centralizado em São Paulo. O Diretor de Recursos Humanos da Zara, José Maria Gonzalez, veio ao país para a entrevista final. Começou a dura negociação salarial, o brasileiro conseguindo o triplo do salário anterior, além da cobertura do aluguel de residência.

Em dezembro de 1998, já estava em La Coruña incorporando a cultura da Zara, ao mesmo tempo planejando a introdução da rede no Brasil. Só que teria de embarcar para a Espanha sem contrato, pois como ainda não estava estabelecida no Brasil, a companhia alegou que não tinha conhecimento da legislação brasileira nem serviço de apoio jurídico aqui para providenciá-lo. Mas deu uma garantia: caso a companhia desistisse de se instalar no país, pagaria um ano de salário.

No mês seguinte, estava participando de um curso da companhia nas proximidades do famoso monumento memorial, a basílica de Valle de los Caídos, dedicado à memória dos mortos na

Guerra Civil de 1936-39, a 40 quilômetros de Madrid, quando o sonho ameaçou naufragar:

– José Maria Gonzalez chegou a mim com os olhos marejados. "Pedro, nós não vamos para o Brasil!".

Acontece que o dólar havia disparado por aqui. Isso deve ter assustado os espanhóis. Apresentaram duas opções: honrariam o ano de salário ou Pedro ficaria com o grupo, disponível para assumir algum país que estivesse sem diretor-geral. O executivo não pestanejou em escolher a segunda opção, para saber, um pouco depois, que seria designado para a Venezuela. Iria viver numa ponte aérea Rio-Caracas-La Coruña-Rio.

– Voltei para o Brasil, preparando-me para a empreitada. Estava numa loja comprando ternos, para me alinhar com o estilo da Zara, quando veio a notícia de que sim, a empresa viria para cá.

Tinham voltado atrás, pois já havia dinheiro internalizado no Brasil para a abertura da rede. Ocorrera um descompasso interno de comunicação. Para alívio de Pedro.

A partir de fevereiro de 1999, começou o período de oito meses de viagens constantes à Espanha, Pedro fazendo o planejamento imobiliário, o planejamento de coleções de produtos e a definição do plano de negócios. Chamou a atenção do executivo brasileiro o tempo investido pela Zara no treinamento de seus executivos, incutindo-lhes a cultura da casa.

– Trabalhei 60 dias numa loja de uma das principais ruas do centro de Madrid, a Calle de Preciados. Você tinha que atender na loja, fazer estoque, inventário. Era um trabalho extenuante, de ficar oito horas em pé por dia.

Para que serviu?

– Você conseguia realmente entender a filosofia da companhia. Nunca antes tinha conhecido uma companhia com a mesma disposição operacional da Zara em relação ao processo logístico dentro da loja, clientes, roupa, numeração, armazenagem, um controle de estoque milimétrico. E com estruturas exíguas. Na Europa, você não tem lugar para estocar bem as coisas.

O que caracterizava essa filosofia?

– A marca dessa cultura era gente e disciplina. "O que está combinado, cumpra e faça." E havia uma coisa muito forte de líder servidor. Você via gerentes muito jovens envolvidas com vendedoras e seus estoquistas para fazer aquela mágica acontecer. É realmente uma mágica. A mercadoria chegava no país às cinco horas da manhã. Às dez horas do dia seguinte, já estava na loja, com alarme e disposta de acordo com o *visual merchandising*. A loja está totalmente renovada. É uma nova loja, quando comparada com o dia anterior. Isso requer, dentro da loja, uma disciplina muito grande, uma equipe muito coesa e uma liderança muito forte. Os gerentes são realmente líderes servidores. As equipes eram muito estáveis. Lutava-se pela estabilidade das pessoas, e as que não estavam no prumo não eram descartadas. Procurava-se colocá-las no prumo.

O *visual merchandising* é o procedimento de criar um ambiente no ponto de venda, por meio de sua concepção e decoração, que transmita identidade, seduzindo o cliente para a compra.

Chamou-lhe a atenção, igualmente, o processo de supervisão dos gerentes:

– Chegava um gerente regional a uma loja, e a primeira pergunta que fazia aos gerentes locais era "como estão as *niñas* e os *niños*?".

As *niñas* eram as vendedoras, as funcionárias da frente de batalha da Zara; os *niños* eram os vendedores, a gente miúda da hierarquia funcional, mas que, na empresa espanhola, era tratada com deferência. Depois os gerentes, sempre muito simpáticos, na experiência de Pedro, iam conversar com elas, tomar o pulso das coisas. O executivo brasileiro passaria a considerar com carinho seus funcionários como os *miúdos*, pegando emprestada a expressão portuguesa.

– Ali você já identificava o que ia mal, o que ia bem. Pela conversa você entendia o que estava – ou não – funcionando.

Depois dos 60 dias iniciais, Pedro iria rodar toda a Espanha, visitando lojas, aumentando sua captação da cultura. Foi aprendendo também, pelo aspecto visual, a reconhecer que loja ia bem, qual estava mal. "Você toma a temperatura já ao entrar na loja", diz. "Se vê roupa amassada, ou roupa no chão, já sabe." Às visitas de observação seguiram-se a mais exigente, de análise e diagnóstico de 20 lojas específicas. Foi o teste de fogo de Pedro, para um dos executivos da cúpula da companhia, Juan Carlos Cebrian, avaliar se o brasileiro estava pronto para voltar ao Brasil, dando partida efetiva à instalação da Zara no país.

A avaliação?

– Perfeito. Mande-se para o Brasil.

Louco para voltar para casa, teve de enfrentar um início frustrante. A primeira loja aberta foi a do Shopping Morumbi, em São Paulo, em novembro de 1998.

– Trouxemos um padrão de loja que não tinha nada parecido por aqui. Parecia uma nave espacial iluminada num *shopping* escuro, amarelado. Trouxe uma promessa de revolução no varejo nacional, mas a mercadoria era completamente equivocada. Os espanhóis custaram a entender que o país tinha vivido uma cortina de ferro, no regime militar, que nos tinha deixado culturalmente isolados do resto do mundo. Mas a Zara baseava-se em se inspirar em roupas dos grandes estilistas. Na Europa, a associação era direta. "Este terno aqui parece com o do Armani, só que o dele custa 1.500 pesetas, aqui na Zara custa 350." Portanto, o sucesso era na mesma proporção. No Brasil, essa associação não era direta. Então houve duas decepções com a venda: a roupa não era associada com a de outro estilista, para ser comparada e valorizada, e as roupas que vieram não eram adequadas em tamanho e peso do tecido. Isso apesar das primeiras gerentes de vendas que eram enviadas a Espanha para treinamento levarem revistas para mostrar o que estava na moda aqui. Por isso, trazer a Zara para o Brasil foi quase que fazer uma marca do zero.

Era difícil para os espanhóis entenderem o Brasil, assim como era difícil aos jovens vendedores recrutados no mercado brasileiro assimilarem a cultura da organização, principalmente no item *disciplina*, tanto quanto era difícil fazer os fornecedores se adequarem ao padrão Zara. A isso somavam-se problemas burocráticos de liberação de materiais importados. Até parafusos e cantoneiras para montar as lojas vinham da Espanha.

Daniela Vieira Cox, carioca de fala rápida e profusa que foi diretora de loja da linha de produtos femininos, aponta um exemplo do desencontro cultural:

– Como as primeiras lojas da Zara no Cone Sul foram abertas na Argentina, os espanhóis pensavam que aqui seria como lá. No primeiro *réveillon* da companhia no Brasil, mandaram uma coleção de roupas pretas, mas a brasileira gosta é de branco, no *réveillon*. Além disso, os vestidos eram muito altos, exigiam muita costura de ajuste. O dorso da europeia é alongado, dos seios ao pescoço; o da brasileira é mais curto. As calças tinham cintura muito alta, a brasileira gosta de cintura baixa. O linho que vinha era marrom, escuro, mas a brasileira gosta de linho branco, de linho cru. Fui para a Espanha uns três anos seguidos, com malas cheias de roupas para mostrar aos espanhóis a nossa moda e influenciar nas coleções para o Brasil, junto com Regiane Machado, que era da área de produtos. Eles achavam que entendiam de moda mais do que nós e que éramos tupiniquins.

Pedro precisou um dia convencer o próprio Amancio Ortega a vir por aqui.

– Eu estava muito focado no produto e esse não nos servia, apesar da minha insistência na matriz, durante os oito meses que passei por lá, falando disso com as equipes de compras. Em maio de 1999, Amancio esteve aqui comigo dois dias. Ficou claro o grande ponto alto da gestão da Zara: ele falava com as vendedoras, brincava, perguntava como estavam, convidava as gerentes para um jantar numa churrascaria. Ria-se muito. Ele é um homem de gente. Demos um passeio de lojas num *shopping*, olhamos as roupas, preços, qualidades e então ele disse: "Fica tranquilo que este país vai ser muito grande. Vou corrigir o que está acontecendo. O que os concorrentes fazem aqui é muito fraco".

As coisas foram melhorando, mas gradativamente. Na matriz, tinha-se a impressão de que a companhia não estava indo muito bem no Brasil por deficiência de gestão do diretor-geral. Pedro tentava mostrar, por exemplo, as diferenças entre a regulamentação fiscal do Brasil e a da Espanha, mas confiantes no seu modelo e teimosos, os espanhóis empunhavam procedimentos que, muitas vezes, podiam resultar em multa para a empresa.

Pedro admite que aprendeu muito, pois o diálogo acabou mostrando pontos fortes e frágeis dos dois lados. Os técnicos da Zara estudaram profundamente a legislação alfandegária brasileira e, quando um dia um carregamento da companhia ficou preso, não se assustaram. Tranquilizaram o diretor-geral no Brasil, preocupado que a liberação iria demorar muito tempo. "Vão ver que estamos perfeitamente dentro das normas, não cometemos nenhuma irregularidade. Vão aprender a confiar em nós", disseram.

Dito e feito. Os técnicos da Zara discutiram de igual para igual com os inspetores brasileiros. O bom nome da companhia junto à alfândega nacional então se fez. A partir daí, só cerca de 5% das importações recebiam o sinal vermelho para inspeção detalhada; os outros 95% passavam sem transtornos pelo canal verde, mantendo assim a velocidade de renovação de estoque que era parte tão vital da estratégia da empresa.

O problema mais sério continuava a ser a área de produto da matriz, pois os espanhóis não conseguiam entender como as coleções de abertura de novos mercados arrebentavam a boca do balão na Bélgica, na França, na Argentina e no México, mas não arrasavam por aqui.

– Apresentar resultados nos quatro primeiros anos, em comparação com esses outros mercados de sucesso, foi muito difícil – enfatiza Pedro –, pois não entendiam que o problema estava no produto inadequado.

A meta Brasil era a Zara instalar 42 lojas no país, com a inauguração de duas novas por ano. O cronograma foi atrasado, até mesmo pela dificuldade então dos fornecedores locais em entregar produtos em um bom preço, no tempo combinado, na quantidade acertada e também ajudando a incorporar conteúdo de moda. A taxa de não conformidade era altíssima. O que ajudava era que Amancio Ortega via o Brasil com olhos otimistas, a longo prazo, e queria geograficamente defender território.

Finalmente, em 2004, assumiu a diretoria de produtos para o Cone Sul da América uma executiva que afinal entenderia que o tom de amarelo do Brasil não era o mesmo da Argentina. Ana Risoño foi um dos dois fatores providenciais para o jogo virar e as taxas de vendas crescerem 50% de um ano para outro, puxadas pela linha feminina – representando 60 a 70% do negócio –, trazendo junto as linhas infantil e masculina. O segundo fator também demandou uma longa determinação.

Havia, na estratégia da empresa, a meta fundamental de conquistar o Shopping Iguatemi São Paulo, nessa época em que não havia outras opções de *shoppings* de alto nível na cidade. Pedro entende que, por um desconhecimento de produto, achando que a Zara iria popularizar demais seu *shopping*, voltado a um público de alto poder aquisitivo, a herdeira e administradora do centro comercial, Erika Jereissati, não aceitava a ideia de tê-la como inquilina.

Custou muito tempo, uma aproximação via um membro da família Jereissati e um aluguel caríssimo para a Zara finalmente conseguir se instalar no Iguatemi, numa loja de 1.500 metros quadrados, no fundo do complexo. Pedro:

– Foi então, em março de 2004, apesar de já termos cinco lojas em outros *shoppings* do país, que a Zara realmente chegou ao Brasil. Lançamos a coleção feminina de inverno com mercadorias fora do padrão comum da Zara e o sucesso foi retumbante. Então, os pontos de vendas de outros *shoppings* começaram a cair na nossa mão, sem os aluguéis caríssimos de antes.

O sucesso da linha feminina puxou também para cima as vendas da área infantil e da área masculina. Os espanhóis tinham finalmente entendido a natureza peculiar do mercado brasileiro. A empresa equilibrou os números financeiros no mercado brasileiro e caminhava firme para os lucros.

Foi nesse auge de vitória que o casal Mauro e Cristina, acompanhando o sucesso do sobrinho no final de seu período de oito anos de Zara, percebeu uma inquietação incômoda. Cristina:

– Você é o presidente da Zara no Brasil, Pedro, você está no auge! Sossega um pouco!

Mauro Barcellos diz que ouviu, não sem surpresa, o que na verdade confirmava o que já sabia do sobrinho movido à adrenalina:

– Botei a Zara para voar. Ela já está em velocidade de cruzeiro. Agora eu quero é desafio novo.

FÊNIX

Um dia como outro qualquer de uma longa, paciente, exaustiva rotina de recuperação.

Pedro está deitado de barriga para cima num tablado de espuma do tamanho de uma cama de casal *king size*, colocado na sala principal de sua casa. Cabelos grisalhos, óculos, veste uma camiseta cinza da Richards com os dizeres *Feel Good*, as duas letras "o" da palavra formando as rodas de uma bicicleta, que é o desenho no centro superior da camiseta, dando-lhe um charme especial. Pode ser *sinta-se bem* ou igualmente *sinto-me bem*.

Mais magro, 90 quilos, estava há pouco sentado na sua poltrona favorita, no canto da sala, de onde o enfermeiro Henrique Fraga o ajudou a se levantar para, então, acomodar-se na cadeira de rodas e dali ser levado ao tablado. Antes, Henrique, um potiguar parrudo, menos de um metro e setenta de altura, força escondida por sua aparência enganosa de barriguinha algo saliente, jovem bem-humorado que não se intimida com as tirações de sarro frequentes do patrão, precisava suspendê-lo pelos ombros. Agora, não. Apenas o apoia pelos ombros. Braços esticados nas laterais do corpo, dedos das mãos travados, fechados quase como em garra, Pedro consegue ficar de pé. Os músculos das pernas já lhe dão força, novamente. O movimento custa-lhe, porém. O corpo treme, reage por uns minutos como se houvesse recebido um choque elétrico.

O doutor Miguel Cézar, médico da Azul, uma figura distinta de cabelos brancos, está de visita, junto com Matheus Martins, o corretor de seguros que faz a ponte com o convênio de saúde Amil. Ambos conferem se está tudo em ordem quanto à assistência da empresa.

A cabeça de Pedro está apoiada sobre uma almofada multicolorida, com predomínio do vermelho. Os braços estão abertos em cruz sobre almofadas igualmente coloridas, igualmente dominadas pelo vermelho. Sentada sobre o tablado, ao seu lado direito, está a terapeuta ocupacional Érika Teixeira, jovem morena de cabelos pretos lisos reluzentes, dois brincos redondos dourados nas orelhas, camiseta amarela, calça jeans. Olhos verdes, olhar franco e destemido, Érika não é muito alta, nem atlética, muito menos musculosa, mas percebe-se que tem um corpo bem trabalhado, como o de gente acostumada a cuidá-lo com muita atividade física. A coluna é ereta, senta-se ali na maior firmeza sem necessidade de nenhum apoio para as costas.

Massageia o ombro e o braço direito de Pedro. Sua tarefa é ajudar a recuperar a funcionalidade adormecida do corpo para coisas corriqueiras da vida, mas que dele exige paciência de monge zen, determinação de faquir indiano. Pegar comida com o garfo e levar à boca, por exemplo, digitar no computador.

Érika segura o tórax de Pedro com uma das mãos, com a outra estica o braço direito. Chega às mãos, estica os dedos, que, no geral, andam recolhidos e dobrados, como os de alguém deformado por artrose. Desce para o chão, descalça, puxa o braço direito de Pedro para trás, para além dos ombros e da cabeça. Estica devagar. Faz torções leves com o ombro e o braço direito. Depois repete a dose, com o lado esquerdo do corpo. Enquanto trabalha os membros superiores, a fisioterapeuta Giorgia Gomes Dias, 12 anos de profissão, massageia as pernas.

Ajudada por Henrique e pelo filho Marcelo, que chegou há pouco do trabalho, Érika faz Pedro sentar-se. Dá-lhe uma espécie de cajado colorido de plástico, sobre o qual ajusta suas mãos, braços afastados para as laterais. Enquanto segura esse bastão, Pedro é empurrado pelas costas. É levado a dobrar o corpo para a frente, depois é esticado todo para trás, as mãos para além da cabeça, segurando o bastão. Quando termina essa parte, Henrique abraça Pedro de frente, pelos ombros, suspende-o num movimento vigoroso, como se não estivesse fazendo força nenhuma. Nem parece precisar tomar fôlego. Em dois passos, o coloca sentado na cadeira de rodas.

O bastão está de volta às mãos de Pedro. Tem de esticá-lo, movimentá-lo. Já são quase duas horas de exercícios. A face demonstra cansaço, mas não reclama. Os olhos têm brilho, a pele também. Embora não se movam, as pernas não têm aparência de atrofiadas. Nem as mãos.

Terminada a sessão programada por Érika, Pedro pede mais exercícios, desta vez usando o *laptop* que está na mesa da sala. A terapeuta coloca-lhe na mão direita um dispositivo adaptado mediante o qual Pedro consegue navegar no computador, consultando seus e-mails na internet, por exemplo.

Quando termina, pede para lhe trazerem da cozinha pedaços fatiados de maçã. Segurando um garfo com um dispositivo criado por Érika, fisga uma das fatias da fruta. Com alguma dificuldade, consegue levá-la à boca.

Érika explica:

– Quando os movimentos retornam após uma lesão neurológica, retornam muito em bloco. Não são movimentos dissociados. A gente trabalha para o Pedro ganhar seletividade de movimentos para melhorar a capacidade funcional. Os músculos abaixo da lesão estão com um nível de força que chamamos de três. É um nível igual ou maior que a força que vence a gravidade. Por isso, ele tem movimentos. A informação que vem do cérebro passa pela medula e chega até o músculo, mas a conexão tem um curto-circuito onde ocorreu a lesão, não estão todos os fiozinhos da medula ligados. O curto-circuito não passa a informação totalmente correta para o músculo, nem a resposta para o cérebro. Entra um excesso de informação. É a chamada espasticidade, em que o músculo enrijece mais. O trabalho todo é para que essa espasticidade diminua ao máximo e o movimento entre num controle muscular mais próximo do natural.

Pedro acompanha a conversa:

– Os músculos estão todos aqui, mas a pergunta é: será que o músculo da batata da perna está recebendo a quantidade de energia que precisa para ser ativado? Ninguém sabe. Pode ser que a minha batata da perna não volte a ser a batata poderosa que foi. Pode ser que eu venha a andar mancando, por falta de fluxo elétrico suficiente para ativar esse músculo. Ou pode ser que ele encontre um caminho novo, alternativo, e vença isso. Pela primeira vez, desde que estou machucado, tenho medo de não saber onde vou chegar. E se não ligar a pontinha dos meus dedos das mãos, por exemplo? Vou ficar longe do computador, longe da velocidade do mundo moderno.

O imponderável. O mergulho na incerteza. A busca da cura, navegando por um oceano de mistérios, em direção a um porto seguro que, com esperança, estará na outra margem. A Natureza tem seu ritmo e seu tempo, porém.

A autonomia de manobra de Pedro não é total. Dentro da margem ao seu alcance, trabalha com afinco para a conquista homeopática de progresso. Há uma estratégia para o primeiro ano pós-acidente, outra para o segundo, uma nova para o terceiro. Aos exercícios no tablado, seguem-se os exercícios de água, na piscina de casa. A todos, segue-se depois, no futuro, o árduo trabalho com o Lokomat numa unidade da Rede de Reabilitação Lucy Montoro, em São Paulo. Trata-se de um equipamento de alta tecnologia que combina robótica, sistema de suspensão do peso corporal e esteiras para a reeducação locomotora do corpo, num ambiente de realidade virtual absolutamente futurista.

A tecnologia ajuda, os profissionais de saúde dedicados ajudam. Parentes e amigos do peito solidários ajudam. Mas o confronto com o olho do furacão tem de ser, na hora H, do indivíduo sozinho frente ao quarto escuro. Pedro:

– Deus me parou: "vou lhe dar uma parada para você repensar sua vida". Percebi logo que o que aconteceu é bem maior do que eu. Eu estava preso e continuo preso dentro do meu corpo. Rapidamente aprendi que não adiantava querer ser mais do que meu corpo. Quando levanto meu braço, a sensação é de que pesa 15 quilos. Levanto a perna? Levanto, mas cada perna pesa 70 quilos.

Porque os músculos estão cansados. Quando me sento na poltrona, as minhas costas doem. É uma sensação de dor o tempo inteiro. Sem falar no fato de eu não ter os movimentos. Meu corpo demorou um ano para suportar uma carga maior de trabalho de recuperação. Demorou um ano para minha voz voltar a ser o que era, aquela voz do Pedro. Demorou um ano para minha cara voltar a ser o que era.

Uma pausa, uma retomada, nenhum tom dramático na voz. Apenas uma emoção contida, quase fleumática, educada, diante da dimensão vasta do que expõe:

– O baque que sofri é muito maior do que eu imaginava. Foi uma porrada psicológica, neurológica, psicofarmacológica.

Débora completa:

– Esses remédios todos que ele toma para não ter espasmo, não ter dor, são verdadeiras dinamites dentro dele.

Pedro:

– Caí do cavalo, destruiu tudo. Não foi só uma queda de cavalo. Destruiu o meu físico, porque os remédios todos foram fortíssimos. Destruiu o meu modo de vida passado. Destruiu a minha independência. É uma vida de incômodos. Você olha para a frente, não vê claramente o rumo que vai tomar. Mas olha para trás, vê claramente como era boa sua vida. Olho para mim toda semana e me pergunto: "vou voltar a andar, a ser independente?". Acho que sim. Mas, e se eu não melhorar? Ainda não tenho respostas para saber o que será de mim. Será que eu vou ser professor? Será que vou ser palestrante? Será que aguento pegar um avião, descer em Belo Horizonte, ir para a Fundação Dom Cabral dar três palestras por semana? Eu não sei.

Oscilação entre um facho de esperança e a ameaça da escuridão:

– Tem um lado meu que sente que tudo está dando certo, mas tem outro que me dá medo. E se não der certo? Estou atravessando o deserto. É uma travessia solitária, ainda que amparada de oásis em oásis pela minha mulher, pelos meus filhos, pelos meus enfermeiros. Só eu sei o que me custa atravessar esse deserto. Eu e Deus. Não sei qual é a extensão desse deserto nem o que vou encontrar na outra borda. A única luz que me tinha sobrado – sobrou uma luzinha a que me agarrei, me trouxe até aqui – foi o meu pé mexer depois de uma semana de UTI. Agora, estou deixando tudo nas mãos do Grande Criador.

Pedro nunca foi um homem religioso, no sentido convencional da palavra, apesar de influências à sua volta. Apesar do pai, fervoroso católico praticante. Apesar do período em colégio semi-interno de padres vicentinos. Apesar dos mórmons na alta cúpula da Azul. Johannes é também bispo da Igreja de Cristo dos Santos dos Últimos Dias, o nome oficial da denominação. Jason é igualmente membro. Ambos solicitaram permissão e ungiram Pedro com o óleo sagrado dos mórmons. David Neeleman foi missionário mórmon em Linhares, Espírito Santo, no Rio, em Recife, em Campina Grande, Paraíba. Apesar de Débora – "minha avó, mãe de papai, era fervorosa devota de Santa Rita e todos nós da família também nos tornamos devotos dela" –, que, embora não fosse praticante regular, costumava rezar à noite, antes de dormir, convidando Pedro, em vão, a acompanhá-la.

– Não conseguia rezar porque não fazia sentido para mim – explica. – Papai também me pressionava: "meu filho, tem ido à Igreja?". E: "pô, meu filho, reze, você tem que entender!". Eu estava muito ligado à responsabilidade da minha existência, aqui, agora. Não fazia sentido rezar, nem ir à igreja. Para uma coisa funcionar comigo, tenho de colocá-la dentro de mim. Para isso, preciso que uma emoção tome conta de mim e que me motive. Motivar é fazer para a ação. Não rolava.

Como bom executivo, Pedro delegava a tarefa de rezar a Débora e seu pai.

No dia que marcava um ano do seu acidente, Pedro quis estar exatamente às 12h40 numa igreja católica perto de casa. Chegou no horário, mas estava fechada. Resolveu então ir a outra igreja católica mais distante, a Bom Pastor, ali mesmo em Alphaville. Essa igreja está no alto de uma colina, com vista muito bonita para toda a região, lá embaixo. Dentro da igreja, um impressionante mural e um enorme Cristo na cruz colocado no alto, para além do altar, chamam a atenção de todo visitante.

Uma particularidade digna de nota é que a primeira edificação da futura igreja foi uma pequena capela situada hoje ao seu lado, transformada em secretaria da paróquia. A antiga capela foi construída na década de 1980 com a ajuda do pai de Pedro. Na época, Nelson estava morando em São Paulo, presidente da multinacional Gilbarco, líder mundial do setor de bombas de combustível. Engenheiro, encarregou-se da obra da capela, junto com outros amigos católicos, em resposta à movimentação de senhoras da comunidade que resolveram construir ali uma igreja, em terreno doado.

Naquele 13 de novembro de 2012, ali estavam Pedro, seu irmão Tiago, Débora, a governanta do casal, Lilian, o enfermeiro Carlos Emanuel de Brito e Henrique.

– Postei-me debaixo da cruz de Cristo, olhando para ele, tentando entender aquele sofrimento pelo qual passou, quando foi ser humano. Tentei uma conexão. Sou muito agitado, mas ali consegui me concentrar, olhando para aquela figura. Comecei a ter uma sensação muito boa. Agradeci um monte de coisas, pedi um monte de coisas.

Quando terminou aquele momento, Pedro comandou o grupo para ir embora. Não queria ficar para a missa. Ao se acomodar no carro, no estacionamento, um evento completamente inusitado aconteceu.

– Um cara usando um crachá funcional, jovem de uns 30 anos, saiu da Igreja, veio na nossa direção. Bateu no vidro do carro, pedindo para abaixar, porque queria falar comigo.

Nem Pedro nem ninguém do carro jamais tinha visto esse cidadão. E ainda por cima usando o crachá de uma empresa de engenharia consultiva de Alphaville.

— Ele falou: "eu estava observando, desculpe. Vi sua concentração. Vi sua consternação perante a figura da cruz. E eu queria dizer que o grande sacrifício foi feito por esse homem. Ele foi esfolado vivo, mas ressuscitou".

Débora dá continuidade à cena:

— Ele disse: "e se você me dá licença" – botou a mão dele no peito do Pedro, assim –, "fique tranquilo. Você também vai ressuscitar.".

O rapaz se afastou, foi embora. Pedro caiu no choro.

Foi um divisor de águas ao qual se acrescentou gradativamente uma série de fatos. Em dezembro, Pedro voltaria à Bom Pastor para assistir a uma missa. Henrique, adventista, sempre discreto e reservado, deu uma Bíblia de presente ao patrão. "O Henrique não fica pregando nada, não fica enchendo meu saco. Por isso, aquilo foi um ato muito forte, para mim."

Então Pedro, pela primeira vez em muitos anos, puxou conversa com Johannes não para falar da próxima meta corporativa da Azul, nem para discutir uma nova ação motivacional. Queria que lhe falasse do Antigo e do Novo Testamento, dos mórmons, da fé.

Em paralelo a isso, Pedro vinha recebendo a visita de um amigo e vizinho de condomínio, Leandro Tuma, presbiteriano, que sempre antes de ir embora reunia quem estivesse na casa. Pedia para todos darem as mãos, fazia uma oração. Pedro é franco:

— Eu dava a mão para aquela corrente em sinal de respeito, consideração e agradecimento. Eu ouvia, mas aquilo não fazia sentido.

Até que Leandro pediu um dia para levar junto o pastor de sua igreja, a única Presbiteriana de Alphaville.

Teólogo formado, mineiro descendente de suíços e italianos, óculos de aros finos, cabelos grisalhos e barbicha igualmente grisalha, Hilder Stutz foi executivo de carreira, também empresário.

Depois que sua empresa Maxpetro recebeu uma rasteira letal de um poderoso cliente do ramo petroquímico, como acontece nesses episódios selvagens do mundo corporativo em que falências ocorrem como resultado de ações de antigos aliados inconsequentes, Hilder ainda resistiu nos negócios por alguns anos, prestando consultoria enquanto pagava dívidas, limpava as feridas, procurava dar a volta por cima. Até que finalmente decidiu, em 2005, tornar-se pastor em tempo integral, entendendo que o sentido de sua vida estava noutra direção, diferente do propósito mundano de ganhar dinheiro e fazer fortuna.

Como resultado do seu infortúnio empresarial e consequente guinada de vida, a igreja de Hilder tem uma particularidade. Conta hoje com uns 800 fiéis membros, dos quais uns 300 a 350 são homens. Um número expressivo, quando se percebe que, na nossa sociedade, o predomínio do interesse pelas questões espiritualistas e religiosas é disparadamente feminino. Mais marcante ainda é o fato de que, desse total masculino, uns dois terços são constituídos por executivos e empresários.

Hilder procurou não forçar nenhuma aproximação, nem impor qualquer visão de mundo doutrinária. Ficou à espera das iniciativas de Pedro, respondendo às demandas que surgissem com naturalidade. Foi então que o executivo fez um pedido:

– Como posso me aproximar de Deus?

À visita com Leandro seguiram-se outras, livres, sem agenda, nas quais Hilder estabelecia longas conversas com Pedro sobre fé, religiosidade, a relação do homem com Deus. Os diálogos passaram a calar fundo. Hilder:

– Executivos têm o poder de mando, por isso, a mera presunção de que têm as coisas sob controle. Mas quando acontece uma situação dessa e você fica extremamente vulnerável, vê que não tem controle de absolutamente nada. Aí vem a descoberta de que precisamos de Deus.

As conversas também se estruturaram em torno de leituras comentadas da Bíblia. Às vezes, provocavam uma reação sensível de Pedro:

– Na véspera da Páscoa de 2013, li a narrativa da última semana da vida de Cristo. A prisão, o julgamento, a crucificação, a morte e depois a ressurreição. Dei atenção às palavras "tudo está consumado". Tudo que precisava ser feito Deus fez, em Cristo. Ele estava entre duas cruzes, a do meio, nas outras estavam dois ladrões. Um deles disse: "se tu és Cristo, desce daí, salva-te a ti mesmo e a nós também". O outro, de forma humilde, disse: "lembra-te de mim quando entrares no teu reino". Diante de Deus, disse a Pedro, obrigatoriamente fazemos uma das duas escolhas. Ou ignoramos ou reconhecemos a nossa necessidade de Deus.

Cabe um breve parênteses aqui, caro leitor, prezada leitora, para este autor enfatizar um ponto. A experiência da procura do divino, um fenômeno inerente à questão da espiritualidade, pode surgir vinculada a uma estrutura religiosa específica ou não. É um fenômeno antes de tudo universal, também um processo arquetípico próprio da nossa espécie, podendo eclodir em muitos de nós das mais variadas formas. Está relacionado com situações de epifania, na qual de repente abre-se como que um portal e temos uma percepção súbita, ampliada de nós mesmos, da existência e de como tudo nos integra numa dança cósmica absolutamente sublime. Ou podemos passar pela vida adormecidos, distantes da consciência de que algo dentro de nós pode nos impulsionar para esse estado de magnificência transcendente, para além do nível meramente semiautomático com que normalmente vivemos o dia a dia. Os acasos e as coincidências significativas – as sincronicidades, na linguagem de Carl Gustav Jung, o pai da psicologia humanista –, como a do episódio de

Pedro na Igreja Bom Pastor, remetem-nos ao encontro dessas situações. Caso estejamos alertas.

Débora tem consciência do evento:

– Quando a pessoa está nesse ritmo alucinante que o Pedro estava, não se sensibiliza com nada. O Pedro estava muito duro, com ele e com as pessoas. Aquilo da igreja foi um grande presente. Foi a prova viva que precisava para ele enxergar. O cara não tinha por que vir falar com a gente, não nos conhecia. Pedro comentou comigo: "mais um anjo". E eu disse: "E esse anjo está lhe dando um recado".

Pedro encontra o seu sentido da busca:

– O ato aproximou-me mais da fé. Aproximou-me da transcendência. E o transcendente é estar com Deus.

A espiritualidade tampouco é um tema que passa ao largo total do mundo corporativo, como se pode pensar, à primeira vista. Independentemente de filiações religiosas específicas, histórias corporativas de absorção de propostas espiritualistas no ambiente de trabalho, tornando-o mais digno, acrescentando às empresas um propósito social e humano mais amplo do que simplesmente gerar lucros no sistema capitalista, crescem aos poucos, na nossa era. O próprio credo mórmon do líder servidor e das empresas gerarem serviços de melhor qualidade para o bem-estar das pessoas está na base da filosofia com a qual David Neeleman criou a JetBlue nos Estados Unidos e fundou a Azul no Brasil. O amor compassivo e universal parece ser um elemento de todas as abordagens espiritualistas e ele se traduz em iniciativas incorporadas à prática corporativa, em algum momento, em casos tão diversos como o das lojas Timberland, o da cadeia de café Starbucks, o da empresa de logística e transporte UPS e mesmo da gigante de informática HP, como aponta Marc Gunther em seu livro *Faith and fortune: the quiet revolution to reform American business*, lançado pela

Crown. Cursos de pós-graduação são criados em que líderes empresariais tratam do aparentemente estranho, mas cada vez mais urgente, diálogo entre negócios e espírito.

Talvez seja nessa linha que Hilder entenda intuitivamente um propósito futuro para Pedro:

– É muito perceptível que Pedro quer dar um sentido à sua vida na relação com Deus. Um dia ele me disse: "Hoje eu posso trabalhar para Deus, não só na minha descoberta Dele, mas sendo útil com a minha mente. Quando Deus me colocar de pé, eu quero também trabalhar para Ele com as minhas mãos e com os meus pés". Eu disse: "Vai haver o tempo em que você vai ser o testemunho e o instrumento para abençoar outros executivos que vivem situações tão graves quanto as suas".

O futuro é uma probabilidade, não uma certeza, demonstra a física quântica. O campo de possibilidades do amanhã pulula na nossa frente, mas a direção que vamos tomar depende da interação de uma série de fatores complexos neste presente, aqui e agora. Uma das coisas que Pedro pode fazer é extrair o aprendizado das transformações que a vida lhe trouxe.

– Impressiona as pessoas que, apesar de eu estar neste estado, estou me relacionando com todo o mundo, de novo. Minha casa está aberta, sempre cheia de amigos. Amigos que me acompanham e à minha família desde o acidente. Até um tempo atrás, depois do acidente, este Pedro estava muito voltado para si mesmo, muito sem saco de falar com as pessoas. A virada foi quando, em outubro de 2012, peguei um avião no bate-e-volta, reuni 40 amigos de longa data, no Rio. Vi que podia retornar à vida. Sou de novo o mesmo Pedro que vai para a Azul e faz troça. Outro dia, eu estava me apresentando para um pessoal que ainda não me conhecia e disse: "sou o novo cadeirante contratado pelo

Johannes, aqui, para preencher a cota de pessoas com necessidades especiais..." *risos risos risos...* O Johannes ficou constrangido!

O que está movendo o resgate da alegria?

– Não sei se daqui a 2012 anos o Steve Jobs vai ser lembrado. Se o Warren Buffett ou o Bill Gates vão ser lembrados como pessoas que fizeram alguma coisa pelo mundo. Mas o Velho e o Novo Testamento estão aí há mais de dois mil anos, independentemente das diferentes formas de aplicação das igrejas, oportunistas ou não. O ícone mais usado da história é a cruz em que Cristo foi crucificado. Isso não é uma casualidade, é algo muito mais forte. Por isso, eu não duvido mais da minha fé em Deus Pai. Assumi Deus.

Perguntas?

– Qual será a minha ressurreição? O que vai ser, ainda não sei, mas estou fazendo minha parte. Estou fazendo forte. A minha busca está acontecendo agora, no meu tempo, no meu ritmo. É um processo de dentro para fora.

No mundo externo, surgem sinais de possíveis novos caminhos. Pinta uma consultoria, aqui e ali. Continua com maior intensidade a atuação como mentor junto à Endeavor Brasil, organização de fomento ao empreendedorismo, na qual presta serviços à Tecnoblu, empresa de moda e *design* de Santa Catarina.

Tem o que oferecer:

– Todas as companhias onde trabalhei estavam em momento de grande mudança. A Mesbla estava saindo do sistema de compras descentralizado, entrando nas compras centralizadas suportadas pelos grandes computadores da Unysis. A Americanas se adaptava ao novo proprietário, recém-comprada pelo Banco Garantia. A Richards iria receber novos investimentos e, então, eu tinha que ajudar a estruturar a companhia toda. Aí entro no meu primeiro *start-up*, que foi a Zara, e no segundo, a Azul, cada uma com suas características de risco. As transformações e as criações de coisas novas trazem riscos. O meu mote foi sempre lidar com o risco. Para enfrentar o risco, você precisa ter seu sonho. O sonho é um ponto no futuro. Quando você tem um sonho, sua obstinação o leva à sua realização.

Foco, clareza de objetivo, discernimento. Uma qualidade vital que encontrou em todos os grandes líderes empresariais com os quais conviveu, todos muito diferentes em suas particularidades, mas donos desse mesmo traço comum. José Paulo do Amaral, Ricardo Charuto, Beto Sicupira, Amancio Ortega, Abílio Diniz, David Neeleman. Estímulo para o seu próprio modo de fazer as coisas. Legado para transmitir às novas gerações de empreendedores.

Também o legado de líderes de outros territórios que igualmente despertaram sua admiração.

– Amyr Klink dizendo-me que não é aventureiro, mas um administrador de riscos, um estrategista que estuda profundamente e planeja cada missão em detalhe. E tem o sonho como aquela coisa poderosa que o faz superar obstáculos.

E Torben Grael, a quem deseja reencontrar pessoalmente, depois de ter cruzado com seu caminho na vela, quando ambos eram muito jovens.

– Um cara superlativo, porque o que fez com aquele veleiro Brasil 1 na Regata Volvo de volta ao mundo em 2006 foi gigantesco. Construiu o barco no Brasil, botou uma tripulação multinacional lá dentro, enfrentou a quebra de mastro no Oceano Índico, andou com todos os panos abertos e o pé no fundo o tempo todo. Gerenciou tudo isto e ainda tirou o terceiro lugar com um barco que pode ter custado uns 15 milhões de dólares, enquanto os competidores gastaram entre 60 e 80 milhões.

Histórias, um caleidoscópio delas que você encontrou aqui, leitor, leitora, associadas à história principal. A de Pedro Janot. Centrada especialmente na sua passagem pela Azul, a empresa em si, dona de um capítulo empolgante na história recente da aviação comercial brasileira. Uma história que tem desdobramentos e alcance possíveis, como referência e talvez registro que pode ser útil a todas as áreas de serviço, à memória do negócio da moda e do varejo no país.

História é gente. Aqui você encontrou um retrato de Pedro, uma leitura de várias possíveis, pois uma vida é uma obra aberta a interpretações. Encontrou instantâneos e relances de histórias de tantas outras pessoas que cruzaram seu caminho.

A história continua. A de Pedro, a de muitos outros personagens reais que você conheceu ou reviu aqui.

Agora sabe mais que, por trás daquele símbolo no prédio à margem da Rodovia Castello Branco em Alphaville, na cauda do avião ou na entrada das lojas que viu mencionadas aqui, estão pessoas com seus sonhos e desejos, perdas e dores, defeitos e qualidades.

E não é exatamente isso que nos torna iguais neste mundo, atores de figurinos distintos, mas todos habitantes deste palco de dramas chamado vida, cada um deles valendo ser contado e conhecido se abrimos o olhar para além da superfície onde encontramos, por trás do aparentemente ordinário, o reino do extraordinário?

Obrigado pela companhia nesta jornada. Aqui seu escritor anfitrião se despede. Até uma próxima, quem sabe.

O meu desejo é que nutra, com atenção focada, os episódios da sua vida. Para ter com riqueza o que contar, amanhã, decifrando o mistério que a existência colocar no seu caminho. E para continuar a desvendar, com prazer, outras histórias que ressoam por algum motivo na sua alma.

prêmios e homenagens

Dentre os prêmios e homenagens recebidos por Pedro Janot ao longo da carreira, destacam-se:

- Prêmio Executivo de Valor, segmento de Logística e Transporte, do jornal *Valor Econômico*, 2010 e 2011.
- Prêmio do setor de Turismo de Negócio, Feiras e Eventos, promovido pelo Grupo Radar, 2011.
- Posição 49 no ranking dos 100 executivos com a melhor reputação no Brasil, iniciativa da revista *Exame*, levantamento feito pela consultoria espanhola Monitor Empresarial de Reputação Corporativa (Merco), 2013.

agradecimentos

EDVALDO PEREIRA LIMA

Agradeço a todas as pessoas que disponibilizaram seu precioso tempo – algumas por mais de uma vez e longamente – para entrevistas, conversas e depoimentos que resultaram em conteúdo valioso para este livro. Fazem parte também desta história. Especialmente, agradeço ao Panda, que lançou a primeira semente deste projeto, a Miguel Dau (cuja expressão-síntese do papel de Pedro na Azul inspirou o título desta obra). E a Pedro e Débora, pela confiança, pela disponibilidade, pela abertura de alma.

PEDRO JANOT

Agradeço de coração a todas as pessoas que passaram pela minha vida pessoal e profissional, mesmo aquelas que não foram citadas neste livro.
A Azul foi a pimenta que faltava a um executivo de 49 anos com muita sede de viver e aprender. Ao longo dos anos, trabalhei com equipes de pessoas excepcionais, mas o conjunto criado na Azul – e relacionado a ela, como o dos agentes de viagens –, em meio a um momento histórico de crise econômica mundial e, além disso, debaixo da asa de duas gigantes, foi de emocionar, do agente de aeroporto ao presidente do Conselho, David Neeleman, símbolo desse elenco tão notável. Emociono-me ao escrever estas palavras e tenho a convicção de que a empresa que fundamos hoje é, e será, a melhor companhia aérea do mundo.
Agradeço com carinho especial à minha família: Débora, Manana e Marcelinho.

Edvaldo Pereira Lima é escritor, jornalista e educador. Professor (aposentado) da Universidade de São Paulo, dirige o Curso de Pós-Graduação em Jornalismo Literário pioneiro no país. Seus campos de especialidade incluem essa modalidade jornalística diferenciada, *storytelling*, a jornada do herói, criatividade, textos biográficos, narrativas de viagem, livro-reportagem, aviação comercial (campo que cobre como jornalista internacional).

Escreve histórias de vida e empresariais, além de conduzir cursos e oficinas, prestando também serviços de mentoria e *coaching* em comunicação centrada no seu elenco de especialidades. É criador do método *Escrita Total* de redação espontânea. Este é seu décimo livro.

Para contar esta história, empregou recursos do jornalismo literário de um modo personalizado, procurando unir ao seu estilo o rigor da informação, a contextualização, a imersão mais viva possível neste enredo real e, acima de tudo, a busca da compreensão de seu protagonista, Pedro Janot, sob uma ótica integrada entre o lado profissional e o pessoal. Afinal, a razão de ser das narrativas biográficas é dar sentido às vidas humanas.

O bônus é que, ao nos identificarmos com a história de alguém, ou nela nos projetarmos, podemos acessar nosso próprio caminho. Assim como podemos reconhecer o mesmo padrão arquetípico do drama da existência humana, transmutado em mil formas, tornando cada história, de uma só vez, única e universal.

Contatos:
ed.pl@terra.com.br e www.edvaldopereiralima.com.br.

bibliografia

ALEXANDER, Caroline. *Endurance: a lendária expedição de Schackleton à Antártida*. São Paulo: Companhia das Letras, 1999.

BENDER, Marylin; ALTSCHUL, Selig. *The chosen instrument – Juan Trippe/ Pan Am – The rise and fall of an American entrepreneur*. Nova York: Simon and Schuster, 1982.

BETING, Gianfranco. *Azul acima de tudo*. Porto Alegre/São Paulo: ediPUCRS/Beting Books, 2012.

BOOTH, Robert C. *Airline pasionado: before, Braniff and after*. Virginia: Paladwr, 1998.

CHIARELLI, Natalia. "Um casal americano ligado no Brasil". *Brasileiros*. Janeiro de 2013.

DAVIES, Ronald Edward George. *Airlines of Latin America since 1919*. Washington: Smithsonian Institution Press, 1984.

____. *Rebels and reformers of the airways*. Washington: Smithsonian Institution Press, 1984.

FREIBERG, Kevin; FREIBERG, Jackie. *Nuts! As soluções criativas da Soutwhest Airlines para o sucesso pessoal e nos negócios*. Barueri: Manole, 2000.

GRAEL, Torben, em depoimento a Murillo Novaes. *Lobos do mar: os brasileiros na regata de volta ao mundo*. Rio de Janeiro: Objetiva, 2008.

GUARACY, Thales. *O sonho brasileiro: como Rolim Adolfo Amarou criou a TAM e sua filosofia de negócios*. São Paulo: A Girafa, 2003.

GUNTHER, Marc. *Faith and fortune: the quiet revolution to reform American business*. Nova York: Crown Business, 2004.

HUNTFORD, Roland. *O último lugar da Terra: a competição entre Scott e Amundsen pela conquista do Pólo Sul*. São Paulo: Companhia das Letras, 2002.

JONES, Lois. *easyJet: the story of Britain's biggest low-cost airline*. Londres: Aurum, 2005.

KLINK, Amyr. *Mar sem fim*. São Paulo: Companhia das Letras, 2000.

LINDSAY, Michael. *Faith in the halls of power: how evangelicals jointed the American elite*. Oxford: Oxford University Press, 2007.

LOBOS, Julio. *O céu não é o limite: para a empresa brasileira que quer vencer*. São Paulo: Instituto da Qualidade, 1996.

MARTINS, Ivan. "E agora, Abílio?". *Época Negócios*. Janeiro de 2008.

PETERSON, Barbara S. *Blue streak: inside jetBlue, the upstart that rocked an industry*. Nova York: Penguin, 2004.

POPCORN, Faith. *O Relatório Popcorn: centenas de ideias de novos produtos, empreendimentos e novos mercados*. Rio de Janeiro: Campus, 1994.

RENESCH, John (ed.). *New tradition in business: spirit and leadership in the 21st Century*. São Francisco: Berrett-Koehler, 1992.

RICCIARDI, Alex. "Um horizonte azul em 2013". *Forbes Brasil*. Fevereiro de 2013.

SAINT-EXUPÈRY, Antoine. *Correio sul*. Rio de Janeiro: Nova Fronteira, 1981.

____. *Terra dos homens*. Rio de Janeiro: Nova Fronteira, s/d.

SAMPSON, Anthony. *Empires of the sky: the politics, contests and cartels of world airlines*. Londres: Coronet, 1984.

SERLING, Robert J. *Asas: o romance da aviação comercial e seus pioneiros*. Rio de Janeiro: Record, s/d.

STUTZ, Hilder C. *Café com Deus*. São Paulo: Fôlego, 2012.

SZPILMAN, Marcelo. *Peixes marinhos do Brasil: guia prático de identificação*. Rio de Janeiro: Instituto Ecológico Aqualung e Mauad, 2000.

caderno de memória visual

Pedro e David Neeleman (à esquerda): a caminho da decolagem de um sonho.

Com os vencedores do concurso para a escolha do nome da nova empresa aérea: João Garcia (à esquerda) e Vítor Varejão (à direita).

Na pista do Santos Dumont, Pedro com David Neeleman, celebrando o pouso do primeiro voo de teste da Azul, sob o comando de John Daly.

Festa em Viracopos: celebrando um ano de Azul. Da cúpula administrativa da empresa, estavam também presentes Miguel Dau, Paulo Nascimento, Marcelo Medeiros, John Rodgerson e Trey Urbahn, além de gerentes e agentes da companhia no aeroporto.

Pedro e Gianfranco Beting, o Panda, celebram, eufóricos (ao centro), sete milhões de passageiros transportados. Bandinha a tiracolo no Galeão. A felizarda cliente é Elisabeth de Oliveira. Pedro: "Trabalhar deve ser antes de tudo divertido".

No Santos Dumont, registro histórico com a tripulação: consolidam-se os voos regulares da Azul no aeroporto.

Na entrega do ATR 72-600 em Toulouse. Pedro sobre o parceiro de cerimônia: "O fenomenal Panda: sempre lances à frente do mercado".

Na mesma cerimônia, rompendo protocolo, agradecendo à equipe de engenheiros e mecânicos do fabricante. De calça jeans.

Ainda em Toulouse, o bem-humorado diálogo, em salada de frutas linguística, com o presidente da ATR, Filippo Bagnato.

Embarcando: uma foto que simboliza, involuntariamente, um corte dramático de um ciclo histórico.

Pedro e o tio Mauro: padrinho, amigo e professor de vida.

Na escuna Igaraçu, de 63 pés, Pedro com os amigos Carlinhos Donhert, Flávio Dias, Zeca Maciel e Ricardo Carvalho. Eles tinham licença para navegar apenas por baías, mas se mandaram para Salvador. Ficaram três meses na Bahia.

Em paralelo à carreira executiva, ainda o prazer do mar: ao timão do barco oceânico Beneteau 42, na Ilha Grande.

Ricardo Charuto está semideitado na grama, em frente à equipe da Richards. Pedro está de turbante (ao centro). Sua primeira experiência executiva na primeira linha de comando.

A Zara representou grande desafio, aprendizado e projeção. Aqui, Pedro e a primeira equipe de gerentes da Zara Brasil, 1998.

Descontração em família com a esposa Débora, a filha Maria Cândida e o filho Marcelo.

Saudando comissárias com humor. Uma marca do relacionamento com as equipes de frente.

A bordo, uma iniciativa: o presidente da companhia conversa com os passageiros.

Pedro e dois de seus parceiros fiéis na jornada Azul: Miguel Dau (à esquerda) e Panda (à direita).

O primeiro retorno a Viracopos após o acidente. O enfermeiro, Henrique Fraga da Silva, e Johannes Castellano (de terno) dão suporte à visita.

Um momento parado no tempo. Um símbolo. Uma síntese. Duas histórias que se encontram.

Este livro foi composto em Quadraat (11,4pt x 16pt) , projetada por Fred Smeijers
entre 1992 e 1997 e distribuída pela FontFont. Os títulos foram compostos em
Brandon Text, projetada por Hannes von Döhren em 2013 e distribuída pela
HVD Fonts. Impresso em Barueri (SP), pela gráfica R. R. Donnelley, em
tecnologia Offset, no outono de 2014. Capa impressa em papel
Supremo 300 gm², com laminação *soft-touch*. Miolo
impresso em papel Offset 90 gm² em duas cores
(Process Black e Pantone 280U). Caderno de
imagens impresso em papel couchê
fosco 90 gm², em quatro cores
(CMYK). Finalizado com
corte colorido
trilateral.